華嚴與諸宗
之對話

陳英善————著

漢傳佛教論叢序

　　中華佛學研究所是經教育部立案之研究機構，依本所創辦人聖嚴法師所頒之所訓「立足中華、放眼世界」為指導方針，以促進中外學術研究之交流與合作為目標，戮力漢傳佛教學術發展，特成立此論叢。

　　聖嚴法師除重視印度佛教的溯源研究，更重視漢傳佛教在現代的適應性、消融性、開創性及自主性的探索。中國佛教的源頭來自印度大小乘的經、律、論三藏，這些原典的數量相當龐大；弘傳到中國後，漢文系統的佛教，在隋、唐時代有了小乘二宗、大乘八宗的開展與成熟，其著作之多，多過由梵文譯成漢文的三藏教典，而且各自有其脈絡系統。到了宋、明時代，漢傳佛教發展已到強弩之末，經過宋明理學的撻伐以及元朝蒙古人的異族統治，漢傳佛教諸宗到了明初，已是奄奄一息，命如懸絲。直至明末清初，中國佛教界出現了許多位大師級的僧俗學者，才乍見曙光，對現代中國佛教的成長與延續產生深遠影響，不論是義理之學或應用之學，包括禪、律、淨土、天台、華嚴等思潮，從傳統的立場來看現代的中國佛教，皆可在明末的佛教思想中，覓得蹤跡。因此，漢傳佛教雖然有重視實修的淨土宗、禪宗，也有重視思考的唯識學派，以及華嚴學派等各種不同的學派，但是全部都屬於漢傳佛教。

　　聖嚴法師常常提及近百年來有些佛教學者，抨擊漢傳佛教非印度佛教的本來面目，含融了許多中國習俗、民間信仰的成分，

所以被指為是不純的傳說和迷信；由此認為，漢傳佛教之中的各大學派，皆是中國人自創的，是漢化了的佛教。因而讓部分信眾，不再重視漢傳佛教，幾乎一窩蜂地轉向崇拜藏傳佛教或南傳佛教。佛教雖然有南傳、漢傳、藏傳不同的系統，但全部都是釋迦牟尼佛的佛法，彼此之間可以互通合作，也可以獨立存在，因此應更互相包容尊重。而中華佛學研究所的立足點是漢傳佛教，以漢傳佛教為基礎，來研究、接受、消化其他系統的佛教，這是本所自創辦以來始終不變的方針與原則。更希望漢傳佛教能夠立足於世界，也就是讓國際的佛教界了解，在漢傳的寶庫中，有採擷不盡的寶礦，尤其部分漢文原典，更是藏文、巴利文所無，這些漢文經典及各宗祖師的研究，尚待佛教界的專家學者給予逐一地闡明與發掘！

　　衷心地祈願今後的漢傳佛教，能夠在教界各方的努力下，開創出一條千秋萬世、常住不滅之路。

中華佛學研究所

2011 年 5 月 1 日

推薦序

　　《華嚴經》是較晚出之大乘經典，既繼承了前期經典的內容廣大，故稱《大方廣華嚴經》；又開出「一即一切，一切即一」的宇宙觀，是為華嚴世界海。

　　華嚴宗的祖師們以一為理、一切為事，確立了法界觀門。也就觀照到諸法界，一物一法界，一物一殊相。各殊相各有其理，一花一世界，一花自存其理，乃至諸法各有其事、各有其理。

　　法界觀不但是分析、認知諸法界，而且也是修行的要旨。所謂「事無礙、理無礙、事理無礙、到普賢行之事事無礙」，形成華嚴宗的圓融無礙觀。這是華嚴宗之教門，也是華嚴宗觀門。

　　華嚴宗祖師，又依此判教，而有「五教」說。既承有小乘的基本教義；又承有大乘各宗之鴻論；更自立其法界觀，是為一乘圓教。具體言之，教圓即理圓，理圓即教圓；乃至教圓，觀亦圓。即教即觀，即觀即教，教觀雙美。圓即頓，頓即圓，是為一真法界，眾生心即真如心是也。

　　華嚴祖師就依其教、觀，與其他宗派之經典相對應做教判。本書作者特具慧眼，就依此而做之比較研究。現代年輕學者通稱之為「對話」，也確實比較淺白、親切。

　　筆者認為本書之深，可說是一部別開生面的佛學史；其廣，可說是一部別開生面的佛學概論。也是作者與其諸生共享佛法的心路歷程。願與讀者分享。

　　陳教授與我是三十多年的同事，初認識她時是一位生澀純眞的青年學者，如今她在天台、華嚴學上之研究已是占有一席之地的知名學者。近幾年我遷至淡水，她是我一里之遙的近鄰，偶有同享菜圃之樂。索序於我，雖已昏老，自亦稍贅數語，是以爲序。

中華佛學研究所榮譽所長

李志夫

民109年10.14.

时九秩晉三

推薦序

　　通常所謂的「華嚴學」包含《華嚴經》與華嚴宗所內含的義理系統。《華嚴經》內容之博大精深，眾所皆知。至於華嚴宗，其義理之玄奧難解，亦爲初學佛法者視爲畏途。因此，對這方面的研究，遂成爲佛教學者的專利。然而，由於義理枯澀、境界難以索解，海峽兩岸之專治華嚴學者，仍然爲數不多。

　　英善教授從事華嚴、天台二宗義理之研究及教學，已逾數十年。對《六十華嚴》及賢首法藏思想，尤爲熟諳。在佛學界是少見的華嚴學者。此次又以對話體裁提出這部大作，頗令人有耳目一新之感。

　　本書的論述方式，是以華嚴學爲基準，而取之與般若、中觀、唯識、天台、淨土、禪宗做一對話式的呈現，用以凸顯華嚴與其他諸宗之特質，並使讀者深化對華嚴義理的體認。此外，書中對修行問題也甚爲措意。這些都是一般學術論文所忽略的。因此，本書不唯可以被學術界所參酌，同時，重視修行的佛教徒，也可以從中取得修行資糧。

　　近年來，筆者常借用藏傳佛教「見修行果」的概念，去衡量佛法實踐之是否圓滿。我的想法是：要修一種法門，就需要對該法門的原理有基本的正確認知（「見」）。然後才依「見」起「修」（個人的禪修）。在「修」有所得之後，再到人際關係中去歷鍊（「行」）。最後，則可能獲得階段性的收穫、或終極性的成果（「果」）。

　　依照上述次第來看英善教授這部大作，會發現其中可供參酌的修行資料相當多。如果換個角度來觀察，會覺得本書不只是一部學術性的論文，同時，也可視爲弘法性著述。

　　英善教授在本書完稿之後，囑序於余。由於筆者對華嚴所知甚淺，原無資格撰文爲序，然以同在中華佛學研究所及法鼓學院共事多年，且有感於英善教授對華嚴、天台二宗的治學堅持，故累贅數語如此，用以表示筆者的讚歎與隨喜。

中華佛學研究所前研究員

藍吉富

教學相長

　　本書《華嚴與諸宗之對話》之撰寫，基本上，與早期二十年前所撰寫的風格是不一樣的。早期的文章，乃於博士班畢業後，所撰寫的《天台緣起中道實相論》（1995）、《華嚴無盡法界緣起論》（1996）、《天台性具思想》（1997）等書，主要針對學者們的論點而來。而此書《華嚴與諸宗之對話》之撰寫，其主要來自於學生們的因緣所促成的，或可說是與學生們的對話之下，而誕生了此書。有關此書之因緣，略述如下：

　　第一篇〈華嚴宗對般若真空之看法〉、第二篇〈華嚴宗對龍樹中觀之看法〉，此兩篇文章的撰寫動機，則是來自於「國際青年華嚴學者論壇」之因緣，當時因有位研究生撰寫了有關華嚴與般若中觀的論文，本人覺得這篇論文對於華嚴、般若中觀的掌握，顯得薄弱。因此，激發了本人撰寫〈華嚴宗對般若真空之看法〉。接著，因緣巧合，於同一年又撰寫〈華嚴宗對龍樹中觀之看法〉。藉由此兩篇文章，勾勒了華嚴宗對般若、中觀的看法，其撰寫之用意，主要想提供有心研究這方面的青年學者之參考，期望青年學者於此基礎上，能做進一步之探索。而本人所做的，也只是拋磚引玉而已。

　　第三篇〈華嚴宗對阿賴耶識之看法〉，其撰寫之動機，則來自於法鼓文理學院佛教學系的研究生，因得知有位學生撰寫唯識方面的畢業論文，似乎呈現了一些困難的情形。因此，於這位

學生畢業之後，本人靈機一動，覺得不妨嘗試一下從華嚴宗來看唯識，也許有助於吾人對唯識之了解。

第四篇〈大華嚴與妙法華的對話〉、第五篇〈華嚴與天台觀行的對話〉，此兩篇的撰寫之動機，主要來自於本人多年教授天台、華嚴課程之緣故，因常有學生問：「天台宗、華嚴宗都屬於一乘圓教，這兩大宗有什麼差別？」甚至亦有學生問：「老師！天台、華嚴這兩大宗，您較喜歡哪一宗？」……諸如此類問題，實難以一言道盡。因此之故，促使了本人撰寫天台與華嚴彼此對話的文章。希望藉由〈大華嚴與妙法華的對話〉、〈華嚴與天台觀行的對話〉等文章，以便青年學子對中國佛教這兩大宗的教理，乃至觀行法門，有一整體性之了解。

第六篇〈華嚴與淨土念佛的對話〉（原篇名〈教宗賢首·行在彌陀〉）、第七篇〈華嚴法界三昧之觀行〉，此兩篇之撰寫動機，主要來自於學生們常常問及的問題：什麼是華嚴的觀行法門？華嚴宗有修行法門嗎？華嚴與淨土的關係如何？為了回應此類似的問題，因而從「解」與「行」做為切入點，探討華嚴的觀行法門，尤其華嚴宗所強調「行起解絕」，此與禪宗之所強調的「言語道斷，心行處滅」，有異曲同工之妙。所以，順便從「行起解絕」梳理了教禪之關係。

第八篇〈華嚴·禪之關係〉，其撰寫因緣，來自於黃梅五祖寺邀請做專題講座。由於五祖寺是禪宗道場，方丈本身是研究華嚴的。因此，以「深明法界觀，好喫趙州茶」做為講題。

第九篇〈稱名念佛與稱性念佛〉，其撰寫因緣，說來巧合，某天下午，於法鼓佛教學院教授華嚴課程，同學們提出念佛問題，當場本人以稱名念佛、稱性念佛，來回應之。沒想到，當天晚上回到家，打開信箱，收到了一份邀請函──參加由清華大學和法鼓佛教學院合辦的「東亞靜坐傳統暨佛教禪坐傳統國際研

討會」，希望本人分享念佛靜坐的經驗，看了一下發信時間，約下午兩點半，而此時段也正好是我在上課的時段，跟同學們討論念佛問題。因此，毫不猶豫地答應了此次邀請，直接以〈稱名念佛與稱性念佛〉做為所要發表的論文題目。

時隔二十多年，對於出版書籍並沒有太大興致。然而有學生常常跟我反應：「老師您寫這麼多文章為何不出版？使用起來非常不方便。」甚至也有法鼓文化同仁跟我反應：「陳老師您的文章分得太散，很容易流失的，應該集中出版才好。」對於這些好意、建議，我只是心領，似乎沒有什麼動力來處理這類的事。而推動此書的出版，主要的推手，可說是中華佛學研究所的同仁熱心地促成。在此，以最虔敬之心，感恩這一切的因緣！

在本書即將出版之際，能獲得兩位我非常敬重的師長──李志夫老師、藍吉富老師之〈推薦序〉，是莫大榮焉，感恩師長們的提攜、厚愛！

中華佛學研究所專任研究員

目錄

導　讀

　　本書《華嚴與諸宗之對話》，乃是筆者近些年（2012－2018），於學術研討會所發表的論文，結集成此書。限於篇幅之關係，於所發表的論文選擇了九篇，做為華嚴與諸宗之對話。篇名如下：

在此九篇文章中，包含了華嚴宗對般若、中觀、唯識、天台、淨土、禪宗等之看法。所探討的內容，主要扣緊修行問題來切入。所謂「修行」，依華嚴宗的看法，不外乎「解」和「行」。因此，華嚴宗強調「行依解成」、「行起解絕」。前四篇較偏重於「解」上入手，後五篇則較著眼於「行」上。如此之劃分，乃是一種方便而已。就華嚴宗本身來說，所謂的「行」，也只是「解」而已，以「解」說「行」，畢竟只是「解」，務必絕解實修方是正行，此呼應了華嚴觀法所強調的「行起解絕」。

　　有關此九篇之安排順序，乃是順著佛教思想史的脈絡而來。本書以〈華嚴宗對般若眞空之看法〉爲首篇，爲何以此篇爲首？主要用以說明般若眞空，乃佛法之根本，千經萬論所要表達的，也無非「空」，且以般若眞空貫串本書諸篇章。「空」，基本上，具備了遮、表之雙重涵義。因此，華嚴宗稱呼般若眞空爲「深般若」、「深空」。爲何稱般若眞空爲「深般若」、「深空」？其特色在於「深」之一字，如《心經》云：「觀自在菩薩行深般若波羅蜜多時，照見五蘊皆空。」而般若空究竟有多深？恐非吾人所能想像的。本篇藉由般若眞空之探討，順便釐清學術界對華嚴宗判屬般若中觀之看法。

　　第二篇〈華嚴宗對龍樹中觀之看法〉，此篇與第一篇〈華嚴宗對般若眞空之看法〉是相互呼應的，都是在釐清華嚴宗對般若中觀之看法。學術界長期以來認爲華嚴宗將般若中觀判屬於五教之始教，但對華嚴宗而言，般若中觀具有始教之成分，同時也具備了終、頓教之內涵，且是實教一乘，而非權教。因此，賢首法藏往往以二諦中道來說明龍樹的空，認爲中觀之空乃是絕待、超情的。此外，藉由此篇釐清歷年來有關中觀、唯識學派「三時教」之問題，依法藏的看法，中觀、唯識乃彼此相輔相成，縱使表面上是相破，而實際上是相成的。換言之，中觀之空，乃是「即有之空」；唯識之有，乃是「即空之有」。總而言之，乃空有不二之中道。因此，法藏以二諦中道來表達中觀之空，甚至運用唯識之三性（遍計所執、依他、圓成）來展開二諦中道，形成五種二諦中道。

　　第三篇〈華嚴宗對阿賴耶識之看法〉，此篇梳理了唯識的核心觀念——阿賴耶識，主要就三方面來論述：首先，探討阿賴耶識與所依心識之關係；接著，探討阿賴耶識與無漏種子之關係；最後，探討阿賴耶識與見道、修道之關係。藉由此三方面之探

討，來說明吾人對阿賴耶識之迷執，以及如何藉由修道轉識成智而捨阿賴耶識之名，以開發清淨識（無垢識）。

　　第四篇〈大華嚴與妙法華的對話〉，此篇主要針對中國佛教兩大宗派——天台宗（法華宗）、華嚴宗（賢首宗），彼此各自所依的《妙法蓮華經》、《大方廣佛華嚴經》來做探討，尤其對經題首字「妙」與「大」的詮釋。歷史上盛傳天台智者「九旬談妙」之說，而其對《妙法蓮華經》經題之詮釋，形成了《法華玄義》。賢首法藏於《華嚴經探玄記》中，以一蓮華葉來詮釋華嚴義理，甚至以一微塵來詮釋華嚴義海百門。此在在顯示兩大宗派擅長於發揮法義，隨手拈來，妙義無窮。天台宗依一乘、三乘，建構了藏、通、別、圓等四教判；華嚴宗依一乘、三乘，建構了小、始、終、頓、圓等五教判。而此二宗皆以一乘做為圓教之代表，且將《華嚴經》、《法華經》各分別判屬於圓教一乘，但彼此亦有所差別。在《華嚴經》中，以「直顯」的方式，來展現華嚴圓教一乘，亦以寄顯方式論述三乘教法，乃至人天乘法，且於寄顯三乘中，展現一乘教義。在《法華經》中，則以「開顯」的方式，來顯示法華圓教一乘之特色，所謂「開方便門，示真實相」、「開權顯實」、「開麁顯妙」、「開迹顯本」等，即於三乘權法一一加以開顯、決了，顯示法法皆是妙法，一花一草無非中道實相，治世間生產事業與實相不相違。因此，三乘與一乘之關係，是藉由「開顯」的方式，來顯示三乘即一乘。

　　第五篇〈華嚴與天台觀行的對話〉，中國佛教擅長於理論建構的兩大宗派——天台宗、華嚴宗，其本身於觀法上，皆有所謂的三觀。就天台而言，有「空、假、中」三觀；就華嚴而言，有「真空、理事無礙、周遍含容」三觀。不論天台三觀或華嚴三觀，與其教理皆有密切之關係，甚至與其判教亦有關。基本上，就天台而言，以「空、假、中」三觀之辯證方式來實踐觀法，乃

至對圓融三諦之論述亦不離三觀；就華嚴而言，以「真空、理事無礙、周遍含容」三觀之方式來契入法界，以及呈現華嚴別教一乘之重重無盡法界緣起。大體上而言，天台「空、假、中」三觀，在論證辯破上，頗具特色；華嚴「真空、理事無礙、周遍含容」三觀，於展開諸法緣起相由上，頗為擅長。天台以「空、假、中」三觀來分判四教，且以「即空即假即中」一心三觀來展現圓教之深廣；華嚴以「真空、理事無礙、周遍含容」三觀來契入法界，且以此三觀來詮釋別教一乘之義理。基本上，天台、華嚴之三觀，皆具備了深廣之義。

　　第六篇〈華嚴與淨土念佛的對話〉，此篇處理華嚴宗在觀行上的問題。有關華嚴宗的觀行，有所謂的「教宗賢首·行在彌陀」，或「教宗賢首·行在禪宗」、「教宗賢首·行在密宗」等種種說法。諸如此類的修行法門，這不禁讓人想到：為何不是「教宗賢首·行在普賢」？因此，基於上述等種種問題，主要從四方面來探討：（一）首先，探討「教宗賢首·行在彌陀」有否經論的依據？（二）接著，探討華嚴宗諸位大師的觀行法門。（三）進一步探討華嚴之解與行的關係。（四）最後，則針對「普賢行」與「彌陀行」來做探索，尤其以稱名念佛法門來切入，探討彼此之關係，以便吾人對「教宗賢首·行在彌陀」有一整體性之了解。

　　第七篇〈華嚴法界三昧之觀行〉，本篇主要針對華嚴宗的觀行來論述，從解和行兩方面來切入。而華嚴宗於「行」上，強調「行起解絕」，此與禪宗所強調的「言語道斷，心行處滅」，有異曲同工之妙。因此，從「行起解絕」順便處理了教禪之關係。

　　第八篇〈華嚴·禪之關係〉，此篇可說是進一步探討教禪之關係。主要是藉由《法界觀》，來探討華嚴與禪宗之關係。首先，對《法界觀》做一簡單說明，此乃針對法界觀之三觀，

來說明三觀各具十門，因此而成三觀三十門之特色，以呈現華
嚴普融無礙重重無盡法界。其次，則藉由廣智禪師《法界觀門
頌》及琮湛禪師《註法界觀門頌》來說明法界觀與禪之關係。
最後，主要列舉臨濟宗歷代禪師（如南嶽懷讓、馬祖道一、黃檗
希運、臨濟義玄，乃至大慧宗杲等）來做說明，以顯示禪師們如
何活用禪觀。

　　第九篇〈稱名念佛與稱性念佛〉，此篇之特色，是以念佛為
切入點，探討諸宗派對念佛的看法，所探討範圍，上自龍樹菩
薩，下至明、清時代的中國佛教諸大師大德（雲棲袾宏、蕅益智
旭、彭際清等）。因此，以此篇做為本書的結尾，呈現諸宗彼此
的對話。

　　在此九篇文章中，藉由所討論議題種種不同的面向，來顯
示諸法緣起無自性空之深之廣，無不朗現諸法「一多無礙」無盡
緣起法界。

　　另外，為了配合書名，有些篇章名稱做了更動。基本上，於
行文方面儘量維持研討會論文的格式。因此，於每篇中保留了摘
要、參考書目，另於每篇文末附上原篇名，以及論文發表之時、
處等。恐有諸多疏忽之處，尚請見諒。

第一篇

華嚴宗對般若眞空之看法

▋ 摘要

　　《般若經》的核心思想，主要在於「空」，不論大至六百卷《大般若經》（玄奘大師譯），或小至《般若心經》，無不顯示諸法緣起無自性空之道理。此空無所得，即是所謂的「眞空」。一般吾人對空之理解，著眼於遮情方面，以破執爲主導，而對於表德方面，則甚少論及之。對法藏大師而言，眞空具備了遮、表雙重涵義，以「即有之空」、「即空之有」來表達眞空之義涵，顯示眞空即是「空有不二」之中道。此「空有不二」之眞空，或以深空、眞空不思議、二諦中道等表達之，用以顯示眞空甚深之涵義。

　　從法藏所著《般若波羅蜜多心經略疏》、《十二門論宗致義記》等論著中，可知無不闡述此「空有不二」之眞空道理。其對《般若經》之看法，基本上，判屬於實教（或稱一乘教），而此實教包括了終、頓教，如法藏以實教來解釋《般若心經》，以頓教來說明《大般若波羅蜜多經》第八會「那伽室利分」。諸如此類，在在顯示法藏對《般若經》之看法，跨越了終、頓教，乃至一乘教。由此可知，「眞空」之義涵，蘊含了終、頓、圓教，而非如一般所說：法藏將《般若經》純判屬於始教而已。

　　因此，本論文針對《般若經》之眞空來探討，主要從三方面來切入，首先，對種種「空」加以辨別；其次，就二諦中道來論述眞空；最後，就判教來看眞空所扮演之角色。

關鍵字：眞空、深空、空有不二、二諦中道、《般若經》

一、前言

　　《般若經》所要表達的，乃是甚深般若波羅蜜多，如《般若波羅蜜多心經》云：「觀自在菩薩行深般若波羅蜜多時，照見五蘊皆空，度一切苦厄。」❶此甚深般若波羅蜜多，可簡稱為「深般若」，或稱之為「真空」、「深空」。此「深般若」實貫穿於所有《般若經》中，成為《般若經》的核心思想，而以此來彰顯菩薩道之精神，亦以此顯示菩薩不共二乘之所在，乃至龍樹、提婆對《般若經》所做的種種論述，❷無不發揮此深空道理，如《大般若波羅蜜多經》卷 4〈學觀品〉：

> 舍利子！諸菩薩摩訶薩如是修行甚深般若波羅蜜多，除諸佛慧，一切聲聞、獨覺等慧所不能及，以不可得空故。❸

　　又如《大般若波羅蜜多經》卷 11〈教誡教授品〉：

> 甚深般若波羅蜜多相應之法，非諸聲聞、獨覺境界。❹

　　如《大智度論》卷 96〈涅槃如化品〉：

---

❶　《般若波羅蜜多心經》，CBETA, T08, no. 251, p. 848c7-8。
❷　如三論（指《中論》、《百論》、《十二門論》）或四論（加入《大智度論》）。
❸　《大般若波羅蜜多經》卷 4〈學觀品〉，CBETA, T05, no. 220, p. 18b8-10。
❹　《大般若波羅蜜多經》卷 11〈教誡教授品〉，CBETA, T05, no. 220, p. 56b18-19。

佛說「深空」，凡夫、聖人所不能行所不能到。❺

如《大智度論》卷 76〈學空不證品〉：

菩薩深入空故，諸根猛利，勝於二乘。❻

又如《大智度論》卷 76〈學空不證品〉：

菩薩觀色等一切法空，是菩薩以深入禪定，心不可亂，得利智慧力故，不見是空法，以不見故無所證。聲聞、辟支佛斷吾我，捨愛著，直趣涅槃。是菩薩善學自相空，色法中，乃至微塵，不留遺餘微細之分；無色法中，乃至不留一念。直入畢竟空中，乃至不見是空法可以為證。❼

又如《大智度論》卷 76〈學空不證品〉：

以深入故，能不作證。具足者，即是深入。譬如執菅草，捉緩則傷手，若急捉則無傷；菩薩亦如是，深入空故，知空亦空，涅槃亦空，故無所證。❽

《大智度論》卷 92〈淨佛國土品〉：

---

❺ 《大智度論》卷 96〈涅槃如化品〉，CBETA, T25, no. 1509, p. 729a14-15。
❻ 《大智度論》卷 76〈學空不證品〉，CBETA, T25, no. 1509, p. 594b26。
❼ 《大智度論》卷 76〈學空不證品〉，CBETA, T25, no. 1509, pp. 593c25-594a3。
❽ 《大智度論》卷 76〈學空不證品〉，CBETA, T25, no. 1509, p. 594a5-8。

　　此中，佛自説不住因緣，有二種：一者、菩薩深入空，不
　　見諸法性，故不住；二者、不以小事為足，故不住。❾

諸如此類，在在説明了菩薩「深般若」、「深空」勝於二乘。之所
以如此，其關鍵在於菩薩了知空亦不可得，不見有空法可得證。
所以，菩薩雖學空而不取證空。換言之，唯深入空，才能不取證
空。而此般若「深空」究竟有多深？如何窮究之？實乃值一窺其
堂奧。

　　對於般若真空之窮究，可從法藏所著《般若波羅蜜多心經
略疏》、《十二門論宗致義記》等來探索之，甚至法藏因為此等
之論著，而被學術界稱之為「新三論」的開創者。❿對法藏而
言，此「深般若」之真空，是指「空不礙有，有不礙空」之空有
不二。因此，真空又稱之為深空、中道實相、二諦中道、究竟法
空等，此等無非在於顯示「空有不二」之道理。

　　法藏對《般若心經》之看法，認為是拯物導迷之最，如
《般若波羅蜜多心經略疏》卷 1：

　　《般若心經》者，實謂曜昏衢之高炬，濟苦海之迅航，拯
　　物導迷，莫斯最為。⓫

---

❾　《大智度論》卷 92〈淨佛國土品〉，CBETA, T25, no. 1509, p. 707c12-14。

❿　有關法藏大師被稱為「新三論」的開創者，如楊惠南所言：「所謂『新三
　　論』，是相對於鳩摩羅什到吉藏之間的『古三論』而言。隸屬於華嚴宗的法
　　藏，站在華嚴宗的立場，註解了《般若心經》和龍樹的《十二門論》等中觀
　　學派的經論，……斷定《般若經》是了義經，因此被稱為『新三論』的開創
　　者。」（楊惠南，《吉藏》，頁 267 注 38；《龍樹與中觀哲學》，頁 1-65）

⓫　《般若波羅蜜多心經略疏》卷 1，CBETA, T33, no. 1712, p. 552a23-24。

此以「高炬」、「迅航」來表達《般若心經》之拯物導迷，乃諸
經之最。換言之，在諸經典中，難有可與《般若心經》媲美的。
同樣地，法藏於《十二門論宗致義記》中，對「眞空」做如是讚
歎，如其云：

> 四、為於大乘，謬解真空，滯於情執，令彼破情，見正
> 理故。五、為顯示大乘真實究竟，令彼信受，不疑惑故。
> 六、為欲略顯大乘般若真空最為要妙，依之方得成萬行
> 故。七、為欲解釋大乘經中深妙之義，令顯現故。**⓬**

又如《十二門論宗致義記》：

> 此真空法平等二諦，三世諸佛之所同依，一切菩薩離此無
> 路。是故若欲於真大乘求出要者，於此深空，偏攻作意，
> 觀察既久，遂能照理伏惑。**⓭**

此中，法藏特別讚歎龍樹菩薩造論之用意，在於顯示般若眞空
最爲要妙，而此般若眞空深妙之義，卻往往被謬解，故龍樹菩薩
造論廣明眞空之深意。再者，說明了此平等二諦之眞空，乃是三
世諸佛之所同依，一切菩薩依此而修行，若離此則無路可行。因
此，修行者宜於此般若眞空深窮究之。

　　本論文主要藉由法藏對《般若經》眞空之看法來加以探
討，兼而探討法藏對《般若經》之分判。若就法藏而言，《般若

⓬　《十二門論宗致義記》卷1，CBETA, T42, no. 1826, p. 212c16-21。
⓭　《十二門論宗致義記》卷1，CBETA, T42, no. 1826, p. 217b13-17。

經》之教義涵蓋了始、終、頓教，乃至一乘教（同教一乘）。❶因此，本論文主要就三方面來切入：首先，對真空加以辨別之；其次，就二諦中道論述真空；最後，就判教思想探討真空所扮演之角色。

二、就簡別真空而論

對法藏而言，般若真空乃指「空有不二」之中道，甚至若就華嚴別教一乘來說，真空乃是一多緣起無礙。然而吾人對空之了解，往往有諸多不當之情形，如斷滅空、色外空、以空為有，或以人我空等解之。因此，宜須一一簡別之。若細分之，有如下情形：

類型	說明
1. 斷空 vs. 真空	簡別真空與凡夫外道斷空之不同
2. 人我空 vs. 法我空	簡別二乘空與大乘空之不同
3. 分達法空 vs. 究竟法空	簡別始教空與終教空之不同
4. 三乘空 vs. 一乘空 （空有不二 vs. 一多無礙）	簡別大乘空與一乘空之不同

❶ 有關同教一乘，雖有類似華嚴之因陀羅網及微細等事，然而主伴不具，如《華嚴一乘教義分齊章》卷1：「同教者，於中二：初分諸乘、後融本末。初中，有六重：一、明一乘，於中有七。初約法相交參以明一乘，謂如三乘中亦有說因陀羅網及微細等事而主伴不具，或亦說華藏世界而不說十等，或一乘中亦有三乘法相等，謂如十眼中亦有五眼，十通中亦有六通等，而義理皆別。此則一乘垂於三乘，三乘參於一乘，是則兩宗交接連綴引攝成根欲性，令入別教一乘故也。二、約攝方便……。」（CBETA, T45, no. 1866, p. 478c11-20）

　　若就《般若經》之眞空而言，不僅非外道之斷滅空，亦非小乘之人我空。因此，須加以簡別之，如《般若波羅蜜多心經略疏》卷 1：

> 二、兼釋菩薩疑者，依《寶性論》云：空亂意菩薩有三種疑：一、疑空異色，取色外空。今明「色不異空」，以斷彼疑。二、疑空滅色，取斷滅空。今明「色即是空」，非色滅空，以斷彼疑。三、疑空是物，取空為有。今明「空即色」，不可以空取空，以斷彼疑。三疑既盡，真空自顯也。❺

此以「色不異空」，非色外空，對治取色外空；以「色即是空」，非色滅空，對治取斷滅空；以「空即是色」，不可以空取空，對治取空爲有。對於眞空、斷空之辨別，又如法藏〈玄義章〉「揀理異情」中所言：

> 問：真空與斷空何別？
> 答：略有四別。一、約境，謂真空不異色等，名法理空也。斷空在色等外及滅色方為空，名為斷滅空也。二、約心，謂真空聖智所得，比、證等不同也。斷空情謂所得，世人所知也。三、約德用，謂觀達真空，必伏滅煩惱，令成王行，入位得果。若緣念斷空，成斷滅見，增長邪趣，入外道位，顛墜惡趣。《經》云：寧起有見如須彌，不起空見如芥子。《論》云：「若復見於空，諸佛所不化」等。又真空即色故，不可斷空

---

❺　《般若波羅蜜多心經略疏》卷 1，CBETA, T33, no. 1712, p. 553a19-25。

　　　取。是故真空不思議也，斷空不爾，反上知之。四、
　　　約對辨異者……。⑯

此就境、心、德用等，來說明眞空即是色、眞空不異色之道理，
此爲聖智所證，能伏斷煩惱，不同於斷空，所以顯示眞空乃不思
議也。基本上，此等皆不離《般若心經》所言：「色不異空，空
不異色；色即是空，空即是色」，⑰以此破除對空之不當理解，故
以眞空、斷空來加以簡別之。以顯示眞空之理，不同一般所謂之
斷空。如下圖表所示：

	眞空	斷空
約境	法理空	色外空、滅色空
約心	聖智所得	情謂所得
約德用	觀達眞空，必伏滅煩惱。	緣念斷空，成斷滅見，增長邪趣，入外道位，顚墜惡趣。

　　同樣地，依法藏之看法，《般若心經》所言：「色不異空，
空不異色；色即是空，空即是色」，主要用以簡別人我空與法我
空之不同，如《般若波羅蜜多心經略疏》卷1：

　　　初段文有四釋：一、正去小乘疑。二、兼釋菩薩疑。三、
　　　便顯正義。四、就觀行釋。⑱

---

⑯　《華嚴經明法品內立三寶章》卷2，CBETA, T45, no. 1874, pp. 623c20-
　　624a3。

⑰　《般若波羅蜜多心經》卷1，CBETA, T8, no. 251, p. 848c8-9。

⑱　《般若波羅蜜多心經略疏》卷1，CBETA, T33, no. 1712, p. 553a5-7。

此「正去小乘疑」，是指人我空，故加以簡別之。接著，辨別人
我空與法我空之不同，如《般若波羅蜜多心經略疏》卷 1：

> 彼疑云：我小乘有餘位中，見蘊無人，亦云法空，與此
> 何別？今釋云：汝宗蘊中無人名蘊空，非蘊自空，是則蘊
> 異於空。今明諸蘊自性本空而不同彼，故云色不異空等。
> 又疑云：我小乘中入無餘位身智俱盡，亦空無色等，與此
> 何別？釋云：汝宗即色非空，滅色方空。今則不爾，色即
> 是空，非色滅空，故不同彼。以二乘疑不出此二，故就釋
> 之。❶⁹

此簡別了般若真空與人我空之不同，人我空主要在於說明五蘊
和合，所以無人我，而非指五蘊本身空，而般若真空則強調五
蘊本身無自性空。此外，人我空是強調滅色方空，而般若真空則
強調色即是空。由此可知，般若真空之法我空，不同於小乘之人
我空。

由前述得知，般若真空乃指「色即空，空即色」，此一方面
顯示真空非斷滅空，另方面也說明了真空非人我空。換言之，即
是以「空有不二」來表達真空，如《十二門論宗致義記》卷 1：

> 今略明此真空之觀，以作三門：一、識病，……二、揀境
> 者，亦二：一、倒境，謂：聞空謂斷無，聞有謂實有等，
> 並如情所取，非是法境。二、真境，如上說空有俱融無礙
> 之法，難名目者是也，極須揀之，若不爾者，則入魔網故
> 也。三、定智者，亦二：一、解，謂於前真空，善分析揀

---

❶⁹　《般若波羅蜜多心經略疏》卷 1，CBETA, T33, no. 1712, p. 553a12-19。

　　擇，不與三種空亂意相應⋯⋯。❷

此以識病、揀境、定智等三方面，來論述真空觀，尤其於「揀
境」中，辨別了真境（真空）與倒境（斷空）之不同，說明真空
乃是空有無礙之法，不可與三種空亂意混淆。❷所以，真空非是
斷空。而此所謂的「真境」，若細論之，可就三乘、一乘明之，
如法藏〈玄義章〉「入道方便門」中所言：

　　作入道緣起，要有三義：一、識病。二、揀境。三、定
　　智。⋯⋯二、揀境中二：一、對境。謂情謂之境，在邊
　　等。二、真境，有二：一、三乘境，謂空有不二融通等。
　　二、一乘境，謂共盡緣起具德圓融等⋯⋯。❷

此中，於真境中，進而以三乘境與一乘境來加以簡別之，所謂
「三乘境」，是指空有不二融通無礙，而「一乘境」是指無盡緣

---

❷　《十二門論宗致義記》卷 1，CBETA, T42, no. 1826, p. 217b17-29。

❷　此三種空亂意，於華嚴宗常論及之，如智儼《華嚴經內章門等雜孔目章》卷
　　2：「依《寶性論》新發意菩薩修行心中，遂成空亂意，略有三種：一、離
　　空如來藏，以失變壞物修行，名為空解脫門。起如是心，實有物斷滅，後得
　　涅槃，是第一亂意。二者、又復有人以空為有物，義應得空，是第二亂意。
　　三者、又生是心，離色等法，別更有空，我修行為得彼空，是第三亂意修觀
　　行者。應比決擇。」（CBETA, T45, no. 1870, p. 550b14-21）又如澄觀《華嚴
　　法界玄鏡》卷 1：「第二、揀亂意者，謂《寶性論》明地前菩薩有三種空亂
　　意，以不了知真如來藏生死涅槃二際平等，執三種空：一、謂斷滅故空，初
　　句揀之。二、取色外空，第三句揀之。三者、謂空為有，第二句揀之。既揀
　　三種不正之空，故第四句說真空也。」（CBETA, T45, no. 1883, p. 673a21-
　　26）諸如此類，無非對不當空之簡別。

❷　《華嚴經明法品內立三寶章》卷 2，CBETA, T45, no. 1874, pp. 625c21-
　　626a1。引文中「共盡緣起」，應為「無盡緣起」。

起具德圓融等。有關無盡緣起具德圓融之一乘境，實不離「空
有不二」之真空，如法藏《修華嚴奧旨妄盡還源觀》卷1：

> 三者、一塵含容空有遍，謂塵無自性即空也，幻相宛然即
> 有也。良由幻色無體必不異空，真空具德徹於有表。觀
> 色即空，成大智而不住生死；觀空即色，成大悲而不住涅
> 槃。以色空無二，悲智不殊，方為真實也。《寶性論》云：
> 道前菩薩於此真空妙有，猶有三疑：……今此釋云：色是
> 幻色，必不礙空；空是真空，必不礙色。若礙於色，即是
> 斷空；若礙於空，即是實色。如一塵既具如上真空妙有，
> 當知一一塵等亦爾。若證此理，即得塵含十方無虧大小，
> 念包九世延促同時。故得殊勝微言，纖毫彰於圓教；奇特
> 聖眾，輕埃現於全軀。迥超言慮之端，透出筌罤之表。❷

此以一微塵為例，說明微塵無自性空，真空即是空有不二，真空
具德徹於有表，所以一塵含十方、一念包九世，所謂「一塵既
具如上真空妙有，當知一一塵等亦爾。若證此理，即得塵含十方
無虧大小，念包九世延促同時」。由此可知，一微塵之含容周遍
十方九世，乃因微塵即空即有之故，於證得「空有不二」（真空
妙有）之際，所展現之周遍含容。此乃是對真空之窮究，以「空
有不二」、「周遍含容」來表達真空。換言之，三乘真空著眼於
空有不二，而一乘真空則強調周遍含容。也由於真空之空有不
二，所以周遍含容。真空雖有三乘、一乘之別，乃因著眼點不同
所致。

　　法藏對真空如此之簡別，無非彰顯空有不二之道理，說明

---

❷　《修華嚴奧旨妄盡還源觀》卷1，CBETA, T45, no. 1876, p. 638a28-b13。

真空非斷空。正因為真空非斷空，所以空有不二，空即是有，有即是空，顯示「真空具德」（「真空妙有」）。若就此而言，真空具備遮、表之雙重含義。若證得此真空之理，則顯現周遍含容十玄無礙。❷

　　藉由上述對真空所做之種種簡別，得知真空乃指空有不二，故以「真空妙有」表之；而此真空妙有，亦即是十玄無礙。因此，對法藏而言，真空不僅是三乘所說的「空有不二」之一相一寂一味一理而已，且是一乘之一多無盡緣起法界，如《華嚴一乘教義分齊章》卷4：

　　　問：若去一緣即不成者，此則無性。無自性者，云何得成
　　　　　一多緣起？
　　　答：祇由無性得成一多緣起。何以故？由此緣起是法界家
　　　　　實德故，普賢境界具德自在無障礙故。《華嚴》云：
　　　　　菩薩善觀緣起法，於一法中，解眾多法；眾多法中，
　　　　　解了一法。❷

---

❷　如澄觀於疏解《法界觀》之「周遍含容觀」時，於末後將其與十玄門做一對應，如《華嚴法界玄鏡》卷2：「第十門，即同時具足相應門。九即因陀羅網境界門。由第八交涉互為能所，有隱顯門。其第七門相即相入門。五即廣陜門。四不離一處，即遍有相即門。三事含理事故，有微細門。六具相即廣陜二門。前三總成諸門理相如，故有純雜門。隨十為首，有主伴門顯。於時中，有十世門故。初心究竟攝多劫於刹那，信滿道圓一念該於佛地。以諸法皆爾故，有託事門。是故十玄亦自此出。」（CBETA, T45, no. 1883, p. 683a3-12）

❷　《華嚴一乘教義分齊章》卷4，CBETA, T45, no. 1866, p. 503c13-18。如《華嚴經探玄記》卷13〈十地品〉：「〈十忍品〉云：菩薩善觀緣起法，於一法中，解眾多法；眾多法中，解了一法。」（CBETA, T35, no. 1733, p. 351b22-23）

又如《華嚴一乘教義分齊章》卷 4：

> 三乘但隨機而已，未顯諸佛十身自境界故，非現佛身；又
> 隨機少說，一相一寂一味理等，非窮盡說也。何以故？三
> 乘以此無窮為過失故，然此一乘以無窮為實德故耳。❷⑥

此說明了無性眞空，即是一多緣起，用以說明一乘、三乘對眞空
之不同看法。同樣地，也顯示了一乘與三乘對緣起無盡之不同看
法，三乘對緣起的看法，著眼於緣起無性之空寂、眞如，而一乘
則強調於緣起無盡。此亦可從道亭、師會之詮釋得知，如道亭
《華嚴一乘教義分齊章義苑疏》卷 3：

> 釋曰：此上所列十門法者，蓋以增減者，為三乘之權；圓
> 彰者，為一乘之實。何以故？謂三乘宗中，以無窮為過，
> 故局增減；一乘宗中，宗尚無盡，故談十十，以顯無窮。❷⑦

如師會《華嚴一乘教義分齊章復古記》卷 3：

> 此經為普賢等機，說無盡佛法，現佛十身自證境界，與彼
> 三乘不同。一相一寂一味一理等，所謂三乘終教一相真如
> 等，於初教染淨即空，愚法小乘苦諦之教所詮實法有餘無
> 餘等宗，並皆不同，義理各別。❷⑧

---

❷⑥ 《華嚴一乘教義分齊章》卷 4，CBETA, T45, no. 1866, p. 507b25-29。
❷⑦ 《華嚴一乘教義分齊章義苑疏》卷 3，CBETA, X58, no. 995, p. 208b17-20 // Z
2:8, p. 117a17-b2 // R103, p. 233a17-b2。
❷⑧ 《華嚴一乘教義分齊章復古記》卷 3，CBETA, X58, no. 998, p. 393c1-5 // Z

諸如此類，皆顯示了一乘與三乘對緣起之不同看法，三乘隨順於根機上，所以有增有減；一乘著重於稱法上，強調圓彰頓顯緣起無盡。

　　若就《般若經》而言，其真空著眼於「空有不二」上。而此空有不二，實乃指二諦中道之意。如何切確掌握真空之二諦中道涵義，乃是了解般若深空之所在。

三、就二諦中道而論

　　對法藏而言，有關《般若經》所要呈現的義涵，正如《般若心經》所說的「色不異空，空不異色；色即是空，空即是色」❷之二諦中道。此亦可從法藏於論述《般若心經》之因緣可得知，如《般若波羅蜜多心經略疏》云：

> 初教興者，依《大智度論》云：如須彌山王，非無因緣，非少因緣，令得振動。般若教興，亦復如是，具多因緣。
> 一、謂欲破外道諸邪見故。
> 二、欲迴二乘令入大乘故。
> 三、令小菩薩不迷空故。
> 四、令悟二諦中道生正見故。
> 五、顯佛勝德生淨信故。
> 六、欲令發大菩提心故。
> 七、令修菩薩深廣行故。
> 八、令斷一切諸重障故。

2:8, p. 285a16-b2 // R103, p. 569a16-b2。

❷ 《般若波羅蜜多心經》卷1，CBETA, T08, no. 251, p. 848c8-10。

九、令得菩提涅槃果故。

十、流至後代益眾生故。

略說此十，具收彼意，令此教興。❸

此說明了外道邪見、二乘滯空、菩薩迷空等問題，實乃《般若經》所要解決之課題。上述引文所列舉般若經教興起之十種因緣中，前三種因緣皆在說明由於缺乏正知正見所引發之問題，不論是外道之邪見，或二乘之滯空，或菩薩之迷空，無非在於缺乏正知正見。而此正知正見，指的是二諦中道，如所謂「四、令悟二諦中道生正見故」。因此，於此十種因緣中，二諦中道乃是般若真空之核心思想。具備二諦中道之正知正見，才能解決外道邪見、二乘滯空、菩薩迷空等問題；同樣地，也唯有具備二諦中道之正知正見，才能開顯佛勝德，乃至發大菩提心、修菩薩深廣行、斷一切諸重障、得菩提涅槃果、後代益眾生等，皆不離二諦中道。

　　法藏對般若真空之看法，基本上，是以二諦中道來詮釋之，此從其所著《般若波羅蜜多心經略疏·序》中，開宗明義，已表露無遺，如其云：

> 夫以真源素範冲漠，隔於筌罤；妙覺玄猷奧頤，超於言象。雖真俗雙泯，二諦恒存；空有兩亡，一味常顯。良以真空未嘗不有，即有以辨於空；幻有未始不空，即空以明於有。「有」空，有故不有；「空」有，空故不空。不空之空，空而非斷；不有之有，有而不常。四執既亡，百非斯

❸　《般若波羅蜜多心經略疏》卷1，CBETA, T33, no. 1712, p. 552a29-b9。

遣。般若玄旨，斯之謂歟。❸

法藏於此段序文中，藉由空、有之關係，來顯示般若真空之要旨，所謂「真空未嘗不有，即有以辨於空；幻有未始不空，即空以明於有」。換言之，空與有之關係，乃是彼此不相捨離。所以，「有」即是空，有故不有；「空」即是有，空故不空。因此，能離四執絕百非，如其云：「不空之空，空而非斷；不有之有，有而不常。四執既亡，百非斯遣。般若玄旨，斯之謂歟」。若能如此，於空，則不墮入斷見；於有，則不墮入常見，此乃般若之要旨。如此以真空、幻有之不二，來顯示般若要旨，此即是二諦中道。

　　諸如此類，在在顯示了二諦中道乃《般若經》之核心思想。因此，法藏對《般若心經》「色不異空，空不異色。色即是空，空即是色」之道理，進而以相違義、不相礙義、相作義等來闡述之，以顯示二諦中道之涵義，如《般若波羅蜜多心經略疏》卷1：

　　顯正義者，但色空相望，有其三義：
　　一、相違義，下文云：「空中無色」等，以空害色故。
　　準此，應云：「色中無空」，以色違空故，若以互存必互
　　亡故。
　　二、不相礙義，謂以色是幻色，必不礙空；以空是真空，
　　必不妨幻色。若礙於色，即是斷空，非真空故。若礙於
　　空，即是實色，非幻色故。
　　三、明相作義，謂若此幻色舉體非空，不成幻色。是故由
　　色即空，方得有色故。《大品》云：若諸法不空，即無道

❸　《般若波羅蜜多心經略疏》卷1，CBETA, T33, no. 1712, p. 552a14-20。

　　無果等。《中論》云：以有空義故，一切法得成。故真空
　　亦爾，準上應知。❷

此中，首先以「空中無色」、「色中無空」，來說明空、色彼此「相違義」。由「空中無色」，而進一步推知「色中無空」之道理，用以顯示色、空彼此之相違；同時，此也顯示空、有彼此互存必互亡之所在。❸接著，以「不相礙義」，說明幻有不礙真空、真空不礙幻有之道理，用以顯示真空、幻有彼此無障無礙；若不如此，則墮於斷空、實色中。最後，以「相作義」，說明真空、幻有彼此相互成立，由於幻色舉體是空，所以能成幻色；同樣地，空舉體是色，所以能成真空。進而以《大品般若經》及《中論》來證成真空，用以顯示因空而有色，因色而言空，空、有彼此相依相成，如所謂：「《大品》云：若諸法不空，即無道無果等。《中論》云：以有空義故，一切法得成。」此外，法藏甚至以表德來說明真空，如《十二門論宗致義記》卷 1：

　　第三、顯德用者，《中論》云：以有空義故，一切法得成。又云：以一切法空故，得有三寶、四諦等。《大品》云：若一切法不空，則無道無果。又云：若諸法如毫釐許

---

❷　《般若波羅蜜多心經略疏》卷 1，CBETA, T33, no. 1712, p. 553a25-b6。
❸　此亦可從中觀、唯識宗之論爭中得知，如《十二門論宗致義記》卷 1：「若無如此後代論師以二理交徹全體相奪，無由得顯緣起甚深，是故相破反是相成。由緣起法幻有、真空，有二義故：一、極相順，謂冥合一相，舉體全攝。二、極相違，謂各互相害，全奪永盡。若不相奪永盡，無以舉體全收，是故極違即極順也。龍樹、無著，就極順門，故無相破。清辯、護法，據極違門，故須相破。違順無礙故，方是緣起，是故前後不相違也。餘義準上思之，諸諍無不和會耳。」（CBETA, T42, no. 1826, p. 218c2-11）

有者，則諸佛不出世。如是等文，皆明以有真空故，方有
諸法也。又由觀真空，方成諸行。是故十度等行，皆由空
成；菩提等果，皆由空立。是故從此真空無住建立諸法，
又令諸法得相即相入無障無礙等，並是此門之大用也。❸

此在在顯示了《般若經》之真空，實乃是諸法之所依，十度行、
菩提果，皆依此而建立；同樣地，藉由真空無住而顯示諸法彼此
之相即相入無障無礙等。因此，可得知真空之義涵極甚深，除了
顯示空有不二之中道思想外，進而也表達了諸法相即相入無障
無礙之一乘道理。

　　此外，有關空有不二之涵義，法藏各以四義來論述之，如
《般若波羅蜜多心經略疏》卷 1：

> 是故真空通有四義：一、廢己成他義，以空即是色故，即
> 色現空隱也。二、泯他顯己義，以色是空故，即色盡空顯
> 也。三、自他俱存義，以隱顯無二是真空故，謂色不異空
> 為幻色，色存也；空不異色名真空，空顯也，以互不相礙
> 二俱存也。四、自他俱泯義，以舉體相即，全奪兩亡，絕
> 二邊故。色望於空亦有四義：一、顯他自盡。二、自顯隱
> 他。三、俱存。四、俱泯。並準前思之。是則幻色存亡無
> 閡，真空隱顯自在，合為一味，圓通無寄，是其法也。❸

---

❸　《十二門論宗致義記》卷 1，CBETA, T42, no. 1826, p. 217c9-17。

❸　《般若波羅蜜多心經略疏》卷 1，CBETA, T33, no. 1712, p. 553b6-16。又如
《十二門論宗致義記》卷 1：「答：釋此諸難，明真俗空有與奪存壞，有二
門四句。一、唯真空，有四義：一、由此空故不壞緣有，以性若有者，非從
緣有故。二、由是空故壞盡緣有，以空必害緣有故，有若不盡，非真空故。
三、由空故亦壞真空，以此性空既由緣有，緣有存故，則無真空；無真空

於此四義，顯示空、有彼此之關係，猶如理、事之關係，❸❻用以說明幻色本身之存亡無障無礙，真空之隱顯自在無礙。空、色互望各有四句，如下所示：

空望於色	色望於空
一、廢己成他義：色現空隱	一、顯他自盡
二、泯他顯己義：色盡空顯	二、自顯隱他
三、自他俱存義：隱顯無二	三、俱存
四、自他俱泯義：全奪兩亡	四、俱泯

另外，亦可從《般若心經》所說「不生不滅，不垢不淨，不增不減」來了解真空，❸❼如法藏於《般若波羅蜜多心經略疏》中，對此所做之解釋，如其云：

> 別顯中，有三對六不，然有三釋：一、就位釋。二、就法釋。三、就觀行釋。初就位釋者，一、不生不滅，在道

者，由真空也。四、由空故不壞真空，以壞於緣有，盡彼空相，方是真空故。二、唯幻有，亦有四義：一、由緣有故不害性空，以從緣之有，必是性空，定無性故。二、由緣有故必乖性空，以緣有不無故。三、由緣有故則壞緣有，以從緣之有，必是性空，性空現故，必害緣有；害緣有者，由緣有也。四、由緣有故不壞緣有，以從緣之有，必害空盡，有方為緣有也，非是無故。如是緣有性空。或相奪全盡，或相與全存，或自壞自存，無有障礙。」（CBETA, T42, no. 1826, p. 216b4-19）

❸❻　《般若心經略疏連珠記》卷2：「鎮國又曰：緣起之事與性空之理，二互相望有乎三義，由此三義成於理事無礙。彰其所以，亦但說此三門四義。疏主仰釋斯經，則此段經文義淵奧，具足十門理事無礙。」（CBETA, T33, no. 1713, p. 563b17-21）

❸❼　《般若波羅蜜多心經》卷1，CBETA, T08, no. 251, p. 848c10-11。

> 前凡位，謂諸凡夫死此生彼，流轉長劫，是生滅位；真
> 空離此，故云不生不滅也。二、不垢不淨者，在道中菩薩
> 等位，謂諸菩薩障染未盡，淨行已修，名垢淨位；真空離
> 此，故名不垢不淨。三、不增不減者，在道後佛果位中，
> 生死惑障昔未盡而今盡是減也，修生萬德昔未圓而今圓是
> 增也；真空離此，故云不增不減……。❸

此就階位來論之，即道前凡位、道中菩薩、道後佛果等階位，以
顯示真空乃是「不生不滅，不垢不淨，不增不減」之道理。換言
之，即以「真空」貫穿道前、道中、道後，顯示道前、道中、道
後等無不是「真空」，以「真空」貫穿修行之道。

　　有關真空之二諦中道思想，法藏於《十二門論宗致義記》
以大篇幅來廣論述之，如《十二門論宗致義記》卷1：

> 第三、總申宗意者，通辨三論總以二諦中道為宗趣。❹

此說明了中觀學派的三論思想，基本上，是以二諦中道為宗趣。
此二諦中道思想，可藉由遍計、依他、圓成三性來表達之，如
《十二門論宗致義記》卷1：

> 初門內復作三義：一、約依他起性明二諦中道。二、約餘
> 二性。三、通約三性。❺

---

❸　《般若波羅蜜多心經略疏》卷1，CBETA, T33, no. 1712, p. 553c2-12。

❹　《十二門論宗致義記》卷1，CBETA, T42, no. 1826, p. 215b5-8。

❺　《十二門論宗致義記》卷1，CBETA, T42, no. 1826, p. 215b8-9。

接著，《十二門論宗致義記》進而對此加以論之，如其云：

> 初義者，謂諸法起，無不從緣。從緣有故，必無自性；由
> 無自性，所以從緣。緣有性無，更無二法。但約緣有萬
> 差，名為俗諦；約無性一味，名為真諦。是故於一緣起，
> 二理不雜，名為二諦；緣起無二，雙離兩邊，名為中道。
> 總說如是。❹

此從諸法緣起無自性、無自性緣起，來說明緣起有與自性空，乃
是無二無別的，若方便言之，約緣起有萬差，名俗諦；約緣起
無自性空，名真諦。真俗二諦，無非緣起之兩面，而緣起實無二
故，稱之為二諦中道。依他起性之二諦中道，若詳細論述之，可
就五種二諦等明之。❹同樣地，遍計、圓成之二諦中道，亦可依

---

❹ 《十二門論宗致義記》卷 1，CBETA, T42, no. 1826, p. 215b9-15。

❹ 《十二門論宗致義記》卷 1：「若更別釋，略作三門：一、約開合。二、約
一異。三、約有無。初中，先開、後合。開者，於一緣起開為二義：一、緣
起幻有義。二、無性真空義。初義中，亦二義。一、非有義，謂舉體全空，
無所有故。二、非不有義，謂不待壞彼差別相故，《大品》云：諸法無所
有，如是有。是故非有非不有，名為幻有。二、真空，中亦二義：一、非空
義，謂以空無空相故。二、非不空義，謂餘一切相無不盡故。是故非空非不
空，名為真空。《經》云：空不空不可得，名為真空。《中論》云：無性法
亦無，一切法空故。合者，此有五重：一、謂彼非有，則是非不有，以此無
二，為幻有故。是故《莊嚴論》云：無體非無體，非無體即體，無體體無
二，是故說是幻。此文意以無體為幻體，故說無二也。由此無二不墮一邊，
故名中道。此是俗諦中道。二、真中非空，則是非不空，以此無二為真空，
雙離二邊，名為中道。此是真諦中道。三、幻中非有，則真中非不空義；幻
中非不有，則是真中非空義，以並無二故。由此無二與前無二，復無二故，
是故二諦俱融，不墮一邊，名為中道。此是二諦中道。四、幻中非有，與真
中非空，融無二故，名為中道。此是非有非空之中道。《經》云：非有非

此來論之。❸若就三性本身來論述二諦中道，如其云：

> 第三、通約三性辨者，先開，後合。開者，所執有二義：
> 謂情有、理無。依他亦二義：謂幻有、性空。圓成亦二
> 義：謂體有、相無。合者，以所執情有、依他幻有、圓成
> 種無，如是有無無二，為俗諦中道。所執理無、依他性
> 空、圓成體有，如是有無無二，名真諦中道。如是真俗，
> 合而恒離，離而恒合，離合無礙，是二諦中道。❹

此中，以遍計、依他、圓成各具二義來展開，即是遍計所執之情
有、理無，依他起性之幻有、性空，圓成實性之體有、相無。藉
由此三性各具二義，成立了俗諦中道、真諦中道、二諦中道，就
所執情有、依他幻有、圓成種（相）無，成立俗諦中道；就所執
理無、依他性空、圓成體有，成立真諦中道；就真俗離合無礙，
成立了二諦中道。

　　有關空有不二之二諦中道思想，亦可說是在於解決中觀、
唯識之空有對峙問題。法藏以三性各具空、有二義之二諦中道
思想，釐清智光、戒賢之論爭，《十二門論宗致義記》卷 1：

　　無，名為中道。五、幻中非不有，則是真中非不空。此非非有非非無之中
　　道，謂絕中之中也。是故二諦鎔融，妙絕中邊，是其意也。」（CBETA,
　　T42, no. 1826, p. 215b15-c11）有關五種二諦，可參考第二篇〈華嚴宗對龍樹
　　中觀的看法〉。
❸　於依他以五種二諦中道廣明之，於遍計、圓成亦詳加論述之。參《十二門論
　　宗致義記》卷 1：「初門內復作三義：一、約依他起性明二諦中道。二、約
　　餘二性。」（CBETA, T42, no. 1826, p. 215b8-9）
❹　《十二門論宗致義記》卷 1，CBETA, T42, no. 1826, p. 217b5-11。引文中「圓
　　成種無」，【甲】本作「圓成相無」。

第四、會異説者，於中有二：先敍異説，後會無違。前
中，此大乘內，於緣生法，二宗盛諍，一、執為有；二、
説為空。❹

此說明了於大乘佛法中，存在著執有、執空之問題。對於此問
題，法藏以二諦中道會通之，如《十二門論宗致義記》卷1：

第二、會無違者，諸緣起法未嘗有體，未曾損壞。無體無
壞，無二無礙，為緣起法。是故龍樹等雖説盡有之空，
而不待滅有；既不損有，即是不違有之空也。故龍樹説
空，離有離無，為真空也。無著等雖説盡空之有，而不
損真空；既不損空，即是不違空之有也。故亦離有無之幻
有，何相違耶。當知！二説全體相與，際限無遺。雖各述
一義而舉體圓具，故無違也。如其不爾，恐墮空無，勵
意立有，不達此有是不異空之有故。是故不受彼空，反
失自有；失自有者，良由取有。又若恐墮有所得故，猛勵
立空，不達此空是不異有之空故。是故不受緣有，反失
真空；失真空者，良由取空。是故舉體全空之有，無著等
説；舉體全有之空，龍樹等説。非直二説互不相違，亦乃
二義相由全攝，故無二也。❹

此說明了龍樹、提婆所論之「空」，乃是舉體全有之空；而無
著、世親所論之「有」，乃是舉體全空之有。所以，空、有二
説，互不相違，且空有二義彼此相由全攝，故無二也。若不如

---

❹　《十二門論宗致義記》卷1，CBETA, T42, no. 1826, p. 217c17-19。

❹　《十二門論宗致義記》卷1，CBETA, T42, no. 1826, p. 218b6-22。

此，則易墮於斷、常見中。❼

　　由上述種種之論述中，得知眞空之二諦中道，乃指深空、究竟空等，如《十二門論宗致義記》卷 1：

> 第三、會意歸宗中亦三。先標舉法體。大分者，是大都之言耳。謂諸法萬差，大都總相，無非是空故；不礙諸法，未嘗不空。故説眞空，名為深義。二、明其勝用者，若通達如此眞空，則萬行皆悉圓備。❽

此中所謂的深空、究竟空，乃指空不礙有、有不礙空之二諦中道，以空有不二來說明眞空。諸如此類，無不在在顯示眞空甚深之涵義，故以二諦中道表之。而此二諦中道即是深空、究竟空等，唯佛乃能窮究之。

　　由於眞空之義極甚深，故藉由二諦中道來表達之，而此眞空之二諦中道，其實也顯示了諸法相即相入無障無礙之一乘道理。

四、就判教思想而論

　　於前述所論《般若經》二諦中道之眞空，基本上，此道理主要對應於五教之終教、頓教，乃至圓教。因此，若以權、實教來說，法藏以實教來分判《般若心經》。

　　在華嚴宗對諸經典的判教中，基本上，認爲經經皆具備五

---

❼　有關中觀、唯識宗之論爭，另以專文處理之。

❽　《十二門論宗致義記》卷 1，CBETA, T42, no. 1826, p. 220a18-22。

教，❹乃至《般若經》，亦復如此。❺雖於論述「始教」時列舉了《般若經》等，也只是列舉大概而已，而實際上《般若經》本具五教，其教義具始、終、頓教等，如智儼《華嚴五十要問答》卷1〈諸經部類差別義〉：

問：諸經部類差別云何？

---

❹　《華嚴遊心法界記》卷1：「問：如上以義定教，教即然耶？答：此但且舉大例，作如是斷。若門門具論，經經之中，皆具此五。是云何知？按《大品》等經云：欲得聲聞果者當學般若波羅蜜，乃至欲得菩薩道者當學般若波羅蜜。又《密跡力士經》云：轉四諦法輪時無量眾生得阿羅漢果，乃至無量菩薩得成佛等。《寶積經》亦然。可准知之。」（CBETA, T45, no. 1877, p. 643a11-18）

如澄觀《大方廣佛華嚴經疏》卷3〈世主妙嚴品〉：「然十宗五教，互有寬陝。教則一經容有多教，宗則一宗容具多經。隨何經中，皆此宗故。若局判一經以爲一教，則抑諸大乘。」（CBETA, T35, no. 1735, p. 521c14-17）

子璿《起信論疏筆削記》卷3：「一經容多教者，如華嚴中具說十惡十善，即人天教也。說四諦十二因緣，即小乘教。具列地位，即分教。三天偈云：法性本空寂無取亦無捨，性空即是佛不可得思量，即始教。如心佛亦爾，如佛眾生然，心佛及眾生，是三無差別，即終教。初發心時便成正覺，即頓教。一切無礙，即圓教也。」（CBETA, T44, no. 1848, p. 312b15-21）

《賢首五教儀》卷3：「答：約說經時，先《般若》，明但空理，亦許定性俱不成佛，兼顯眞空法性及一乘盡成佛義。次《深密》，明法相理說定性等俱不成佛，後《妙智》明眞空法性中道說無性等悉得成佛。《般若》、《深密》即相宗家二三時也。《深密》、《妙智》即性宗家二三時也。今依《深密》第二三時及《妙智》第二時中明但空法相有不成義，判爲始、分；依《妙智》第三時中明法性空盡成佛義，判爲終、實。況今家立教正約法義，不但據時義，則一經容有多教，權實頓彰時，則前後有定不定，始終難辨，餘如別說。」（CBETA, X58, no. 1024, p. 656b2-11 // Z 2:9, p. 28b16-c7 // R104, pp. 55b16-56a7）

❺　《般若心經略疏連珠記》卷1：「《般若》豎貫二時，橫通五教。」（CBETA, T33, no. 1713, p. 559c9）

答：如四《阿含經》局小乘教，《正法念經》舉正解行別
　　邪解行，通三乘教。《涅槃經》等及《大品經》三乘
　　終教，為根熟聲聞說故。《金剛般若》是三乘始教，
　　初會愚法聲聞故，義意在文。❺

又如智儼《華嚴經內章門等雜孔目章》卷 2：

頓教門者，如《維摩經‧不二法門品》，維摩直默以顯玄
意者是。此如絕於教義相想不及，廣如《大般若經》「那
伽室利分」說。❺

由上述諸引文中，顯示般若部所涵蓋範圍極廣，其主要教義包含
始、終、頓教等。為根熟聲聞說終教，此如《大般若經》；為根
未熟聲聞說始教，此如《金剛經》。❺至於頓教，廣說在《大般若
波羅蜜多經》第八會「那伽室利分」中。❺法藏對《般若經》之

---

❺　《華嚴五十要問答》卷 1，CBETA, T45, no. 1869, p. 523a29-b4。

❺　《華嚴經內章門等雜孔目章》卷 2，CBETA, T45, no. 1870, p. 558c23-25。

❺　有關《金剛經》為始教，乃指始教之終而言，如《華嚴經內章門等雜孔目
　　章》卷 2：「始教門者。復有二種：一、始；二、終。言始門者，如《百法
　　明門論》六種無為屬一切法攝，人法二空，方入空攝，得知真如不及二空，
　　二空為上。此門亦通分別無分別教義。言終門者，如《維摩經‧弟子品》
　　內，為迦栴延說不生不滅是無常義等。又《金剛般若經》微塵即非微塵
　　等。」（CBETA, T45, no. 1870, p. 559a2-8）

❺　此則由龍吉祥與妙吉祥藉由乞食所展開的一段對話，如《大般若波羅蜜多
　　經》卷 576：「龍吉祥言：『唯然！尊者！今於食想猶未破耶？』妙吉祥
　　曰：『吾於食想都不見有，知何所破？所以者何？以一切法本性空寂，猶若
　　虛空無壞無斷，我何能破？諸天、魔、梵，世間沙門、婆羅門等亦不能破。
　　所以者何？諸法自性等虛空界，畢竟皆空，不可動搖，無能破者。又一切法
　　如太虛空，無有天、魔、梵、沙門等諸有情類可能攝受。所以者何？以一切

分判，基本上，乃承自於智儼之看法，以始、終、頓教來論述
《般若經》教義。如法藏《華嚴一乘教義分齊章》卷 3：

> 若依頓教，一切行位既不可說，所依身分，亦準此知，廣
> 如《大般若經》「那伽室利分」說。❺

又如《般若波羅蜜多心經略疏》卷 1：

> 第二、藏攝者，謂三藏之中，契經藏攝。二藏之內，菩薩
> 藏收。權實教中，實教所攝。❺

此外，法藏於論述十宗之第七「一切皆空宗」之始教時，則列舉
《般若經》來明示之，如《華嚴一乘教義分齊章》云：

> 七、一切法皆空宗，謂大乘始教，說一切諸法皆悉真空，
> 然出情外無分別故，如《般若》等。❺

又如《華嚴經探玄記》卷 1：

> 七、一切皆空宗，謂大乘初教，說一切法悉皆性空，超於
> 情表無分別故，如《般若》等皆辯。❺

法性遠離故非所攝受。』」（CBETA, T07, no. 220, p. 974c13-21）
❺　《華嚴一乘教義分齊章》卷 3，CBETA, T45, no. 1866, p. 492b1-3。
❺　《般若波羅蜜多心經略疏》卷 1，CBETA, T33, no. 1712, p. 552b9-11。
❺　《華嚴一乘教義分齊章》卷 1，CBETA, T45, no. 1866, p. 482a4-6。
❺　《華嚴經探玄記》卷 1，CBETA, T35, no. 1733, p. 116b20-22。

此等論述中，顯示了《般若經》包含始、終、頓教等。另外，法藏亦以無相宗來象徵《般若經》，如《大乘起信論義記》卷1：

> 第二、隨教辨宗者，現今東流一切經論，通大小乘。宗途有四：一、隨相法執宗，即小乘諸部是也。二、真空無相宗，即《般若》等經、《中觀》等論，所説是也。三、唯識法相宗，即《解深密》等經、《瑜伽》等論，所説是也。四、如來藏緣起宗，即《楞伽》《密嚴》等經、《起信》《寶性》等論，所説是也。此四之中，初則隨事執相説，二則會事顯理説，三則依理起事差別説，四則理事融通無礙説，以此宗中，許如來藏隨緣成阿賴耶識，此則理徹於事也；亦許依他緣起無性同如，此則事徹於理也。❺❾

如《華嚴經探玄記》卷1：

> 第二、智光論師，遠承文殊、龍樹，近稟提婆、清辯，依《般若》等經、《中觀》等論，亦立三教。謂：佛初鹿園為諸小根説小乘法，明心境俱有。第二時中，為彼中根説法相大乘，明境空心有唯識道理，以根猶劣未能令入平等真空，故作是説。於第三時，為上根説無相大乘，辯心境俱空，平等一味，為真了義。又此三位，亦三義釋：先攝機者。初時唯攝二乘人機。第二通攝大小二機，以此宗計一

---

❺❾ 《大乘起信論義記》卷1，CBETA, T44, no. 1846, p. 243b22-c4。另，也顯示四宗彼此無前後次第之別，如《大乘起信論義記》卷1：「然此四宗亦無前後時限差別，於諸經論亦有交參之處。宜可准知，今此論宗意當第四門也。」（CBETA, T44, no. 1846, p. 243c6-8）

分二乘不向佛果。三、唯攝菩薩，通於漸頓，以諸二乘悉
向佛果無異路故。二、約教者，初唯說小乘，次通三乘，
後唯一乘。三、約顯理者，初破外道自性等故，說緣生法
定是實有。次即漸破二乘緣生實有之執，說此緣生以為似
有，以彼怖畏此真空故，猶存假有而接引之。後時方就究
竟大乘，說此緣生即是性空平等一味不礙二諦。是故法相
大乘有所得等屬第二教，非真了義。此三教次第，如智光
論師《般若燈論釋》中，具引《蘇若那摩訶衍經》說，此
云《大乘妙智經》，此昔所未聞也。❻

此無論就機、教、理三方面來看，皆顯示《般若經》是唯攝菩
薩乘，是一乘教，闡述二諦中道之真空。若就此而論，《般若經》
之無相教，實乃是一乘教，唯攝菩薩乘，說明心境俱空，平等一
味，為真了義教。此之所謂一乘教，是指實教。

雖然《般若經》包含始、終、頓教等，但華嚴宗對於《般
若經》之分判，主要以法性宗或無相宗來稱呼之。此不論是以
法性宗或無相宗來分判《般若經》，其實更顯示了《般若經》乃
一乘教，其教義主要在於實教（終教、頓教）。❻

基本上，《般若經》具備了權實、漸頓等諸教，❻如師會《般
若心經略疏連珠記》：「《般若》豎貫二時，橫通五教」。❻其中，
又以終、頓教為主，而《般若心經》即是如此，如《般若心經

---

❻ 《華嚴經探玄記》卷 1，CBETA, T35, no. 1733, p. 112a2-22。另，可參《十二
門論宗致義記》卷 1，CBETA, T42, no. 1826, p. 213a23-b11。

❻ 《般若心經略疏連珠記》卷 1：「今經正當頓、實。若深必該淺，義或可
通。」（CBETA, T33, no. 1713, p. 560b18-19）

❻ 《般若心經略疏連珠記》卷 1，CBETA, T33, no. 1713, p. 559c17-22。

❻ 《般若心經略疏連珠記》卷 1，CBETA, T33, no. 1713, p. 559c9。

略疏連珠記》云：「蓋言華屋之要，四體之本也。以況八部所詮頓實之旨，斯經盡之。」❻此外，亦有其他不同之說法，如澄觀以《般若經》之無相為頓教，❺或有以《般若經》為法性宗，而此無相宗含三教，包括始教、頓教、終教。❻甚至，亦有以圓教事事無礙來闡明般若。❻

　　至於後代何以將《般若經》純然分判為始教之說法？此涉及般若部所涵蓋範圍極廣之故，涵蓋了權實、漸頓等諸教義，諸師依其著眼點不同所致，如《般若心經略疏連珠記》卷1：

> 問：《般若》談空，以空為始，始固屬權故。政觀以來，
> 　　議斯權實眾說不同，或約大小，或約通別，或曰：教
> 　　果是權，理行是實。何以記皆不敘？

---

❻　《般若心經略疏連珠記》卷1，CBETA, T33, no. 1713, p. 558b24-25。

❺　《大方廣佛華嚴經疏》卷3〈世主妙嚴品〉：「然此十宗，後後深於前前。前四唯小，五、六通大小，後四唯大乘。七、即法相宗。八、即無相宗。後二即法性宗。又七即始教。八即頓教。九即終教。十即圓教。又第七亦名二諦俱有宗，謂勝義真實故不無世俗，因果不失故是有，如《深密》、《瑜伽》等。第八、亦名二諦雙絕宗，謂勝義離相故，非有世俗，緣生如幻故是無，如《掌珍》頌云：真性有為空，如幻緣生故，無為無有實，不起似空華等。即《般若》、三論中一分之義。九、二諦無礙宗，如《維摩》、《法華》等，義如前顯。然十宗五教，互有寬陝。教則一經容有多教，宗則一宗容具多經。隨何經中，皆此宗故。若局判一經以為一教，則抑諸大乘。」（CBETA, T35, no. 1735, p. 521c4-17）

❻　《般若心經略疏連珠記》卷1：「其通宗者，般若以無相為宗。清涼曰：無相宗含於三教，謂始教、頓教、實教。」（CBETA, T33, no. 1713, p. 560b16-18）

❻　如《般若心經略疏連珠記》卷1：「五、鎮國曰：《大品》云『一切法趣色』，即一切皆色，一中具一切，即事事無礙。般若義該五教，即具圓矣。」（CBETA, T33, no. 1713, p. 560a7-11）

> 答曰：《論》云：從得道夜乃至涅槃，常說般若。斯經權
> 實雙彰，漸頓兼唱，諸宗判釋不同，故使後賢多
> 誤。❻

又《般若心經略疏連珠記》卷1：

> 今將具列，以罄源流。一、戒賢論師，曰：依遍計所執而
> 說諸法自性皆空，依他、圓成猶未說有，即判《般若》等
> 經、《中》《百》等論，說六識空，多談空理，屬第二時。
> 《法界無差論疏》依此以判《般若》等經，屬第二宗攝。
> 二、智光論師，曰：第三時中，方為上根說無相大乘，謂
> 此緣生即是性空平等一相，依、計是有，圓成是空，依此
> 以判《般若》等經，總破大小法相，八識俱空，多說空
> 理。《圓覺疏》等敘彼所判《般若》等經、《中》《百》等
> 論，屬於空宗，始教所攝。❻

此說明了為何判《般若經》為始教之所在，由於法藏《法界無
差論疏》中，依戒賢「三時教」判《般若經》為第二時教，而
將《般若經》判為始教。再者，宗密於《圓覺疏》判《般若》
屬於始教所攝。

　　雖然從《般若經》本身來說，強調真空平等一味，而其之
所以被視為始教，此可能與其佛種性之主張有關，如《大般若
波羅蜜多經》卷593：

---

❻　《般若心經略疏連珠記》卷1，CBETA, T33, no. 1713, p. 559c17-22。

❻　《般若心經略疏連珠記》卷1，CBETA, T33, no. 1713, pp. 559c22-560a3。

善勇猛菩薩摩訶薩言：我今哀愍一切有情，為作利益安
樂事故，請問如來、應、正等覺甚深般若波羅蜜多。何以
故？甚深般若波羅蜜多通攝聲聞、獨覺、菩薩及正等覺一
切法故。唯願世尊哀愍我等，為具宣說如來境智！若有情
類於聲聞乘性決定者，聞此法已，速能證得自無漏地；若
有情類於獨覺乘性決定者，聞此法已，速依自乘而得出
離；若有情類於無上乘性決定者，聞此法已，速證無上
正等菩提；若有情類雖未已入正性離生，而於三乘性不定
者，聞此法已，皆發無上正等覺心。唯願如來、應、正等
覺為答所問甚深般若波羅蜜多，令諸有情善根生長！❼⓿

如《大乘法界無差別論疏》卷 1：

現今東流一代聖教，通大小乘及諸權實，總有四宗：一、
隨相法執宗，謂《阿含》等經、《婆沙》等論。二、真空
無相宗，謂《般若》等經、《中》《百》等論。三、唯識
法相宗，謂《深密》等經、《瑜伽》等論。四、如來藏緣
起宗，謂《楞伽》《密嚴》等經、《起信》《寶性》等論。
釋此四宗，略舉四義：一、約乘者，初唯小乘；次二具三
乘，謂此二乘宗，同許定性二乘不成佛；後唯一乘，以此
宗許入寂二乘亦成佛故。❼❶

此是從成佛問題來分判，由於《般若經》涉及同許定性二乘不
成佛，而此乃三乘權教之說，因而判屬於始教。然而若就智光所

---

❼⓿　《大般若波羅蜜多經》卷 593，CBETA, T07, no. 220, p. 1066a24-b8。
❼❶　《大乘法界無差別論疏》卷 1，CBETA, T44, no. 1838, p. 61c8-16。

判之三時教來說，般若則屬一乘，於機，唯攝菩薩；於教，唯一乘；於理，闡述空有二諦無礙。❼由此可知《般若經》跨越於三乘、一乘中，般若眞空涵蓋了始、終、頓、圓教，而以終、頓教爲主。

法藏對眞空之看法，存在著三乘、一乘之差別。於三乘中，又有權（始教）、實教（終、頓教）之別。一乘圓教之眞空，即是緣起無自性，此無性眞空即是一多緣起。

雖然諸經同樣論述緣起無自性空，而《般若經》則著眼於遮破上，強調緣起空無所得；《華嚴經》則表現在緣起力用具德，如智儼《華嚴一乘十玄門》卷1：

> 如《大品經‧一念品》明從始至終，不出一念，即名爲純；而此一念之中，具於萬行，即名爲雜。雖爾，而與此中純雜義別。何者？如彼《經》一念者，同是無得相應，不明緣起德用。若此❼明純者，若約施門一切皆施，若説忍門一切皆忍。説忍門者諸行如虛空，即名爲純；而此忍門具足諸門，即名爲雜；純雜不相亂，故名具德，故不同彼〈念品〉。❼

如《華嚴經內章門等雜孔目章》卷4：「夫圓通之法，以具德爲宗。」❼又如《華嚴一乘十玄門》卷1：

---

❼　參見《華嚴經探玄記》卷1，CBETA, T35, no. 1733, p. 112a2-22。

❼　「此」，指華嚴。

❼　《華嚴一乘十玄門》卷1，CBETA, T45, no. 1868, p. 517a27-b6。

❼　《華嚴經內章門等雜孔目章》卷4，CBETA, T45, no. 1870, p. 585c27。

問：既其各各無性何得成其一多耶？

答：此由法界實德緣起力用普賢境界相應，所以一多常成
　　不增不減也。如《維摩經》云：從無住本立一切法。
　　又《論》云：以有空義故一切法得成也。❼

《華嚴經探玄記》卷9〈十地品〉：

釋此六相義，作六門：一、明教興意，謂破定執見以顯緣
起圓融之法。此理現前，一切惑障，一滅一切滅；一切行
位，一成一切成等。二、種類者，不自、不他生等四句，
及不有、不無等四句，并不生等八不、十不等，皆悉會事
入理，是此流類，但彼等入理以順一寂。今此入理圓融彼
事，便相即相入成普賢法。有斯左右耳。❼

諸如此類，皆顯示三乘、一乘同是說明緣起無自性之道理，但彼
此有別，三乘入理著眼於空寂，一乘入理則顯無盡。❼另方面也

---

❼　《華嚴一乘十玄門》卷1，CBETA, T45, no. 1868, p. 514b28-c3。

❼　《華嚴經探玄記》卷9〈十地品〉，CBETA, T35, no. 1733, p. 282a20-27。又
　　如法藏《華嚴一乘教義分齊章》卷4：「問：此六義與八不分齊云何？答：
　　八不據遮，六義約表。又八不約反情理自顯，六義據顯理情自亡，有斯左右
　　耳。」（CBETA, T45, no. 1866, p. 502c4-6）

❼　另亦可由〈色空章〉十門展開無盡法界得知，如法藏《華嚴發菩提心章》卷
　　1：「第四、色空章十門止觀者。第一、會相歸性門，於中，有二種：一、
　　於所緣境會事歸理。二、於能緣心攝將入正也。第二、依理起事門者，亦有
　　二種：一者、所歸理非斷空故，不礙事相宛然。二者、所入止不滯寂故，復
　　有隨事起修妙覺觀。第三、理事無礙門者，……第四、理事雙絕門者，……
　　第五、心境融通門者，……第六、事事相在門者，由理帶諸事全遍一事，是
　　故以即止之觀，於一事中現一切法，而心無散動。如一事，一切亦爾。第

顯示了《般若經》與《華嚴經》於眞空所著眼點之不同,《般若經》強調空無所得,《華嚴經》則強調眞空具德重重無盡(參附錄:法界圖)。

五、結語

就法藏大師而言,所謂眞空,乃指諸法無自性,亦即空有不二、一多緣起。有關般若眞空,可就三乘、一乘來論之。於三乘中,又有權(始教)、實教(終、頓教)之別。從眞空所呈現的差別相來看,若著重於眞空之遮情上,此爲始教;若著眼於眞空之不二上,此爲終教;若著眼於眞空之不可說上,此爲頓教;若著眼於眞空之無盡上,此爲圓教。因此,三乘、一乘雖然同樣以無自性空爲切入點,但由於著重點不同,所以呈現彼此之差別。此如《般若經》強調緣起無自性空無所得,而《華嚴經》表現在無自性一多緣起圓融具德。

換言之,三乘之眞空,以會事入理爲主,強調緣起無自性空;而一乘以理融事成普賢法,強調緣起無盡圓通自在無礙。《般若經》雖論及無盡,但著眼於空無所得來說,雖認爲五蘊、十二入、十八界等皆是眞如,皆是一切智智,皆無窮盡,但非著

七、彼此相是門者,由諸事悉不異於理,理復不異於事,即是一切而念不亂,如一事一切亦爾。第八、即入無礙門者,由交參非一與相含非異,體無二故,是故以止觀無二之智頓現,即入二門同一法界,即心無散動也。第九、帝網重現門者,由於一事中具一切,復各具一切,如是重重不可窮盡。如一事既爾,餘一切事亦然。以止觀心境不異之目頓現一切,各各重重悉無窮盡,普眼所矚,朗然現前而無分別,亦無散動也。第十、主伴圓備門者。菩薩以普門之智,頓照於此普門法界。然舉一爲主,一切爲伴,主伴、伴主皆悉無盡,不可稱說,菩薩三昧海門皆悉安立自在無礙,然無異念也。」
(CBETA, T45, no. 1878, p. 654a29-b29)

眼於事與事之關係來顯現。因此，可以說《般若經》的無盡，主要就同教一乘而論，此有別於《華嚴經》之別教一乘。

　　若就《法界觀》三觀來說，眞空即是理事無礙、周遍含容。此即法藏大師所謂「眞空」，乃「深空」也。由此也可得知，爲何法藏廣讚般若眞空，爲何於《華嚴發菩提心章》論述「表德」時，而以眞空、理事無礙、周遍含容等來表達之。❼若非如此，何能呈現「眞空」乃「深空」之意涵。誠如智儼大師所說：別教一乘乃能窮究眞空。❽

* 本文原名爲〈法藏大師對般若真空的看法〉，收錄於 2018 年《華嚴專宗國際學術研討會論文集》（上），頁 157-180。

---

❼　《華嚴發菩提心章》卷 1：「第四、表德者，自有五門：一、眞空觀，二、理事無礙觀，三、周偏含容觀，四、色空章十門止觀，五、理事圓融義。」（CBETA, T45, no. 1878, p. 652b9-11）

❽　如《華嚴五十要問答》卷 2：「其空有四，併成觀境。一、有爲無爲虛空。二、擇數滅空。三、成實論教性空。四、地論教性空。竝成觀境，但深淺異也。若窮空方便，一乘究竟。」（CBETA, T45, no. 1869, p. 532, b6-9）此處所言一乘，對智儼來說，是指別教一乘。又如《華嚴經內章門等雜孔目章・人法二空章》卷 3：「人法二空者，謂人空、法空。人我執無處所顯眞如，名人空。法我執無所顯眞如，名法空。人空通小乘而未清淨，至三乘方清淨。法空在三乘而未清淨，至一乘究竟淨。餘義如別章。」（CBETA, T45, no. 1870, p. 568b20-25）

參考書目

本文佛典引用主要是採用「中華電子佛典協會」（Chinese Buddhist Electronic Text Association，簡稱 CBETA）的電子佛典集成光碟，2016 年。

佛教藏經或古籍

《十二門論宗致義記》，T42, no. 1826。

《大方廣佛華嚴經疏》，T35, no. 1735。

《大方廣佛華嚴經隨疏演義鈔》，T36, no. 1736。

《大乘起信論義記》，T44, no. 1846。

《大般若波羅蜜多經》，T05, no. 220。

《大般若波羅蜜多經》，T07, no. 220。

《大智度論》，T25, no. 1509。

《修華嚴奧旨妄盡還源觀》，T45, no. 1876。

《般若心經略疏連珠記》，T33, no. 1713。

《般若波羅蜜多心經》，T08, no. 251。

《般若波羅蜜多心經略疏》，T33, no. 1712。

《起信論疏筆削記》，T44, no. 1848。

《華嚴一乘教義分齊章》，T45, no. 1866。

《華嚴一乘教義分齊章復古記》，X58, no. 998 // Z 2:8 // R103。

《華嚴一乘教義分齊章義苑疏》，X58, no. 995// Z 2:8 // R103。

《華嚴五十要問答》，T45, no. 1869。

《華嚴法界玄鏡》，T45, no. 1883。

《華嚴經內章門等雜孔目章》，T45, no. 1870。

《華嚴經明法品內立三寶章》，T45, no. 1874。

《華嚴經探玄記》，T35, no. 1733。

《華嚴遊心法界記》，T45, no. 1877。

《圓覺經大疏》，X09, no. 243 // Z 1:14 // R14。

《賢首五教儀》，X58, no. 1024 // Z 2:9 // R104。

中日文專書、論文或網路資源等

楊惠南　1989《吉藏》，臺北：東大圖書公司。

楊惠南　1998《龍樹與中觀哲學》，臺北：東大圖書公司。

附錄：法界圖

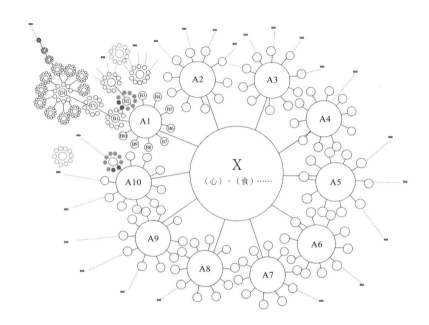

說明：此圈圈圖，主要用以顯示萬事萬物彼此的相互依存關係，
　　　即所謂的「緣起」。從諸法彼此的相互依存中，可得知法
　　　法緣起無自性空。諸法當下即是空，即是森羅萬象重重無
　　　盡法界。任舉一法，莫不如此。此即所謂的「一即一切，
　　　一切即一」。一與一切之關係，乃是一成，一切成；一不
　　　成，一切亦不成。一與一切同時頓現，如海印三昧；彼此
　　　互遍互攝重重無盡，如因陀羅網。因此，以法界圖顯示般
　　　若空「一多無礙」緣起。

第二篇

華嚴宗對龍樹中觀之看法
——以法藏《十二門論宗致義記》爲主

█ 摘要

　　龍樹的「空」是始教嗎？一般學術界將華嚴宗對龍樹「空」的看法，定位在始教。然而對賢首法藏來說，龍樹所說的「空」，具備了多重的涵義，兼具遮、表的角色，若就以五教（小、始、終、頓、圓教）來說，非只是始教，且跨越了終、頓二教，甚至一乘圓教。

　　另外，法藏針對龍樹「心境俱空」，以「無相大乘」、「究竟大乘」、「唯一乘」等明之，以顯示緣起性空平等一味之一乘教。由此亦可得知，真空與一乘教之密切關係。

　　因此，本論文主要藉由法藏對龍樹「空」之理解，從三時教判、二諦中道思想來切入。以遮詮、表德來顯示龍樹「空」之義涵，以便釐清學術界對華嚴宗判教所存在似是而非的論點。

關鍵字：法藏、龍樹、空、一乘、二諦中道

一、前言

　　龍樹的「空」是始教嗎？一般學術界將華嚴宗對龍樹「空」的看法，定位在始教。然而對華嚴宗來說，龍樹所說的「空」，非只是始教，且跨越了終、頓二教，甚至圓教。換言之，龍樹之「空」具備了多重的涵義，兼具遮、表的角色，若就以五教來說，包含了始、終、頓、圓教。如法藏《十二門論宗致義記》卷 1：

> 二、揀境者，亦二：一、倒境，謂聞空，謂斷無；聞有，謂實有等，並如情所取，非是法境。二、真境，如上說空有俱融無礙之法，難名目者是也。極須揀之，若不爾者，則入魔網故也。❶

此引文中，所謂的真境，乃是指法理之境，而此法理之境，即是真空。因此，以「空有俱融無礙之法」來說明真空，顯示真空乃是真境，而非顛倒之境，且特別強調須加以辨別之，以免墮入魔羅網。此空有俱融之真境，可對應於終教。《十二門論宗致義記》甚至以離四句絕百非，來顯示真境，如其云：

> 謂於真境，不作空解，不作有解，不作俱解，亦不作俱非解。於一念間，一切解心動念總絕，亦無不動之解，所解亦絕，此絕亦絕，境智俱融。於一念間，此謂情開理現，

---

❶　《十二門論宗致義記》卷 1，CBETA, T42, no. 1826, p. 217b23-27。

　　難可宣說。至者當知：龍樹說空，意在於此。❷

此顯示了所謂的「真境」，不能以空、有、亦有亦空、非有非空
等四句明之，一切解心皆泯絕，且無「不動」之解，連其所解
亦絕，甚至此絕亦絕，境智俱融。換言之，藉由此環環之「絕」
（1.四句解之絕、2.無念解之絕、3.所解之絕、4.此絕亦絕），
以逼顯出真空之理，所謂「情開理現」。此類似於《法界觀》之
真空觀的泯絕無寄，以臻於「行境」。❸由此可知，龍樹之空，實
已是跨入華嚴五教判之頓教。甚至藉由真空，顯示諸法的相即相
入事事無礙之圓教，又如《十二門論宗致義記》云：

　　第三、顯德用者，《中論》云：以有空義故，一切法得
　　成。又云：以一切法空故，得有三寶、四諦等。《大品》
　　云：若一切法不空，則無道無果。又云：若諸法如毫釐許
　　有者，則諸佛不出世。如是等文，皆明以有真空故，方有
　　諸法也；又由觀真空，方成諸行。是故十度等行，皆由空
　　成；菩提等果，皆由空立。是故從此真空無住建立諸法，
　　又令諸法得相即相入無障無礙等，並是此門之大用也。❹

---

❷　《十二門論宗致義記》卷 1，CBETA, T42, no. 1826, p. 217c4-9。

❸　《華嚴法界玄鏡》卷 1：「觀曰：第四、泯絕無寄觀者，謂此所觀真空，不
可言即色不即色，亦不可言即空不即空。一切法皆不可，不可亦不可。此語
亦不受，迥絕無寄，非言所及，非解所到，是謂行境。何以故？以生心動
念，即乖法體失正念故。」（CBETA, T45, no. 1883, p. 675a24-28）《華嚴法
界玄鏡》卷 2：「觀曰：令圓明顯現，稱行境界，無障無礙。深思之，令現
在前也。」（CBETA, T45, no. 1883, p. 683a13-14）

❹　《十二門論宗致義記》卷 1，CBETA, T42, no. 1826, p. 217c9-17。

法藏於此中，引《中論》、《般若經》來說明，顯示真空之「德用」，且稱此真空為「深空」，❺或以「不思議」稱真空。❻諸如此類，無不在在顯示了法藏對龍樹「空」的看法，實跨越至頓教❼乃至圓教所說的諸法事事無礙之繁興大用，實皆不離真空。另外，法藏也針對龍樹「心境俱空」，以「無相大乘」、「究竟大乘」、「唯一乘」等明之，以顯示緣起性空平等一味之一乘教。由此亦可得知，真空與一乘教之密切關係。

因此，本論文藉由法藏對龍樹「空」之理解，從三時教判、二諦中道思想來切入，以便釐清學術界對華嚴宗判教所存在似是而非的論點。

二、從三時教判來看中觀

約第六至七世紀時，在印度大乘佛教中，存在著智光的中觀學派與戒賢的唯識學派「三時判教」之不同看法。而有關此判教問題，法藏於諸論著中加以論述之。若依智光的三時教判來看，於第三時，立「心境俱空」平等一味，為真了義，此屬一乘教，如《十二門論宗致義記》卷1：

---

❺ 《十二門論宗致義記》卷1：「第二、約成觀者，此真空法平等二諦，三世諸佛之所同依，一切菩薩離此無路。是故若欲於真大乘求出要者，於此深空，偏攻作意，觀察既久，遂能照理伏惑。」（CBETA, T42, no. 1826, p. 217b13-17）

❻ 此可參法藏於《華嚴經明法品內立三寶章·玄義章》之「揀理異情門」中，辨別真空與斷空之差別，如其云：「問：真空與斷空何別？答：略有四別。……是故真空不思議也，斷空不爾。」（CBETA, T45, no. 1874, p. 623c20-29）

❼ 如《大般若波羅蜜多經》卷576第八會「那伽室利分」。（CBETA, T07, no. 220, p. 974c6-21）

第三、定教分齊者，……且辨西國諸德所傳。……二、
智光論師，遠承文殊、龍樹，近稟青目、清辨。依《般
若》等經、《中觀》等論，顯無相大乘，廣辨真空。亦以
三教開宗，顯自所依真為了義。謂佛初鹿園為諸小根轉於
四諦小乘法輪，說心境俱有。次於第二時，為中根說法相
大乘境空心有，則唯識義等，以根猶劣故未能全入平等真
空，故作是說。於第三時，方為上根說此無相大乘，顯心
境俱空，平等一味，為真了義。又初則為破外道自性等，
故說因緣生法決定是有；次則為破小乘實有，說此緣生但
是假有，以恐彼怖畏此真空，故猶存有而接引之；第三方
就究竟大乘，說此緣生即是性空平等一相。此亦是入法之
漸次也。則依此說，判法相大乘有所得等為第二教，非了
義也。此三教次第，智光法師《般若燈論釋》中，引《大
乘妙智經》所說。是故依此教理，《般若》等經，是真了
義。餘法相名數，是方便說耳。❽

---

❽　《十二門論宗致義記》卷 1，CBETA, T42, no. 1826, p. 213a4-b11。其它相關
資料，亦可參考《華嚴經探玄記》卷 1：「法藏於文明元年中，幸遇中天竺
三藏法師地婆訶羅，唐言日照，於京西太原寺翻譯經論。余親于時，乃問西
域諸德於一代聖教頗有分判權實以不？三藏說云：近代天竺那爛陀寺，同時
有二大德論師，一名戒賢，二稱智光，並神解超倫，聲高五印，群邪稽顙，
異部歸誠。大乘學人，仰之如日月，獨步天竺，各一人而已。以所承宗別，
立教不同。謂戒賢即遠承彌勒、無著，近踵護法、難陀。依《深密》等經，
《瑜伽》等論立三種教。謂佛初鹿園說小乘法，雖說生空，然猶未說法空眞
理，故非了義，即四《阿含》等經。第二時中，雖依遍計所執自性說諸法
空，然猶未說依他圓成唯識道理，故亦非了義，即諸部《般若》等教。第三
時中，方就大乘正理具說三性三無性等唯識二諦，方爲了義，即《解深密》
等經。又此三位各以三義釋。一、攝機，二、說教，三、顯理。且初唯攝聲
聞，唯說小乘，唯顯生空。二、唯攝菩薩，唯說大乘，唯顯二空。三、普攝
諸機，通說諸乘，具顯空有，是故前二攝機教理，各互有闕，故非了義。後

此引文中,說明了中觀學派所立之三時教(1. 心境俱有、2. 境空心有、3. 心境俱空),以第三時教所說的因緣所生法是性空平等一相,為究竟了義,亦即以無相大乘「心境俱空」為真了義。而認為第二時教所立之緣生似有或「境空心有」,乃顯一分性空而已,並非了義。❾ 智光之三時教判,如下圖表所示:

第一時教	為破外道自性等,故說因緣生法決定是有。
第二時教	為破小乘實有,說此緣生但是假有。
第三時教	方是究竟大乘,說此緣生即是性空平等一相。

至於由戒賢之唯識學派所立的三時教,主要依《解深密經》來分判,認為中觀學派之空,乃是破遍計所執,屬第二時教,並非了義。因此,戒賢認為須空、有俱說,方是真了義,此屬第三時教,如《十二門論宗致義記》卷 1:

> 謂戒賢則遠承彌勒、無著,近踵護法、難陀。依《深密》等經、《瑜伽》等論,明法相大乘,廣分名數,用三教開宗,顯自所依為真了義。謂佛初鹿園轉於四諦小乘法輪雖說人空,翻諸外道,然於緣生定說實有。第二時中,雖依遍計所執而說諸法自性皆空,翻彼小乘,然於依他、圓成猶未說有。第三時中,就大乘正理具說三性三無性等,方為盡理。是故於因緣生法,初時唯說有,則墮有邊;次

一機無不攝,教無不具,理無不圓,故為了義。」(CBETA, T35, no. 1733, pp. 111c8-112a1)

❾ 《十二門論宗致義記》卷 1:「謂初說心境俱有,不達性空。次顯境空心有,已顯一分性空。後心境俱空,平等具顯,方為了義。」(CBETA, T42, no. 1826, p. 213c15-17)

説於空，則墮空邊。既各墮邊，俱非了義。後時具説所執性空，餘二為有，契會中道，方為了義。是故依此所説，判《般若》等經多説空宗，是第二教攝，非為了義。此依《解深密經》判也。❿

由上述引文中，可得知戒賢之三時教判，以有、空、亦有亦空等來分判之，如下圖表所示：

第一時教	唯説有，則墮有邊。
第二時教	説於空，則墮空邊。
第三時教	具説，所執性空，依他、圓成爲有，契會中道，方爲了義。

另外，中觀學派、唯識學派之三時教判，彙整如下圖表：

三時教 ＼ 學派	中觀學派		唯識學派	
第一時教	實有	心境俱有	有	墮有邊
第二時教	似有	境空心有	空	墮空邊
第三時教	性空	心境俱空	空、有	中道

有關智光、戒賢之三時教判，法藏認爲彼此各自有其優勢所在，如戒賢以「教」爲勝，智光則以「理」爲勝，⓫如《十二門論宗致義記》卷 1：

---

❿　《十二門論宗致義記》卷 1，CBETA, T42, no. 1826, p. 213a11-23。

⓫　《十二門論宗致義記》卷 1：「又戒賢約教判，以教具爲了義；智光約理判，以理玄爲了義。」（CBETA, T42, no. 1826, p. 213c20-21）

> 但知如來施設教則了、不了義，有其二門：一、約攝機寬
> 狹言教具闕，以明了、不了。二、約攝機入法顯理增微，
> 以明了、不了。初❷，是戒賢所得。……二、約攝機入法
> 顯理增微門者，智光所承立也。……是故二說，所據各
> 異，分齊顯然，優劣淺深，於斯可見。❸

此是從攝機寬狹言教具闕、攝機入法顯理增微門，來說明戒
賢、智光三時教判之優劣所在。

對此三時教判，法藏認為實不應以三時之前後來設定限制
經典，如《十二門論宗致義記》卷1：

> 問：如前二師所說何得何失？
> 答：若以機會教，二說俱得，以各依聖教為定量故。何
> 　　者？謂此二說三教次第，俱不可以三時前後定限而
> 　　取。何以知之？如《密迹力士經》說：佛初鹿園轉四
> 　　諦法輪，無量眾生得初果、二果，乃至阿羅漢果；無
> 　　量眾生發菩提心、無量菩薩得無生法忍住初地二地
> 　　等，乃至廣說。《大品經》中，亦同此說。是故不可
> 　　定說前後。❹

於此段引文中，說明了《般若經》同樣具有如同戒賢所分判的第
三時教之內容。因此，不宜將《般若經》只判定在第二時教，若

---

❷ 「初」，指攝機寬狹言教具闕。
❸ 《十二門論宗致義記》卷1，CBETA, T42, no. 1826, p. 213b19-c23。
❹ 《十二門論宗致義記》卷1，CBETA, T42, no. 1826, p. 213b11-19。

定判之，則於理上難以成立。❺

　　由此可知，不可定判《般若經》為第二時教，因為《般若經》亦普攝一切大、小乘根機。

　　依法藏之看法，中觀學派、唯識學派所立之三時教，基本上，乃是依於眾生根機不定而設立的，如《華嚴經探玄記》卷1：

　　　　問：二說三教，各初說小，華嚴初說，如何會釋？

　　　　答：……今解此難，便會二說。汎論如來圓音說法，大例
　　　　　　有二：一、為此世根定者說。二、為此世根不定說。
　　　　　　初中三節：……二、為不定根者，有二位：一、此世
　　　　　　小乘根不定故堪可進入三乘位者，即初聞唯小以為
　　　　　　不了；次聞唯大，亦非是了；後聞具三，方為了義，
　　　　　　《解深密經》就此根辯。二、此世小乘根不定故堪可

---

❺　《十二門論宗致義記》卷1：「但知如來施設教，則了、不了義。有其二門：一、約攝機寬狹言教具闕，以明了、不了。二、約攝機入法顯理增微，以明了、不了。……又準此文，亦不可定判般若等為第二時教。以《大品經》云：若人欲得須陀洹果者，當學般若波羅密，乃至欲得阿羅漢果及無上菩提等，皆云當學般若波羅密。故知《般若經》等，亦具攝大小，亦是普為發趣一切乘者說。《智論》亦云：此摩訶衍中，具攝菩薩、聲聞二眾故也。解云：既具二諦，俱攝兩乘，豈得定判為第二教。是故若定判《般若》，則違此所引；若定執前後，則違《力士經》文。是故但約攝機有寬狹言教有具闕，判此三教有了、不了者，理教無也。二、約攝機入法顯理增微門者，智光所承立也，謂初說心境俱有，不達性空；次說境空心有，已顯一分性空；後心境俱空，平等具顯，方為了義。又於緣生，初說實有，次說似有，後方說空。此文並是入法有漸次理有增微，以明三教了、不了義。若定執前後，定判經文，亦有違害，準可知耳。又戒賢約教判，以教具為了義；智光約理判，以理玄為了義。是故二說，所據各異，分齊顯然。優劣淺深，於斯可見。」（CBETA, T42, no. 1826, p. 213b19-c23）

> 進入一乘位者，即初唯説小，為不了教；次通大小，
> 亦非了教；後會三歸一，唯説一乘，方為了教，《妙
> 智經》當此意也。由根不定，有此二門。是故二師各
> 述一門，故不相違。由有如是此世根定及不定故，是
> 故令彼教門或有前後，或無前後，準釋可知。❶⑥

此中，法藏以眾生根性之定、不定，來説明諸經典為何有前後或
無前後之情形。而以眾生根性之不定，來會通智光、戒賢的三時
教判彼此不同之所在。由於眾生根機不定，所以，此世小乘根不
定堪進入三乘位者，即初聞唯小以為不了，次聞唯大亦非是了，
後聞具三乘方為了義。若此世小乘根不定而堪進入一乘位者，
即初唯説小為不了教，次通大小亦非了教，後聞會三歸一，唯説
一乘，方為了教。

　　對法藏而言，諸經論之差別，實乃因眾生根機之有差別，
致使教法之施設有所不同，如《華嚴遊心法界記》卷 1：

> 如是次第不等，皆為機機各不同施門故異。隨人定教，教
> 逐人分。以教裁人，人依教轉；人教相藉，次位有殊。會
> 意而言，唯歸一路。此云何知？按《華嚴經》云：「張大教
> 網，亘生死海；濟天人龍，置涅槃岸」等是也。當如《經》
> 取意，不可執教為定，以道心源，隨語生解，用裁其法。
> 此即皆非應理，與教相違，背道歸冥，解益遠矣。⑰

此顯示了經教隨眾生之根機而定，因而呈現有種種差別。若就

---

❶⑥　《華嚴經探玄記》卷 1，CBETA, T35, no. 1733, p. 112b18-c29。

⑰　《華嚴遊心法界記》卷 1，CBETA, T45, no. 1877, p. 643a3-10。

實而言，則諸經典皆具五教，如《華嚴遊心法界記》卷 1：

> 問：如上以義定教，教即然耶？
>
> 答：此但且舉大例，作如是斷。若門門具論，經經之中，
> 皆具此五。是云何知？按《大品》等經，云：「欲得
> 聲聞果者當學般若波羅蜜」，乃至「欲得菩薩道者當
> 學般若波羅蜜」。又《密跡力士經》云：轉四諦法輪
> 時，無量眾生得阿羅漢果，乃至無量菩薩得成佛等。
> 《寶積經》亦然，可准知之。❸

此顯示諸經典中，實皆具有五教，而不能以對號入座來配對
經典。

有關智光、戒賢之三時教的爭論，法藏於《入楞伽心玄義》
中，則進一步加以釐清，如其云：

> 第九、明義分齊者，先義後文。義者，然此經中義理浩
> 汗，撮其機要，略顯十門：一、緣起空有門。……初者，
> 於緣起性，此土南北諸師各執空有，不足為會。但西域清
> 辨論主依《般若》等經，習龍猛等宗，造《般若燈》及
> 《掌珍》等論，確立比量辨依他空。護法等論師依《深
> 密》等經，習無著等宗，造《唯識》等論，亦立比量，顯
> 依他不空。後代學人智光、戒賢繼其宗致，傳芳不絕。今
> 謂不爾，前龍樹《中觀》，無著親釋；提婆《百論》，世
> 親注解。以龍樹所辨，明有不異空；無著所說，明空不異
> 有，是以二士相契冥合為一。非直理無違諍，亦乃仰稱龍

樹為阿闍梨。後代論師為時澆慧薄，聞空謂斷因果，聞有
謂隔真空。是以清辨破遣空之有，令蕩盡歸空，方顯即空
之有，因果不失；護法等破滅有之空，令因果確立，方顯
即有之空，真性不隱。此二士各破一邊，共顯中道，此乃
相成，非相破也。若不爾者，無著、世親何不破於龍猛等
論，而還造釋讚述彼空。後人不達其旨，隨言執取，各互
相違，非直俱不見理，更增鬥諍，得謗人法罪。……緣起
空有，應如是知。❶

此中，法藏針對中觀學派、唯識學派之創始者──龍樹及無著、
世親等觀點來論述之。首先，釐清龍樹之「空」，乃是「有不異
空」；無著所說之「有」，是「空不異有」。此二大士之觀點，乃
是彼此相契冥合的。不但於理無違諍，且無著仰稱龍樹為阿闍
梨。至於清辨、護法之論點，看似對立，實乃相輔相成，亦即清
辨破遣空之有，令蕩盡歸空，方顯即空之有，因果不失；護法破
滅有之空，令因果確立，方顯即有之空，真性不隱。所以，此二
士雖各破一邊，實乃共顯中道，彼此相成，而非相破。

從中觀、唯識所立的三時教判中，法藏認為實乃因眾生根
機不定所致，不宜將諸經典以前後時來定判之。再者，由於諸論
師所處時代之不同，所面對解決問題之不同，致使於所強調方
面亦有別，如清辨之強調空，實乃顯「即空之有」；護法之強調
有，實乃顯「即有之空」。若就實而言，不論中觀之「空」或唯
識之「有」，基本上，皆秉持「即有之空」或「即空之有」，顯示
空、有彼此無二之中道實相，且此如龍樹、無著、世親等，實皆
已通達二諦中道。正因為如此，所以法藏於論述龍樹之二諦中

---

❶　《入楞伽心玄義》卷 1，CBETA, T39, no. 1790, pp. 430c2-431a16。

道時，廣引唯識之三性（依他起性、遍計所執性、圓成實性）來申論之，詳如下述。

三、就二諦中道而論中觀

　　由上述之探討，可得知法藏認為龍樹之空，乃是不異於有之空，是指二諦中道，且於其論著中，多處提及龍樹乃證得中道實相之登「歡喜地」的菩薩，如《十二門論宗致義記》卷 1：

> 爰有大士，厥稱龍猛，位登極喜，應兆金言。慨此頹綱，悼斯淪溺，將欲然正法炬，覆邪見幢。故使製作繁多，溢於天竺。❷

　　又如《十二門論宗致義記》卷 1：

> 略有十因，造此等論。一為是論主本願力故，以此龍樹住於初地，理應以誓願力，於佛滅後，弘法攝生，是其所作。況論主見《楞伽》等經，佛既記我當來然正法炬，滅邪見幢。是故理應廣造諸論，以扶嘉唱。❹

　　此中，說明了龍樹乃登地之菩薩。而所謂的登地菩薩，是指證中道實相而言，如《十二門論宗致義記》卷 1：「如入地菩薩，通

---

❷　《十二門論宗致義記》卷 1，CBETA, T42, no. 1826, p. 212b26-29。
❹　《十二門論宗致義記》卷 1，CBETA, T42, no. 1826, p. 212c9-13。引文中論主，係指龍樹菩薩。

達諸法中道實相」❷。就空有不二之中道實相來說，龍樹、無著、世親菩薩等皆已證中道實相者。正因基於此，法藏由此而論中觀、唯識學派之融會，如《十二門論宗致義記》卷 1：

> 問：如此二說，有和會不？
>
> 答：有師說不可和會，亦不須強會。以此則是大乘之中，諸部不同，致有違諍。如小乘中，諸羅漢等，異部不通。菩薩異部，當知亦爾，故不可怪。良以佛法極甚深故，通其異諍，各有教理，義自極成，故不可會。今更重釋，無不可會，以理自通故。何者？謂若不破依他幻有令至不有，彼遍計執不永盡故，以此幻有是不有有故。若不受不有，即是所執。是故破執欲令蕩盡，必至幻有不有之際。要破幻有令其永盡，方至所執不有之際。是故二說義不相違。又彼小乘是半字教，理義不盡，容有異諍。大乘滿教，義理周備，豈亦同彼而有分部？又諸羅漢不得諸法一味法界，法執相應，起見造論，故有相違。如入地菩薩，通達諸法中道實相，豈亦同彼執見相違？是故龍猛及無著等諸大論主不相違者，是良證也。❸

此說明了中觀、唯識學派之論點，基本上，是建立在中道實相上。因此，就理上來說，是可以會通的。同樣地，法藏以唯識之三性來論述龍樹的中道二諦，如《十二門論宗致義記》卷 1：

---

❷ 《十二門論宗致義記》卷 1，CBETA, T42, no. 1826, p. 215b3-4。
❸ 《十二門論宗致義記》卷 1，CBETA, T42, no. 1826, p. 215a18-b5。

第三、總申宗意者，通辨三論總以二諦中道為宗趣。今
釋此義，略作三門：一、示義理。二、約成觀。三、顯德
用。初門內復作三義：一、約依他起性明二諦中道。二、
約餘二性。三、通約三性。❷

此即以依他起性、遍計所執性、圓成實性等來論述二諦中道。
首先，就依他起性論二諦中道，如《十二門論宗致義記》卷1：

初義者❷，謂諸法起，無不從緣；從緣有故，必無自性。
由無自性，所以從緣。緣有性無，更無二法。但約緣有萬
差，名為俗諦；約無性一味，名為真諦。是故於一緣起，
二理不雜，名為二諦；緣起無二，雙離兩邊，名為中道。
總說如是。若更別釋，略作三門：一、約開合。二、約一
異。三、約有無。❷

所謂的真俗二諦，乃是從緣起之兩面來說，若約緣有萬差，名
為俗諦；約無性一味，名為真諦，如其云：「一、緣起萬差幻有
義；二、無性一味真空義」。於此緣起有、無性空，顯示彼此無
二，皆是緣起之幻有、性空，雙離空、有二邊，此為中道，如其
云：「緣起無二，雙離兩邊，名為中道」。若細論之，可就開合、
一異、有無等三方面來論述緣起二諦中道。

有關《十二門論宗致義記》所論依他起性之緣有、無性二
諦，首先將真俗二諦以分開的方式，加以界定之，如《十二門論

---

❷　《十二門論宗致義記》卷1，CBETA, T42, no. 1826, p. 215b5-9。

❷　初義者，指依他起性。

❷　《十二門論宗致義記》卷1，CBETA, T42, no. 1826, p. 215b9-16。

宗致義記》卷 1：

> 初中，先開後合。開者，於一緣起，開為二義：一、緣起
> 幻有義；二、無性真空義。初義 **❷** 中，亦二義：一、非有
> 義，謂舉體全空，無所有故。二、非不有義，謂不待壞彼
> 差別相故。《大品》云：諸法無所有如是有，是故非有、
> 非不有，名為幻有。
> 二、真空中，亦二義：一、非空義，謂以空無空相故。
> 二、非不空義，謂餘一切相無不盡故。是故非空、非不
> 空，名為真空。《經》云：空、不空不可得，名為真空。
> 《中論》云：無性法亦無，一切法空故。**❷**

此乃於緣起中，開為二義：一、緣起幻有；二、無性真空。而所
謂的緣起幻有，又具備非有、非不有義。同樣地，無性真空亦有
二義：非空、非不空義。然後再將緣起幻有之「非有、非不有」
及無性真空之「非空、非不空」加以組合，構成五種二諦，如
《十二門論宗致義記》卷 1：

> 合者，此有五重：
> 一、謂彼非有則是非不有，以此無二，為幻有故。是故
> 《莊嚴論》云：無體非無體，非無體即體。無體、體無
> 二，是故說是幻。此文意以無體為幻體，故說無二也。由
> 此無二，不墮一邊，故名中道。此是俗諦中道。
> 二、真中非空則是非不空，以此無二，為真空，雙離二

---

❷ 此處「初義」指「幻有」。

❷ 《十二門論宗致義記》卷 1，CBETA, T42, no. 1826, p. 215b16-25。

邊，名為中道。此是真諦中道。

三、幻中非有則真中非不空義，幻中非不有則是真中非空義，以並無二故。由此無二，與前無二復無二故。是故二諦俱融，不墮一邊，名為中道。此是二諦中道。

四、幻中非有與真中非空，融無二故，名為中道。此是非有非空之中道。《經》云：非有非無，名為中道。

五、幻中非不有則是真中非不空，此非非有非非無之中道，謂絕中之中也。是故二諦鎔融，妙絕中邊，是其意也。❷

若就俗諦中道而言，指非有即是非不有，而彼此無二，由此無二，不墮一邊，故名中道。若就真諦中道而言，指非空即是非不空，以此無二，為真空，雙離二邊，名為中道。若就二諦中道而言，指幻有之「非有」即是真空之「非不空」義，而幻有之「非不有」即是真空之「非空」義，且彼此無二故，是故二諦俱融，不墮一邊，名為中道，此即亦有亦空之中道。若就非有非無之中道而言，乃指幻有之非有與真空之非空，融無二故，名為中道。若就非非有非非無之中道而言，是指幻有之非不有即是真空之非不空，此即是絕中之中道。有關五種中道，如下圖表所示：

一、俗諦中道	非有、非不有，彼此無二。
二、真諦中道	非空、非不空，彼此無二。
三、亦有亦空之中道（二諦中道）	「非有」即是「非不空」，「非不有」即「非空」，彼此無二。
四、非有非空之中道	非有、非空，彼此無二。
五、非非有非非無之中道	非不有、非不空，彼此無二。

❷　《十二門論宗致義記》卷1，CBETA, T42, no. 1826, p. 215b25-c11。

　　換言之，真俗二諦之關係，乃是不一不異的關係，此亦可以四句模式來表達之，即：1. 不異、2. 不一、3. 非異與非一，彼此不異、4. 非異與非一，彼此不一，如《十二門論宗致義記》卷1：

> 約一異門者，有四句：一、不異義者，以若不緣生，不無性故。謂緣有者，顯不自有，不自有者，則是無性。又無自性者，顯非自有，非自有者，則是緣有。是故《經》云：色即是空，空即是色。《論》云：智障極盲闇，謂真俗別執，此之謂也。亦不得以性空故，而不許緣生；以無緣生，空不立故。《論》云：有為法空，以從緣生故。又此是真空，非斷空故。若待滅緣生方為空者，是則情中惡取空也。又亦不得許緣有故，違害真空。以若不空，非是緣有，自若有者，非緣生故。又不異有之空，方為真空；不異空之有，方是幻有。是故此二不二，故無異也。《經》云：色、色空為二，色即是空，非色滅空，色性自空。於其中而通達者，是為入不二法門。又《大品》云：非以空色，故名色空。但以色即是空，空即是色。又《大般若經》三百八十九云：善現！以因緣不異本性空，本性空不異因緣；因緣即本性空，本性空即因緣。又云：善現！以從緣所生諸法不異本性空，本性空不異從緣所生諸法。從緣所生諸法即本性空，本性空即從緣所生諸法。如是等文，明此不異門也。❸

此中，首先就「不異」門，來顯示真俗二諦之關係，因為緣生，所以無自性；因為無自性，所以是緣有（不自有），且廣引諸經

---

❸　《十二門論宗致義記》卷1，CBETA, T42, no. 1826, pp. 215c12-216a3。

論來證明之。由此可知，緣生無自性與無自性緣有，乃是一法之兩面，彼此不可分割也。或許吾人對此眞俗「不異」有所疑惑，以爲會壞了眞俗二諦，而此恰好正因爲眞俗不異，所以保存了眞俗二諦。❸

眞俗二諦雖彼此「不異」，但亦是彼此「不一」，如《十二門論宗致義記》卷 1：

> 二、不一門者，此緣起法由性空故，令彼幻有亦不得有，是故一切唯是眞空。《經》云：諸法畢竟空，無有毫末相。空無有分別，同若如虛空。又《經》云：一切法空，如劫盡燒等。《大般若》云：色等空故，空中無色。如是等。依彼幻有非有之門，及依眞空非不空門，說彼眞空永害幻有，是故遂令俗相永盡而爲眞諦。又此緣起法由幻有相故，令彼眞空亦成不空，唯是緣起幻有差別。是故《楞伽》云：非遮滅復生，相續因緣起等。又《攝論》、《瑜伽》等中，明依他起法，永不是無等，如是並依眞空非空門，及依幻有非不有門。說彼緣有永非是空，永非空故，方爲俗諦。如是二諦極相形奪，方成本性。❸

此是就「不一」門，來顯示眞俗二諦之關係。因爲空、有雖「不

---

❸　《十二門論宗致義記》卷 1：「問：若爾，應壞二諦。以因果即空故，失幻有，壞俗諦；空即因果故，失眞空，壞眞諦。答：正由不異，二諦得存。若不爾者，則失二諦。何者？謂眞空之因果，非幻法故，失於俗諦。異因果之空，非眞空故，失於眞諦，是故二諦得存。由於不異，不異則是中道平等。是則由中道而有二諦，則是中道二諦也。」（CBETA, T42, no. 1826, p. 216a3-9）

❸　《十二門論宗致義記》卷 1，CBETA, T42, no. 1826, p. 216a9-22。

異」，但彼此亦是「不一」。「不異」，顯示空、有彼此不相捨離；
「不一」，顯示空、有彼此相奪。藉由「不一」門之相奪，而保住
了空、有。再者，雖將空、有，分別以「不異」、「不一」兩門來
論述之，而實際上「不異」、「不一」之關係，又彼此不相捨離，
而形成「不異」即「不一」、「不一」即「不異」，此即是第三
門、第四門所要表達的，如《十二門論宗致義記》卷 1：

> 三者，此非一與前非異，復無有異。以緣起無二故，謂壞
> 有之空，即是盡空之有。如是空有無障礙故，極相違反，
> 還極相順，是故相奪相與，復無有二。緣起鎔融，義理
> 無礙故也。由非一即非異，故即二諦為中道；由非異即非
> 一，故即中道為二諦。㉝

此說明眞俗之關係，雖是非異、非一，但非異與非一其彼此亦不
異。又如《十二門論宗致義記》卷 1：

> 四者，此非一與非異，亦非一。是故即非一之非異，與即
> 非異之非一，義不雜故，而非一也。謂不異中之二，不異
> 二之中，雖義融通，理不雜故。非中非二，具足中二，是
> 謂中邊無障無礙，思之，可見。㉞

同樣地，此說明眞俗之關係，雖是非異、非一，但非異與非一其
彼此亦不一。

　　另外，法藏亦以「與、奪、存、壞」來論眞俗空有之關係，

㉝　《十二門論宗致義記》卷 1，CBETA, T42, no. 1826, p. 216b26-c2。

㉞　《十二門論宗致義記》卷 1，CBETA, T42, no. 1826, p. 216c2-6。

用以顯示眞俗二諦彼此無障無礙，如《十二門論宗致義記》卷1：

> 問：若據前門，以真空滅幻有令不有者，此則斷滅俗諦，
> 壞業果故，是惡取空。又此性空既由幻有，若令幻有
> 亦不有者，幻有無故，依何得立彼性空宗？是則亦失
> 自真空義。又前非異門中，明不壞幻有，此門復壞，
> 豈不二說自相違耶？又若據後義，以有奪空，令空不
> 空者，此則實有，非是幻有；乖真空故，是情執有。
> 又此緣有，既由性空。若此亦無，緣有亦壞，則失緣
> 有義。又前非異門中，明不損真空，此門復壞，豈不
> 相違？❸❺

此中，乃是針對前面所論述的眞俗不異不一之關係，提出了惡取空、失自空義、有非有自相違、墮情執有、失緣有義、空非空自相違等六種問難。因應此等種種問難，法藏以空有之「與、奪、存、壞」來回應之，亦即以空、有二門各具四句來回應，如《十二門論宗致義記》卷1：

> 答：釋此諸難，明真俗空有與奪存壞，有二門四句：一、
> 唯真空，有四義：一、由此空故，不壞緣有，以性若
> 有者，非從緣有故。二、由是空故，壞盡緣有，以
> 空必害緣有故，有若不盡，非真空故。三、由空故，
> 亦壞真空，以此性空，既由緣有，緣有存故，則無真
> 空；無真空者，由真空也。四、由空故，不壞真空，

以壞於緣有，盡彼空相，方是真空故。❸

此中，首先就真空門具四義（四句）來論述之，亦即不壞緣有、壞盡緣有、壞盡真空、不壞真空。同樣地，幻有門亦是具四義，如《十二門論宗致義記》卷1：

> 二、唯幻有，亦有四義：一、由緣有故，不害性空，以從緣之有，必是性空，定無性故。二、由緣有故，必乖性空，以緣有不無故。三、由緣有故，則壞緣有，以從緣之有必是性空，性空現故，必害緣有。害緣有者，由緣有也。四、由緣有故，不壞緣有。以從緣之有，必害空盡，有方為緣有也，非是無故。❸

幻有所具四義，是指不害性空、乖性空、壞緣有、不壞緣有。換言之，藉由空、有二門各四義彼此的相奪、相與、自壞、自存，顯示了空、有彼此「與、奪、存、壞」，是無障無礙的，如《十二門論宗致義記》卷1：

> 如是緣有性空，或相奪全盡，或相與全存，或自壞自存，無有障礙。是故若就相與門，則不壞有之空，與彼不壞空之有，理不雜故，是非一門也。二、若就相奪門，則此壞有之空與盡空之有全奪，故非一也。三、若就各自存門，則不相是，故非一也。四、若就各自壞門，則無一可一，故非一也。以存壞無礙，二理不雜，不墮邊故，不失中

---

❸　《十二門論宗致義記》卷1，CBETA, T42, no. 1826, p. 216b4-11。

❸　《十二門論宗致義記》卷1，CBETA, T42, no. 1826, p. 216b12-18。

道，是謂二諦中道也。㊳

　　其它方面，法藏以遍計、圓成，以及就三性整體來論二諦
中道，本論文於此略述之，如《十二門論宗致義記》卷 1：

　　　先約遍計所執，此有二義故，《瑜伽》云：遍計所執，情
　　　有理無。此中，約妄情謂有，如空華於病眼，是凡愚所取
　　　以為俗；約理中實無，如空華於淨眼，是聖智所知為真。
　　　此無彼有，交徹無礙，融為一性。㊴

此即是以情有、理無，來論述遍計所執，由於情有、理無，交徹
無礙，融為一性，稱之為中道。若就圓成實性而言，如《十二門
論宗致義記》卷 1：

　　　二、約圓成實者，此有三重：一、約言就詮，亦得為俗；
　　　離言捨詮，非安立故，方乃為真；俱融無礙，以為中道。
　　　二、約絕諸相故，是空義；約真德實故，是不空義；此
　　　空、不空無二為中。如經中，空、不空如來藏等是也。
　　　三、約此真如當體無礙，則無所有為空；則此真體不可壞
　　　故，名不空；此空、不空不二為中。㊵

此中，首先以言詮、離言，代表俗、真二諦，而此二諦俱融無礙
為中道。再者，以絕諸相、真德實，代表空、不空義，而此空、

㊳　《十二門論宗致義記》卷 1，CBETA, T42, no. 1826, p. 216b18-26。

㊴　《十二門論宗致義記》卷 1，CBETA, T42, no. 1826, p. 217a9-13。

㊵　《十二門論宗致義記》卷 1，CBETA, T42, no. 1826, p. 217a22-29。

不空彼此無二為中道。最後，則以眞如當體無礙、眞體不可壞，
爲空、不空，而以此空、不空之不二爲中道。若將其合併而論，
如《十二門論宗致義記》卷1：

> 第二、總辨者，亦二重：一、約迷眞起妄爲俗，會妄歸實
> 爲眞，眞妄俱融交徹無礙，以爲中道。是眞該妄末，妄徹
> 眞源，眞俗混融，以爲中道也。二、攝眞從妄，則俗有眞
> 無；攝妄從眞，則俗無眞有。如是「眞俗有無」無礙，以
> 爲中道。❹

此首先是以「迷眞起妄」爲俗，以「會妄歸實」爲眞，眞、妄俱
融交徹無礙爲中道。亦即是眞該妄末、妄徹眞源，眞俗混融爲中
道。第二、攝眞從妄，則俗有眞無；攝妄從眞，則俗無眞有，而
「眞俗有無」無礙爲中道。

　　若通論三性之中道二諦，則先就三性各別加以界說，而後
合論之，如《十二門論宗致義記》卷1：

> 第三、通約三性辨者，先開後合。開者，所執（指遍計
> 所執）有二義：謂情有、理無。依他亦二義：謂幻有、性
> 空。圓成亦二義，謂體有、相無。合者，以所執情有，依
> 他幻有，圓成種無，如是「有、無」無二，爲俗諦中道。
> 所執理無，依他性空，圓成體有，如是「有、無」無二，
> 名眞諦中道。如是眞俗，合而恒離，離而恒合，離、合無
> 礙，是二諦中道。❹

---

❹　《十二門論宗致義記》卷1，CBETA, T42, no. 1826, p. 217a29-b5。

❹　《十二門論宗致義記》卷1，CBETA, T42, no. 1826, p. 217b5-11。

此中，先說明三性各具二義，遍計所執二義：情有、理無。依他二義：幻有、性空。圓成二義：體有、相無。而後論述其彼此無二，如遍計所執之情有、依他之幻有、圓成相無，彼此無二，此爲俗諦中道。又如遍計所執之理無、依他之性空、圓成體有，彼此無二，此爲眞諦中道。進而以眞俗二諦彼此離、合無礙，以顯示二諦中道。

　　由上述之探討，可得知對於龍樹之「空」，法藏是以二諦中道廣明之，此二諦中道亦即「空不異有、有不異空」。所以，稱此「空」爲深空，或以平等二諦稱之，如《十二門論宗致義記》卷1：

> 第二、約成觀者，此真空法平等二諦，三世諸佛之所同依，一切菩薩離此無路。是故若欲於真大乘求出要者，於此深空偏攻作意。觀察既久，遂能照理伏惑。❹

又如《十二門論宗致義記》卷1：

> 第三、會意歸宗，中亦三：先、標舉法體。大分者，是大都之言耳。謂諸法萬差，大都總相，無非是空故；不礙諸法，未嘗不空故，説真空名爲深義。二、明其勝用者，若通達如此真空，則萬行皆悉圓備，略舉六度以爲行本。無障礙者，此有三義：一、約境，謂真空不礙萬行，萬行不礙真空，故云無礙。亦乃即真空爲萬行，萬行未曾不空；即萬行爲真空，真空未嘗不行，故云：無礙也。二約智，謂照空之智，則具萬行；萬行即智，無有障礙，故云：

---

❹　《十二門論宗致義記》卷1，CBETA, T42, no. 1826, p. 217b13-17。

「若通達」，通達則是智也。三、約俱融，謂智有二義：一、從緣虛故，虛無不盡，智同境也。二、虛盡唯空，未嘗失照，境即智也。以即空之妙智，還照即智之真空。是故終日照而無照，終日境而無境。無境無智，而境智宛然，故名通達，亦云無障礙也。❹

有關二諦中道，對法藏而言，實乃大乘佛法的基本觀念，不論對中觀或唯識來說，❺基本上，皆不離二諦中道，如《十二門論宗致義記》卷1：

夫以玄綱絕待，真俗所以俱融；素範超情，空有以茲雙泯。但以性空未嘗不有，即有以辨於空；幻有未始不空，即空以明於有。「有」空，有故不有；「空」有，空故不空。邊執既亡，聞見隨喪。竭邪源之有寄，則四執雲銷；挺正法之無虧，則二諦斯在。❻

---

❹ 《十二門論宗致義記》卷1，CBETA, T42, no. 1826, p. 220a18-b3。

❺ 指中觀為盡有之空，唯識為盡空之有，如《十二門論宗致義記》卷1：「第二、會無違者，諸緣起法，未嘗有體，未曾損壞，無體無壞，無二無礙，為緣起法。是故龍樹等，雖說盡有之空，而不待滅有。既不損有，即是不違有之空也。故龍樹說空，離有離無，為真空也。無著等，雖說盡空之有，而不損真空。既不損空，即是不違空之有也。故亦離有無之幻有，何相違耶？當知二說，全體相與，際限無遺。雖各述一義，而舉體圓具，故無違也。如其不爾，恐墮空無，勵意立有。不達此有是不異空之有故，是故不受彼空，反失自有。失自有者，良由取有。又若恐墮有所得故，猛勵立空。不達此空是不異有之空故，是故不受緣有，反失真空。失真空者，良由取空，是故舉體全空之有。無著等說，舉體全有之空。龍樹等說，非直二說，互不相違，亦乃二義相由全攝，故無二也。」（CBETA, T42, no. 1826, p. 218b6-22）

❻ 《十二門論宗致義記》卷1，CBETA, T42, no. 1826, p. 212b17-22。

此中，是以「即有之空」，來顯示空；以「即空之有」，來顯示有。用以說明即空之有，乃是不有；即有之空，乃是不空。由此而泯除種種知見之執著，以彰顯二諦中道，顯示真空之深妙，如《十二門論宗致義記》卷 1：

> 第一、教起所因者，略有十因造此等論。一、為是論主本願力故。……六、為欲略顯大乘般若真空最為要妙，依之方得成萬行故。七、為欲解釋大乘經中深妙之義，令顯現故……。❹

此二諦中道，若就所攝根機而言，攝始教、終教之眾生根機，如《十二門論宗致義記》卷 1：

> 第四、教所被機者，於大乘中，自分兩教。若依大乘始

---

❹ 《十二門論宗致義記》卷 1，CBETA, T42, no. 1826, p. 212c9-21。由於真空極甚深，容易產生誤解，法藏於諸論著中，多有所著墨，如《入楞伽心玄義》卷 1：「八、除疑者，但初學菩薩聞諸大乘經所說深義，未能決了，生三種疑。一、聞畢竟空，執無因果。二、聞如來藏具足功德，疑同外道神我。三、聞說能所心境，執無唯識。今明真空其必不壞幻有，性德舉體不礙真空。虛妄之境皆從心現，為破此等多種疑故，具如下說。」（CBETA, T39, no. 1790, p. 426a10-16）又《華嚴經明法品內立三寶章》卷 2：「問：真空與斷空何別？答：略有四別。一、約境。謂真空不異色等，名法理空也。斷空在色等外，及滅色方為空，名為斷滅空也。二、約心。謂真空聖智所得，比證等不同也。斷空情謂所得，世人所知也。三、約德用。謂觀達真空，必伏滅煩惱，令成王行入位得果。若緣念斷空，成斷滅見，增長邪趣，入外道位，顛墜惡趣。《經》云：寧起有見如須彌，不起空見如芥子。《論》云：若復見於空，諸佛所不化等。又真空即色故，不可斷空取。是故真空不思議也，斷空不爾，反上知之。四、約對辨異者。」（CBETA, T45, no. 1874, pp. 623c20-624a1）

教，一切眾生五性差別，於中但是菩薩種性及不定性是此所為，餘非正為，兼為無違。以此論宗同諸般若，兼益二乘及人天故。若依大乘終教，則一切眾生皆此所為，以近說五性雖有差別，遠論皆當得菩提故，以悉有心皆有佛性。《佛性論》中，約謗大乘人，於無量時不能發心等故，說名無佛性，非謂究竟無清淨性，以皆得無上菩提故。依《寶性論》、《無上依經》等，設令二乘入寂已後，受變易身，受佛教化，向大菩提。是故依前始教，約五性不同，說三乘差別。依此終教，約並有佛性，悉當得佛，是故依此說唯一乘。此論宗意，通前二說。準可知耳。❹

又如《十二門論宗致義記》卷 1：

第六、所詮宗趣者，謂語之所表，曰宗；宗之所歸，曰趣。則以十二種門破執為宗，顯理成行入法為趣，謂迴二乘等令入大乘，是其意也。❹

因此，約所攝根機而言，跨始教、終教二教，乃至頓教。❺若就諸

---

❹ 《十二門論宗致義記》卷 1，CBETA, T42, no. 1826, pp. 213c24-214a8。

❹ 《十二門論宗致義記》卷 1，CBETA, T42, no. 1826, p. 214a16-18。

❺ 此可參考智儼《華嚴五十要問答》卷 1：「問：諸經部類差別云何？答：如四《阿含經》局小乘教。《正法念經》舉正解行，別邪解行，通三乘教。《涅槃經》等及《大品經》三乘終教，為根熟聲聞說故。《金剛般若》是三乘始教。初會愚法聲聞，故義意在文。」（CBETA, T45, no. 1869, p. 523a29-b4）《華嚴經內章門等雜孔目章》卷 2：「頓教門者，如《維摩經·不二法門品》維摩直默以顯玄意者是，此如絕於教義相想不及，廣如《大般若經》『那伽室利分』說。」（CBETA, T45, no. 1870, p. 558c23-25）此雖就《般若經》來說明，而龍樹所述無非針對《般若經》來闡述，況且法藏亦常就此而論之。

乘而言，則包含三乘、一乘。

四、結語

　　龍樹之「空」不僅絕凡情，亦絕聖智。而此聖智包括三乘、一乘之解。因此可知，若絕凡夫、外道之解，此為始教；若連聖智之解皆泯絕，此已跨入頓教。至此，乃顯真空之理；由此真空之理，顯諸法相即相入之繁興大用，此為圓教。所以，可得知龍樹之「空」非只是始教而已，且已跨入終、頓、圓教一乘。

　　總而言之，龍樹之「空」，乃指二諦中道。而此二諦中道，實乃一乘教也。所以，「空」非只是始教而已，亦是終教，甚至是頓教、一多緣起無礙之圓教。

* 本文原名為〈華嚴宗對龍樹「空」的看法〉，曾發表於 2018 年臺北廣明寺「佛教義理與實踐」國際學術研討會。（2018.11.24）

　　亦如《楊仁山居士遺書》卷 18：「龍樹菩薩傳佛心印，為十四祖。其教人之法，以般若真空為本。嘗作《中論》五百偈，闡揚第一義空。」（CBETA, B28, no. 157, p. 630b9-10）另，可參見本書第一篇〈華嚴宗對般若真空之看法〉。

參考書目

本文佛典引用主要是採用「中華電子佛典協會」（Chinese Buddhist Electronic Text Association，簡稱 CBETA）的電子佛典集成光碟，2016 年。

佛教藏經或古籍

《入楞伽心玄義》，T39, no. 1790。

《十二門論宗致義記》，T42, no. 1826。

《大般若波羅蜜多經》，T07, no. 220。

《華嚴五十要問答》，T45, no. 1869。

《華嚴法界玄鏡》，T45, no. 1883。

《華嚴經內章門等雜孔目章》，T45, no. 1870。

《華嚴經明法品內立三寶章》，T45, no. 1874。

《華嚴經探玄記》，T35, no. 1733。

《華嚴遊心法界記》，T45, no. 1877。

《楊仁山居士遺書》，B28, no. 157。

第三篇

華嚴宗對阿賴耶識之看法
——以智儼、法藏爲主

▌摘要

　　「阿賴耶識」，乃是唯識學的核心思想，以阿賴耶識做爲生死流轉之所依，且涅槃之證得亦不離阿賴耶識。在唯識相關的經論典籍中，對阿賴耶識的看法，較著重於生滅事法、妄染的角度來詮釋阿賴耶識，而對阿賴耶識本身亦含有眞淨的成分，則以較曖昧的方式表達之。

　　有關阿賴耶識是染？淨？染淨和合？非染非淨？在佛教諸經論中，皆有論及之。在華嚴宗（如智儼、法藏等）的諸論著中，亦有不少篇幅探討阿賴耶識。本論文試從華嚴宗的角度，來釐清阿賴耶識所蘊含的多重涵義。

　　本論文主要就三方面來論述：首先，探討阿賴耶識與所依心識之關係；接著，探討阿賴耶識與無漏種子之關係；最後，探討阿賴耶識與見道、修道之關係。藉由此三方面之探討，來顯示吾人對阿賴耶識之迷執，以及如何藉由修道轉識成智捨阿賴耶識之名，開發清淨識（無垢識）。

關鍵字：阿賴耶識、華嚴宗、智儼、法藏、十重唯識

一、前言——「阿賴耶識」之施設

　　阿賴耶識（阿陀那識）能執持一切種子令不失，且其一切種子如瀑流。因此，眾生往往將之視爲我，而加以執取之，所謂「有情執藏爲我故，說此識名阿賴耶」。❶ 由此可知，阿賴耶識之命名，與眾生對我的執著有密切之關係。吾人對我之執著，實來自於吾人誤解阿賴耶識爲我之所致，而加以執取之。❷

　　若就第八識本身而言，可說是非染非淨。但若從阿賴耶識之名稱的施設來看，阿賴耶識代表著雜染法，以此說明眾生對阿賴耶識之執著，執著唯識所變現之假有似我爲實我，而輪迴於三界生死中。藉由修道至轉依成佛時，已捨阿賴耶識之名，而稱此識爲無垢識。換言之，阿賴耶識之名，是不適用在佛身上的，甚至連已斷盡人我執的二乘及菩薩亦不適用之，而以異熟識來稱之。

　　由此可知，所謂的心識，若就眾生之染著而言，稱之爲阿賴耶識；若就佛之清淨而言，則稱之爲無垢識。亦由此可知，做爲一切法之所依止的心識，可說是非染非淨，而所謂的染淨，是隨不同因緣所做的施設而已。如從眾生之雜染，稱心識爲阿賴耶

---

❶　《成唯識論》卷3：「由此本識具諸種子故能攝藏諸雜染法，依斯建立阿賴耶名。……亦爲有情執藏爲我，故說此識名阿賴耶。」（CBETA, T31, no.1585, p. 14b24-29）

❷　《華嚴經探玄記》卷2：「汎論我有四種：一、眞我，謂眞如中常樂我淨等，眞如爲性。二、自在我，謂八自在我等，以智爲性。三、假我，謂五蘊假者，以唯識所現似有主宰等以其爲性。四、執我，謂分別、俱生所執爲性。」（CBETA, T35, no. 1733, p. 126c9-13）此是以唯識來說明一切皆是唯識所現，是假有似我，但眾生執此以爲我，而生種種分別煩惱、俱生煩惱。

識；若從佛之清淨，則稱心識為無垢識。此乃心識之一體兩面，因心識本非染非淨，而隨緣說染說淨。

　　有關阿賴耶識之名的施設，❸基本上，與眾生之生死輪迴我執有極密切之關係。如《成唯識論》卷3：

> 由此本識具諸種子故能攝藏諸雜染法，依斯建立阿賴耶名。……亦為有情執藏為我，故說此識名阿賴耶。已入見道諸菩薩眾得真現觀名為勝者，彼能證解阿賴耶識。❹

此說明了三界眾生往往將此識執為實我，因此將此識命名為阿賴耶。初期佛教雖然只論及六識，但其第六識實已包含了心意識之內涵，甚至已提及了阿賴耶識之名。❺

　　由此可知，名稱的施設是隨著時代不同而增設的。在初期佛教以六識來解釋生死輪迴，其第六識已包含了心意識。到了

---

❸　有關阿賴耶識之施設，在唯識學的諸多經論中，以諸多篇幅來論證說明為何要施攝阿賴耶識，如《瑜伽師地論》卷51：「由八種相，證阿賴耶識決定是有，謂若離阿賴耶識，依止執受不應道理、最初生起不應道理、有明了性不應道理、有種子性不應道理、業用差別不應道理、身受差別不應道理、處無心定不應道理、命終時識不應道理。」（CBETA, T30, no. 1579, p. 579a20-25）此即以八點來論證阿賴耶識成立之理由，如其論證若無阿賴耶識，生死輪迴就不能成立。其它如《雜集論》、《攝論》、《顯揚論》、《成唯識論》等，皆對此議題加以論證說明。另外，智儼於〈唯識章〉中，亦提及之，如《華嚴經內章門等雜孔目章》卷1：「五、建立者，有三：一、依《雜集》、《瑜伽》等，八相明建立。二、依《攝論》，三相等八義明建立。三、依《顯揚論》，十九相明建立。」（CBETA, T45, no. 1870, p. 543b13-15）

❹　《成唯識論》卷3，CBETA, T31, no. 1585, p. 14b24-29。

❺　有根本識、窮生死蘊等名，參《攝大乘論本》卷1，CBETA, T31 ,no. 1594, p. 134a17-b1。

大乘，以八識說明生死輪迴。乃是隨著時代的需要，而加以增設所做的補充說明。而如來藏、佛性、眞如等觀念的出現，亦可視爲在涅槃、心性本淨、空空、無垢識、淨識等觀念中，再加以做進一步的論述。由此可知，諸名稱之施設，其實所指是一樣的，只是隨著時代之不同需要而有種種的增減。但吾人總是爲此等不同名相，而互諍不已。佛教雖然講無諍之法，但卻仍不免於名言上互諍。

　　爲了釐清此問題，本論文試著從華嚴宗角度來探討阿賴耶識。在智儼、法藏等諸論著中，已有專章來探討唯識，❻本論文以智儼、法藏爲主，❼其餘相關資料做爲輔助。所探討內容，包括阿賴耶識與所依心識之關係、阿賴耶識與無漏種子之關係、阿賴耶識與見道修道之關係等三方面，分述如下。

---

❻ 如智儼《華嚴經內章門等雜孔目章》，有：〈明難品初立唯識章〉、〈第三會十住品內本分首種性章〉、〈請分中轉依章〉、〈第九地十一稠林義章〉、〈煩惱行使行稠林章〉、〈習氣稠林章〉。又如《華嚴五十要問答》，有：〈心意識義〉、〈心數及心所有法義〉、〈佛轉依義〉、〈轉四識成四智義〉、〈心意識義〉。諸如此類，不勝枚舉。法藏於《華嚴經探玄記》、《華嚴一乘教義分齊章》、《華嚴經問答》等，亦有諸多論述。

❼ 如智儼於《華嚴經內章門等雜孔目章》的〈明難品初立唯識章〉中，即以十個角度，專門來論述唯識，如其云：「唯識略開十門：一、舉數。二、列名。三、出體。四、明教興意。五、建立。六、辨成就不成就。七、明對治滅不滅。八、明薰不薰。九、辨眞妄不同。十、歸成第一義無性性。」（CBETA, T45, no. 1870, p. 543a14-17）法藏於《華嚴一乘教義分齊章》所論述的〈所詮差別〉內容，共有十點。其十點內容，即：「第九，明諸教所詮差別者，略舉十門。……一、所依心識。二、明佛種性。三、行位分齊。四、修行時分。五、修行依身。六、斷惑分齊。七、二乘迴心。八、佛果義相。九、攝化境界。十、佛身開合。」（CBETA, T45, no. 1866, p. 484c6-10）本論文則是將其內容加以濃縮成三方面來探討阿賴耶識。

二、阿賴耶識與所依心識之關係

　　做為所依之心識，隨著時代之不同，有種種之施設，如唯心、唯識、第六識、心意識、第八識、阿賴耶識等。而此種種之施設，依華嚴宗的看法，基本上，可從小、始、終、頓、圓等五教之角度來切入探討。而在此五教中，有關以阿賴耶識做為所依心識，主要集中在始、終二教來論述，尤其以始教為核心，另亦可旁及小、頓、圓三教，只是在名稱施設上有所不同。但由於所立角度之不同，賦予阿賴耶識之染淨義涵，也就有所差別。

　　有關阿賴耶識之施設，對始教（如唯識法相宗）而言，著眼於阿賴耶識之雜染上，並不認為阿賴耶識是清淨的，須於轉依為無垢識之後，此時第八識稱之為無垢識。對終教（如如來藏緣起宗）而言，著眼於心識之清淨上，但因無明之染汙，而稱此識為阿賴耶識，亦即是不生不滅（淨）與生滅（染）和合，非一非異，名為阿賴耶識。因此，終教所說的阿賴耶識本身具備了染淨的成分，但此染淨是屬非一非異之關係。此可說是始、終二教對阿賴耶識看法之最大不同處。但若從阿賴耶識所帶有的雜染上來看，始、終二教可說是有其共同之處；另若就阿賴耶識之轉依成清淨來看，始、終二教亦可說是有其共同之處。始、終二教因著眼點之不同，因此，賦予阿賴耶識之義涵而有所不同。

　　基本上，小、始、終教所論述的阿賴耶識，是帶有雜染的。由此可得知，阿賴耶識之施設，主要是從眾生的迷執上入手。猶如鏡子上的塵埃（染），小、始教二教著眼於鏡面上的塵埃，而終教著眼於鏡子本身（淨）與塵埃（染）之關係。換言之，阿賴耶識雖然帶有雜染的，但本身其實是清淨的。這是終教與小、始二教之差別所在。至於始教所謂的清淨方面，須藉

由修行轉依，才能成立，此時已捨阿賴耶識之名，而以無垢識稱之。由此可知，唯識學所說的第八識，就染而言，名爲阿賴耶識；就淨而言，名爲無垢識。而終教是以立基於染淨和合的角度上，來論述阿賴耶識。如法藏於《華嚴一乘教義分齊章》中，對諸教所依心識，有如下之說明，所謂：

> 第一、心識差別者，如小乘，但有六識。義分心意識，如小乘論說；於阿賴耶識但得其名，如《增一經》說。❽

又云：

> 若依始教，於阿賴耶識，但得一分生滅之義。以於真理未能融通，但說凝然不作諸法。故就緣起生滅事中建立賴耶，從業等種辨體而生異熟報識為諸法依，方便漸漸引向真理，故說熏等悉皆即空。如《解深密經》云：若菩薩於內於外，不見藏住，不見熏習，不見阿賴耶，不見阿賴耶識，不見阿陀那，不見阿陀那識。若能如是知者，是名菩薩菩薩。如來齊此建立一切心意識祕密善巧。《瑜伽》中，亦同此說。解云：既齊此不見等處，立為心意等善巧故，是故所立賴耶生滅等相皆是密意。不令如言而取故，會歸真也。❾

又云：

---

❽　《華嚴一乘教義分齊章》卷 2，CBETA, T45, no. 1866, p. 484c10-13。
❾　《華嚴一乘教義分齊章》卷 2，CBETA, T45, no. 1866, p. 484c13-25。

若依終教，於此賴耶識，得理事融通二分義。故《論》但
云：不生不滅與生滅和合，非一非異，名阿梨耶識。以許
真如隨熏和合成此本識，不同前教業等種生故。《楞伽》
云：如來藏為無始惡習所熏，名為藏識。又云：如來藏受
苦樂，與因俱若生若滅。又云：如來藏名阿賴耶識，而與
無明七識俱。又《起信》云：自性清淨心因無明風動，成
染心等。如是非一。❿

由上述三段引文，可看出小、始、終三教對阿賴耶識之不同看
法。小乘教只有阿賴耶識之名，而未有阿賴耶識之義；始教則從
緣起生滅事相之業用、受身等種子上，來建立阿賴耶識，其所賦
予阿賴耶識之義，偏重在生滅雜染上；⓫終教則從不生不滅與生
滅和合非一非異之角度，來賦予阿賴耶識之涵義，故阿賴耶識亦
可稱之為如來藏，或稱如來藏為阿賴耶識。於下分別詳論之：

（一）小乘教與阿賴耶識

法藏於《華嚴一乘教義分齊章》中，有關小乘教之論述極
為簡略，所謂：「第一、心識差別者，如小乘，但有六識。義
分心意識，如小乘論說；於阿賴耶識但得其名，如《增一經》

---

❿　《華嚴一乘教義分齊章》卷 2，CBETA, T45, no. 1866, pp. 484c25-485a9。引
　　文中「《論》」，係指《大乘起信論》。

⓫　此即是以阿賴耶識為生死體，如《華嚴經內章門等雜孔目章》卷 1：「問：
　　前《論》云阿賴耶識者，謂先世所作增長業煩惱為緣，無始時戲論薰習為
　　因，所生一切種子異熟識為體。據此文相，本識即是生死體。若非生死因，
　　何於生死因果相乘處說？答：此依《成唯識論》，但於生死之中，辨因果相
　　生道理，並是轉理門，無真實理。當知離識以外，更無有法。識者即是不染
　　而染門，如來藏之一義也。」（CBETA, T45, no. 1870, p. 545c17-24）

說。」此雖然只是簡單幾句，但其所蘊藏之義涵，值得做進一步之論述。

依《華嚴一乘教義分齊章》之記載，在《增一阿含經》中，已施設阿賴耶識之名，[12]以此顯示眾生對生死之我執，實乃對阿賴耶識之執著。在部派佛教對生死輪迴之體，則有種種諸多異名，如《攝大乘論本》卷1：

> 復次，聲聞乘中，亦以異門密意已說阿賴耶識。如彼《增壹阿笈摩》說：世間眾生愛阿賴耶，樂阿賴耶，欣阿賴耶，憙阿賴耶。為斷如是阿賴耶故，說正法時，恭敬攝耳。住求解心，法隨法行。如來出世，如是甚奇。希有正法出現世間，於聲聞乘《如來出現四德經》中，由此異門密意，已顯阿賴耶識。於大眾部阿笈摩中，亦以異門密意說此，名根本識，如樹依根。化地部中，亦以異門密意說此，名窮生死蘊。有處有時見色心斷，非阿賴耶識中彼種

---

[12] 藉由 CBETA 之搜尋，於《阿含經》未有阿賴耶一詞。但於唯識的相關經論中，有記載之。如《成唯識論》卷3：「說一切有部《增壹經》中，亦密意說此名阿賴耶。謂愛阿賴耶，樂阿賴耶，欣阿賴耶，憙阿賴耶。謂阿賴耶識是貪總別三世境故，立此四名。有情執為眞自內我，乃至未斷恒生愛著故。阿賴耶識是眞愛著處，不應執餘五取蘊等。謂生一向苦受處者，於餘五取蘊不生愛著。彼恒厭逆餘五取蘊，念我何時當捨此命，此眾同分此苦身心，令我自在受快樂故。五欲亦非眞愛著處，謂離欲者於五妙欲雖不貪著而愛我故。樂受亦非眞愛著處，謂離第三靜慮染者，雖厭樂受而愛我故。身見亦非眞愛著處，謂非無學信無我者，雖於身見不生貪著，而於內我猶生愛故。轉識等亦非眞愛著處，謂非無學求滅心者，雖厭轉識等而愛我故。色身亦非眞愛著處，離色染者雖厭色身而愛我故。不相應行離色心等無別自體，是故亦非眞愛著處。異生有學起我愛時，雖於餘蘊有愛非愛，而於此識我愛定生，故唯此是眞愛著處。由是彼說阿賴耶名，定唯顯此阿賴耶識。」（CBETA, T31, no. 1585, p. 15a27-b18）

有斷。阿賴耶如是所知依，說阿賴耶識為性。阿陀那識為性，心為性，阿賴耶為性，根本識為性，窮生死蘊為性等。由此異門，阿賴耶識成大王路。❸

大眾部以異門密意說此識，名根本識；化地部以異門密意說此識，名窮生死蘊。又如智儼《華嚴經內章門等雜孔目章》卷1：

二、列名者，謂阿賴耶識、阿陀那識、心意識，乃至窮生死蘊等。餘七識，可知。❹

此之根本識、窮生死蘊、心意識等，基本上，與阿賴耶識有密切關係。在部派佛教中，已觸及了三界生死輪迴問題，如《增一阿含經》已有阿賴耶識之名，此類似部派佛教所說的補特伽羅，如細意識、一味蘊、窮生死蘊等。換言之，小乘佛教雖然只談六識，而實際上於第六識的細意識中，已蘊含了類似第八識之阿賴耶識，以此做為眾生的生死輪迴之所在。此也成為後來大乘唯識學派立阿賴耶識為一切雜染品所依之前奏，以此做為生死輪迴之所在。

（二）始教之阿賴耶識

　　有關阿賴耶識的施設，基本上，與佛教要解決三界生死輪迴問題有極密切之關係，此從《增一阿含經》提及阿賴耶識之名，到部派佛教所說的補特伽羅、細意識、一味蘊、窮生死蘊、根本識等，約略可得知。此亦可從大乘唯識學所重視的《解深

---

❸　《攝大乘論本》卷1，CBETA, T31, no. 1594, p. 134a17-b1。
❹　《華嚴經內章門等雜孔目章》卷1，CBETA, T45, no. 1870, p. 543b1-3。

密經》得知，如《解深密經》〈心意識相品〉云：

> 廣慧當知！於六趣生死，彼彼有情墮彼彼有情眾中。或
> 在卵生，或在胎生，或在濕生，或在化生，身分生起。於
> 中，最初一切種子心識成熟展轉和合增長廣大。依二執
> 受：一者有色諸根及所依執受，二者相名分別言說戲論習
> 氣執受。有色界中具二執受，無色界中不具二種。廣慧！
> 此識亦名阿陀那識，何以故？由此識於身隨逐執持故。亦
> 名阿賴耶識，何以故？由此識於身攝受藏隱同安危義故。
> 亦名為心，何以故？由此識色聲香味觸等積集滋長故。廣
> 慧！阿陀那識為依止，為建立故，六識身轉，謂眼識耳鼻
> 舌身意識。……同時同境有分別意識轉。❶

此中說明眾生的生死輪迴，來自於最初之種子心識，所謂：「於
六趣生死，彼彼有情墮彼彼有情眾中。或在卵生，或在胎生，或
在濕生，或在化生，身分生起。於中，最初一切種子心識成熟展
轉和合增長廣大。」這在在顯示了阿賴耶識的施設，與生死輪
迴問題有極密切之關係，以阿賴耶識為所依止。且《解深密經・
心意識相品》提出了種子識之異名，有：阿陀那識、阿賴耶識、
心。而此等異名，本身各具其所代表之義涵，如：以阿陀那識代
表此識於身隨逐執持，以阿賴耶識象徵此識於身攝受含藏義，
以心說明此識於色聲香味觸等積集滋長。總而言之，阿陀那識
為一切法所依止，以此而建立一切法，六識身亦依此阿陀那識
而轉。

另從阿賴耶識的諸多異名中，可得知阿賴耶識擔任著多種

---

❶ 《解深密經》卷 1〈心意識相品〉，CBETA, T16, no. 676, p. 692b8-24。

之角色，也蘊含著多重之涵義，如《成唯識論》卷 3 云：

> 然第八識雖諸有情皆悉成就，而隨義別，立種種名。謂：
> 或名心，由種種法熏習種子所積集故。
> 或名阿陀那，執持種子及諸色根令不壞故。
> 或名所知依，能與染淨所知諸法為依止故。
> 或名種子識，能遍任持世出世間諸種子故。此等諸名通一
> 切位。
> 或名阿賴耶，攝藏一切雜染品法令不失故，我見愛等執藏
> 以為自內我故。此名唯在異生、有學，非無學位、不退菩
> 薩有雜染法執藏義故。
> 或名異熟識，能引生死善不善業異熟果故。此名唯在異
> 生、二乘、諸菩薩位，非如來地猶有異熟無記法故。
> 或名無垢識，最極清淨諸無漏法所依止故，此名唯在如來
> 地有。菩薩、二乘及異生位持有漏種可受熏習，未得善淨
> 第八識故，如契經說。🔟

有關阿賴耶識之種種異名，基本上，是隨其義不同而施設的。
因此，從其種種不同名稱中，就顯示了其所代表之涵義。如下
圖表：

🔟　《成唯識論》卷 3，CBETA, T31, no. 1585, p. 13c7-22。有關第八識之異名，
　　諸多經論提及之。

名稱	內容	階位
1. 心	由種種法熏習種子所積集故。	通一切位
2. 阿陀那	執持種子及諸色根令不壞故。	
3. 所知依	能與染淨所知諸法為依止故。	
4. 種子識	能遍任持世、出世間諸種子故。	
5. 阿賴耶	攝藏一切雜染品法令不失故。我見愛等執藏以為自內我故。	異生、有學
6. 異熟識	能引生死善不善業異熟果故。	異生、二乘、菩薩
7. 無垢識	最極清淨諸無漏法所依止故。	如來

　　阿賴耶識之種種異名，有心、阿陀那識、所知依、種子識、異熟識等，乃至轉依成佛時，以無垢識表之。有關阿賴耶之名，其所顯示之義涵，在於攝藏一切雜染品法令不失故，一般以能藏、所藏、執藏來說明阿賴耶識之涵義。從阿賴耶識之不同名稱的施設，亦可得知於不同對象之涵義，如阿賴耶識之名，因第七識之我見、我愛等將其執為自內我，故此名只適用在異生性眾生及有學位羅漢，而不適用於無學位羅漢、不退菩薩身上，因為無學位、不退菩薩身上已沒有雜染我執。也因為如此之故，《解深密經》說到：

　　　　阿陀那識甚深細，一切種子如瀑流；
　　　　我於凡愚不開演，恐彼分別執為我。❼

有關此偈頌，廣為唯識經論所引用。❽此顯示了阿賴耶識極深

---

❼　《解深密經》卷 1〈心意識相品〉，CBETA, T16, no. 676, p. 692c22-23。

❽　如《瑜伽師地論》卷 51：「問：前說種子依，謂阿賴耶識，而未說有有之因

細，故於小乘經論中未將阿賴耶識加以開演。如《攝大乘論本》
卷1：

> 復次，何故聲聞乘中不說此心名阿賴耶識、名阿陀那識？
> 由此深細境所攝故。所以者何？由諸聲聞不於一切境智處
> 轉。是故於彼雖離此說然智得成，解脫成就，故不為說。
> 若諸菩薩定於一切境智處轉，是故為說若離此智不易證得
> 一切智智。❶

又如《成唯識論》卷3：

> 由此本識具諸種子故能攝藏諸雜染法，依斯建立阿賴耶
> 名。……亦為有情執藏為我，故說此識名阿賴耶。已入見

緣廣分別義。何故不說？何緣知有廣分別義？云何應知？答：由此建立是佛
世尊最深密記，是故不說。如世尊言：阿陀那識甚深細，一切種子如瀑流；
我於凡愚不開演，恐彼分別執爲我。」（CBETA, T30, no. 1579, p. 579a10-
16）
又如《攝大乘論本》卷1：「阿陀那識甚深細，一切種子如瀑流；我於凡愚
不開演，恐彼分別執爲我。」（CBETA, T31, no. 1594, p. 133b27-28）
如《成唯識論》卷3：「由此本識具諸種子故能攝藏諸雜染法，依斯建立阿
賴耶名。非如勝性轉爲大等。種子與果體非一故，能依所依俱生滅故，與雜
染法互相攝藏，亦爲有情執藏爲我，故說此識名阿賴耶。已入見道諸菩薩眾
得眞現觀名爲勝者，彼能證解阿賴耶識，故我世尊正爲開示。或諸菩薩皆名
勝者，雖見道前未能證解阿賴耶識，而能信解求彼轉依，故亦爲說。非諸轉
識有如是義。《解深密經》亦作是說：『阿陀那識甚深細，一切種子如瀑
流；我於凡愚不開演，恐彼分別執爲我。』」（CBETA, T31, no. 1585, p.
14b24-c6）

❶　《攝大乘論本》卷1，CBETA, T31, no. 1594, p. 134a11-16。

　　道諸菩薩眾得真現觀名為勝者，彼能證解阿賴耶識。❷

此不僅顯示了不宜對眾生說阿賴耶識，因為眾生易將阿賴耶識
執為我，且甚至亦不宜對聲聞、緣覺二乘人說，因為阿賴耶識極
深細之原故。

　　對唯識學來說，第八識與阿賴耶識之名稱不同，其代表之
義涵是有別的。隨著其使用名稱之不同，也顯示了其於修證上階
位之不同。如《成唯識論》云：「此第八識自性微細，故以作用
而顯示之。」❷

　　所謂阿賴耶識，乃第八識諸多名稱之一。有關阿賴耶識的
論述，主要出現在唯識經論的相關典籍中。一般而言，較從雜染
有漏的角度，賦予阿賴耶識之義涵。換言之，是以立基在眾生的
迷執及生死輪迴的角度上，來賦予阿賴耶識之義涵，以阿賴耶識
來說明生死輪迴之所在。但吾人從阿賴耶識的諸多異名（心、阿
陀那識、異熟識、無垢識……）中，可得知阿賴耶識蘊含著諸多
涵義。所以，《阿毘達摩大乘經》云：

　　無始時來界，一切法等依；
　　由此有諸趣，及涅槃證得。❷

此顯示了阿賴耶識為一切染淨法之所依，生死輪迴之所在以及
涅槃證得之所依。若依《解深密經》之看法，阿賴耶識之施

---

❷　《成唯識論》卷 3，CBETA, T31, no. 1585, p. 14b24-29。

❷　《成唯識論》卷 3，CBETA, T31, no. 1585, p. 14a15。

❷　此偈頌，間接引自《攝大乘論本》卷 1：「無始時來界，一切法等依；由此
　　有諸趣，及涅槃證得。即於此中，復說頌曰：由攝藏諸法，一切種子識；故
　　名阿賴耶，勝者我開示。」（CBETA, T31, no. 1594, p. 133b15-19）

設，乃是密意善巧之施設，如《解深密經》卷 1〈心意識相品〉：

> 汝應諦聽！吾當為汝說心意識祕密之義。廣慧當知！於六
> 趣生死，彼彼有情墮彼彼有情眾中。……於中，最初一切
> 種子心識成熟展轉和合增長廣大。……廣慧！如是菩薩雖
> 由法住智為依止為建立故，於心意識祕密善巧。然諸如來
> 不齊於此施設彼，為於心意識一切祕密善巧菩薩。廣慧！
> 若諸菩薩於內各別，如實不見阿陀那，不見阿陀那識，不
> 見阿賴耶，不見阿賴耶識，不見積集不見心，不見眼色及
> 眼識，不見耳聲及耳識，不見鼻香及鼻識，不見舌味及舌
> 識，不見身觸及身識，不見意法及意識，是名勝義善巧菩
> 薩。如來施設彼，為勝義善巧菩薩。廣慧！齊此名為於心
> 意識一切祕密善巧菩薩。如來齊此施設彼，為於心意識一
> 切祕密善巧菩薩。㉓

此說明種種識之施設，是秘密善巧。因此，法藏依《解深密經》
此段經文，認為始教所施設阿賴耶識，是密意善巧，如其云：

> 若依始教，於阿賴耶識，但得一分生滅之義。以於真理
> 未能融通，但說凝然不作諸法。故就緣起生滅事中建立
> 賴耶，從業等種辨體而生異熟報識為諸法依，方便漸漸引
> 向真理，故說熏等悉皆即空。如《解深密經》云：若菩薩
> 於內於外，不見藏住，不見熏習，不見阿賴耶，不見阿賴
> 耶識，不見阿陀那，不見阿陀那識。若能如是知者，是名
> 菩薩菩薩。如來齊此建立一切心意識祕密善巧。《瑜伽》

㉓　《解深密經》卷 1，CBETA, T16, no. 676, p. 692b7-c20。

> 中，亦同此説。解云：既齊此不見等處立為心意等善巧
> 故，是故所立賴耶生滅等相皆是密意。不令如言而取故，
> 會歸真也。❷

此即藉由施設阿賴耶識之密意善巧方便，以會歸眞如。另外，此
在智儼《華嚴經內章門等雜孔目章》中，認爲立阿賴耶識爲生死
體，乃是善巧方便，如其云：

> 問：前《論》，云阿賴耶識者，謂先世所作增長業煩惱為
> 　　緣，無始時戲論薰習為因，所生一切種子異熟識為
> 　　體。據此文相，本識即是生死體。若非生死因，何於
> 　　生死因果相乘處説？
> 答：此依《成唯識論》，但於生死之中，辨因果相生道
> 　　理。並是轉理門，無真實理。當知！離識以外，更無
> 　　有法。識者即是不染而染門，如來藏之一義也。❷

智儼所説的「轉理門」，即是一種善巧方便。由此可知，始教之
阿賴耶識之施設，依華嚴宗之看法，實乃是一種善巧方便，由此
而引入眞如理。

（三）終教之阿賴耶識

　　有關終教對阿賴耶識的看法，主要出現在如來藏的相關經
論，如法藏《華嚴一乘教義分齊章》云：

---

❷　《華嚴一乘教義分齊章》卷 2，CBETA, T45, no. 1866, p. 484c13-25。
❷　《華嚴經內章門等雜孔目章》卷 1，CBETA, T45, no. 1870, p. 545c17-24。

　　若依終教，於此賴耶識，得理事融通二分義。故《論》但
云：不生不滅與生滅和合，非一非異，名阿梨耶識。以許
真如隨熏和合成此本識，不同前教業等種生故。《楞伽》
云：如來藏為無始惡習所熏名為藏識。又云：如來藏受苦
樂，與因俱若生若滅。又云：如來藏名阿賴耶識，而與無
明七識俱。又《起信》云：自性清淨心因無明風動成染心
等。如是非一。㉖

　　此引文中，法藏以《起信論》、《楞伽經》來論述阿賴耶識之涵
義。終教之阿賴耶識，主要表現在理事融通上，如《起信論》
所說：「不生不滅與生滅和合，非一非異，名阿梨耶識。」法藏
進而對此加以解釋：以許真如隨熏和合成此本識。此說明了阿
賴耶識與真如的關係，是因為真如受無明之熏習，而成了阿賴耶
識。換言之，阿賴耶識本身即是真如，此不同始教僅就緣起生滅
來賦予阿賴耶識義涵。因此，法藏進而引《楞伽經》加以說明，
所謂：「如來藏為無始惡習所熏，名為藏識。」又云：「如來藏名
阿賴耶識，而與無明七識俱。」以及《起信論》所說的「自性
清淨心因無明風動成染心等」。此在在說明如來藏為無明所熏，
而名為藏識、阿賴耶識。另在《大乘密嚴經》〈阿賴耶微密品〉
中，亦強調阿賴耶識本清淨，如其云：

　　諸仁者！一切眾生阿賴耶識本來而有圓滿清淨，過於世，
　　同於涅槃。譬如明月現眾國土，世間之人見有虧盈，而月
　　體性未嘗增減。藏識亦爾，普現一切眾生界中，性常圓潔

㉖　《華嚴一乘教義分齊章》卷 2，CBETA, T45, no. 1866, pp. 484c25-485a9。引
　　文中「《論》」，係指《大乘起信論》。

不增不減，無智之人妄生計著。若有於此能正了知，即得無漏轉依差別。此差別法得者甚難，如月在雲中，性恒明潔。藏識亦爾，於轉識境界習氣之中而常清淨。如河中有木隨流漂轉，而木與流體相各別。藏識亦爾，諸識習氣雖常餘俱，不為所雜。諸仁者！阿賴耶識恒與一切染淨之法而作所依，是諸聖人現法樂住三昧之境、人天等趣諸佛國土，悉以為因，常與諸乘而作種性，若能了悟即成佛道。諸仁者！一切眾生有具功德威力自在，乃至有生險難之處，阿賴耶識恒住其中作所依止。此是眾生無始時界，諸業習氣能自增長，亦能增長餘之七識，由是凡夫執為所作能作內我。諸仁者！意在身中，如風速轉，業風吹動遍在諸根，七識同時如浪而起。外道所計勝性微塵自在時等，悉是清淨阿賴耶識。諸仁者！阿賴耶識由先業力及愛為因，成就世間若干品類。妄計之人，執為作者。此識體相，微細難知，未見真實，心迷不了，於根境意而生愛著。[27]

此說明阿賴耶識表面上雖是染汙，而其體性是清淨的。又《大乘密嚴經》〈阿賴耶微密品〉云：

諸仁者！阿賴耶識從無始來為戲論熏習諸業所繫，輪迴不已。如海因風起諸識浪，恒生恒滅，不斷不常。而諸眾生不自覺知，隨於自識，現眾境界。若自了知，如火焚薪，即皆息滅，入無漏位，名為聖人。諸仁者！阿賴耶識變似眾境，彌於世間，染意攀緣執我、我所，諸識於境各各了

別。諸仁者！心積集業，意亦復然。意識了知種種諸法，五識分別現前境界。如瞖目者，見似毛輪，於似色心中，非色計色。諸仁者！如摩尼寶體性清淨，若有置於日月光中，隨其所應各雨其物。阿賴耶識亦復如是，是諸如來清淨之藏。與習氣合，變似眾色，周於世間；若無漏相應，即雨一切諸功德法。如乳變異而成於酪，乃至酪漿。阿賴耶識亦復如是，變似一切世間眾色。如瞖目者，以瞖病故，見似毛輪。一切眾生亦復如是，以習氣瞖住藏識，眼生諸似色。此所見色，譬如陽焰遠離有無，皆阿賴耶之所變現。❷❽

此說明阿賴耶識是諸如來清淨之藏，而眾生之阿賴耶識從無始來為戲論熏習諸業所繫輪迴不已。但諸眾生不自覺知，追逐於阿賴耶識所現眾境界。若能自了知如火焚薪，即皆息滅入無漏位，成為聖人。

有關阿賴耶識之真、妄問題，智儼於《華嚴經內章門等雜孔目章》中，藉由各種角度來加以說明，如其云：

第九、辨真妄不同者，此阿賴耶識有真妄不同。如《地論》說：十二緣生是第一義諦，即是真義。如《攝論》說：如幻事、鹿渴、夢想、瞖闇等，譬第一識似如此事，即是其妄有。又知此識無有生性，為通達真；知此識假有，為通達俗。俗者，即是其妄；真者，正是其真。❷❾

---

❷❽　《大乘密嚴經》卷 3〈阿賴耶微密品〉，CBETA, T16, no. 681, p. 741a27-b16。

❷❾　《華嚴經內章門等雜孔目章》卷 1，CBETA, T45, no. 1870, p. 547a27-b4。

此說明了阿賴耶識為真或妄，實於所立角度不同所致。若就第一義諦而言，阿賴耶識為真；若就生滅事相世俗諦而言，阿賴耶識為妄。若了知阿賴耶識之無自性，乃是通達真諦；若了知阿賴耶識是假有，乃是通達俗諦。若就俗諦而言，阿賴耶識為妄；若就真諦而言，阿賴耶識為真。而阿賴耶識之真妄，實乃一體之兩面，眾生迷執於此，而有種種妄執，如法藏《華嚴一乘教義分齊章》云：

> 問：真如既言常法，云何得說隨熏起滅？既許起滅，如何復說為凝然常？
> 答：既言真如常故，非如言所謂常也。何者？聖說真如為凝然者，此是隨緣作諸法時，不失自體，故說為常。是即不異無常之常，名不思議常，非謂不作諸法如情所謂之凝然也。故《勝鬘》中云：不染而染者，明隨緣作諸法也；染而不染者，明隨緣時不失自性。由初義故，俗諦得成；由後義故，真諦復立。如是真俗但有二義，無有二體，相融無礙，離諸情執。是故《論》云：「智障極盲闇，謂真俗別執」，此之謂也。此真如二義，同前始教中約法相差別門故，但說一分凝然義也。此終教中，約體相鎔融門故，說二分無二之義。此義廣如《起信義記》中說。❸

此藉由對真如之探討，顯示始、終二教之不同。若以阿賴耶識為妄，是偏就生滅事相來說，故於真的方面，以凝然方式來呈現，此為始教所說之阿賴耶識。以阿賴耶識為真，是偏就真如體性

---

❸　《華嚴一乘教義分齊章》卷2，CBETA, T45, no. 1866, p. 485a9-23。

來說，故終教從真俗不二的角度來切入，賦予阿賴耶識真妄不二
之角色。

　　另外，值得注意，同樣是《華嚴經・十地品》「三界虛妄
唯一心」一句，而無著《攝論》與世親《十地經論》對此之解
釋，卻不相同，如《華嚴一乘教義分齊章》云：

> 又如《十地經》云：三界虛妄，唯一心作。《攝論》等約
> 始教義，釋諸賴耶識等也。《十地論》約終教，釋為第一
> 義真心也。又如《達磨經頌》、《攝論》等，釋云：此界等
> 者，界謂因義，即種子識。如是等。《寶性論》約終教，
> 釋云：此性者，即如來藏性，依此有諸趣等者。如《勝
> 鬘經》說：依如來藏有生死，依如來藏有涅槃等。乃至廣
> 說。是故當知二門別也。❸

此在在顯示了因角度立場之不同，則阿賴耶識呈現不同之涵義。
而此之不同，依法藏之看法，不外乎是依始教、終教之角度不同
所致。法藏更以十重唯識明之，如《華嚴經探玄記》卷13〈十
地品〉：

> 言「三界虛妄，但一心作」者，此之一文，諸論同引證成
> 唯識。今此所說是何等心？云何名作？今釋此義，依諸聖
> 教說有多門。
> 一、相見俱存故說唯識。……二、攝相歸見故說唯
> 識。……三、攝數歸王故說唯識。……四、以末歸本故
> 說唯識。謂七轉識皆是本識差別功能，無別體故。……

---

❸　《華嚴一乘教義分齊章》卷2，CBETA, T45, no. 1866, p. 485a23-b2。

五、攝相歸性故說唯識。謂此八識皆無自體，唯是如來藏
平等顯現。……六、轉真成事故說唯識。謂如來藏不守自
性，隨緣顯現八識王數相見種現。……七、理事俱融故
說唯識。謂如來藏舉體隨緣成辨諸事，而其自性本不生
滅。……八、融事相入故說唯識。謂由理性圓融無礙，以
理成事，事亦鎔融，互不相礙。……九、全事相即故說唯
識。謂依理之事，事無別事；理既無此彼之異，令事亦一
即一切。……十、帝網無礙故說唯識。謂一中有一切，彼
一切中復有一切。既一門中如是重重不可窮盡，餘一一門
皆各如是。思準，可知。如因陀羅網重重影現，皆是心識
如來藏法性圓融故，令彼事相如是無礙。廣如上下文說。
上來十門唯識道理，於中初三門約初教說，次四門約終
教、頓教說，後三門約圓教中別教說。總具十門，約同教
說。上來所明通一部經，非局此地。又是約教就解而說，
若就觀行亦有十重，如一卷《華嚴三昧》中說。**❸2**

此十重唯識中，前三門（相見俱存故說唯識、攝相歸見故說唯
識、攝數歸王故說唯識）為始教之所說唯識。中間四門（以末歸
本故說唯識、攝相歸性故說唯識、轉真成事故說唯識、理事俱
融故說唯識）為終、頓二教所說之唯識，後三門（融事相入故說
唯識、全事相即故說唯識、帝網無礙故說唯識）為圓教所說之
唯識。如下圖表所示：

---

❸2　《華嚴經探玄記》卷 13〈十地品〉，CBETA, T35, no. 1733, pp. 346c28-
347c4。

十重唯識	五教
1. 相見俱存故說唯識	始教
2. 攝相歸見故說唯識	
3. 攝數歸王故說唯識	
4. 以末歸本故說唯識	終教
5. 攝相歸性故說唯識	頓教
6. 轉真成事故說唯識	
7. 理事俱融故說唯識	
8. 融事相入故說唯識	圓教
9. 全事相即故說唯識	
10. 帝網無礙故說唯識	

（四）頓教之阿賴耶識

　　若就頓教而言，所謂的心識，唯是一真如心，因為無一切差別相，離言絕慮，不可說，如《華嚴一乘教義分齊章》云：

> 若依頓教，即一切法唯一真如心。差別相盡，離言絕慮，不可說也。如《維摩經》中，三十二菩薩所說不二法門者，是前終教中染淨鎔融無二之義；淨名所顯離言不二，是此門也，以其一切染淨相盡，無有二法可以融會故，不可說為不二也。❸

　　法藏於此，舉《維摩經》做一說明，用以顯示終、頓二教心識之差別。以《維摩經》中，三十二菩薩所說不二法門，代表終教之染淨鎔融無二的心識觀。維摩詰居士所顯離言不二，代表

---

❸　《華嚴一乘教義分齊章》卷 2，CBETA, T45, no. 1866, p. 485b2-7。

頓教之心識觀,因為一切染淨相盡,無有二法可以融會,連「不二」亦不可說,故維摩詰居士以默然表達之。

(五)圓教之阿賴耶識

若就華嚴一乘而言,心識乃是無量無邊的,如《華嚴一乘教義分齊章》云:

> 若依圓教,即約性海圓明法界緣起無礙自在,一即一切,一切即一,主伴圓融。故說十心,以顯無盡。如〈離世間品〉及第九地說。又唯一法界性起心亦具十德,如〈性起品〉說。此等據別教言。若約同教,即攝前諸教所說心識。何以故?是此方便故,從此而流故。餘可準之。❸

此以法界緣起無礙自在「一即一切,一切即一」主伴圓融來說明心識,故以十心來顯示無盡,如《華嚴經·十地品》所說第九地之十心,以此十心象徵無量無邊之心。❸且此心識即是法界,具足一切功德。

為何心識有如此諸多之差別?針對此問題,法藏於《華嚴一乘教義分齊章》中,有如下說明,如其云:

---

❸ 《華嚴一乘教義分齊章》卷2,CBETA, T45, no. 1866, p. 485b7-13。

❸ 《華嚴經內章門等雜孔目章》卷1:「唯識略開十門。一、舉數。二、列名。……十、歸成第一義無性性。初、舉數者,謂一心,即第一義清淨心。二、舉三法,謂唯量唯二及種種,又有三法,謂心、意、識。三、成八識,眼等五識、意識、末那識、阿賴耶識。四、成九識,謂加阿摩羅識。五、成十心,謂十稠林。如《地論》云:是菩薩如實知眾生諸心、種種相心、雜相心、輕生不生相心、無形相心、無邊一切處眾多相心、清淨心、染不染相心、縛解相心、幻起相心。隨道生相,乃至無量百千種種心差別相,皆如實知。」(CBETA, T45, no. 1870, p. 543a14-25)

問：云何一心約就諸教得有如是差別義耶？

答：此有二義。一約法通收、二約機分齊。初義者，由
此甚深緣起一心具五義門，是故聖者隨以一門攝化眾
生。一、攝義從名門，如小乘教說。二、攝理從事
門，如始教說。三、理事無礙門，如終教說。四、事
盡理顯門，如頓教說。五、性海具德門，如圓教說。
是即不動本而常末，不壞末而恒本。故五義相融，唯
一心轉也。二、約機明得法分齊者，或有得名而不得
義，如小乘教。或有得名得一分義，如始教。或有得
名得具分義，如終教。或有得義而不存名，如頓教。
或有名義俱無盡，如圓教。其餘義門，如〈唯識章〉
說。❸

依法藏之看法，實乃一心緣起甚深之故，因此就不同角度，心識
則有種種不同涵義。若就法而言，有：攝義從名門、攝理從事
門、理事無礙門、事盡理顯門、性海具德門。若就機而言，有：
得名而不得義、得名得一分義、得名得具分義、得義而不存名、
名義俱無盡。此五種差別，不外乎五教。❸ 整理如下表：

---

❸　《華嚴一乘教義分齊章》卷 2，CBETA, T45, no. 1866, p. 485b13-26。

❸　關小、始、終等教之差別，另如《華嚴經內章門等雜孔目章》卷 1：「問：
何故因果名數，小乘、三乘初教及終教，增減不同？答：小乘因果數少，未
達法空，不盡大理，故不具說。三乘初教，分達法空，知法次細，約事委
說。熟教已去，究竟法空，會事從理，故不多說，唯論四緣及互為因果
等。」（CBETA, T45, no. 1870, p. 540a5-10）

1. 妄	小教		名及密意說	攝義從名門
	始教		名及一分義	攝理從事門
2. 亦妄亦眞	終教		名及二分義	理事無礙門
3. 眞	頓教		只有義，無阿賴耶識之名	事盡理顯門
4. 非妄非眞				
5. 俱是	圓教	同教一乘	攝以上諸說	性海具德門
6. 俱非		別教一乘	名無盡義無盡	

三、阿賴耶識與無漏種子之關係

有關阿賴耶識爲妄或眞，依華嚴宗之看法，實乃因應不同根性所致。若以阿賴耶識爲眞，則無漏種子爲阿賴耶識所本具。但若阿賴耶識爲妄，則須面對其與無漏種子之關係該如何安置的問題。

阿賴耶識雖爲染淨法之所依止，但在唯識學的諸經論中，認爲阿賴耶識是世間法，有漏雜染法，不能攝解脫法身無漏種子，不僅性種姓種子非爲其所攝，連習種姓種子亦非爲其所攝，此二種子是依附於阿賴耶識而已。此涉及了阿賴耶識不可能同時具有染淨二種子，否則彼此相互矛盾，此又如何能對治。

由於始教之阿賴耶識，偏重於緣起生滅事相上來建立，以做爲雜染法之因，但對於法身無漏種子與阿賴耶識之關係又是如何？這是值得關注的問題。基本上，唯識學的諸經論，是承認有清淨無漏法界的，《瑜伽師地論》將此稱之爲性種姓，如《瑜伽師地論》卷 35〈種姓品〉：

> 云何種姓？謂略有二種：一本性住種姓、二習所成種姓。
> 本性住種姓者，謂諸菩薩六處殊勝有如是相，從無始世

展轉傳來，法爾所得，是名本性住種姓。習所成種姓者，
謂先串習善根所得是，名習所成種姓。此中義意，二種皆
取。❸

又如《瑜伽師地論》卷 35〈發心品〉：

若諸菩薩六處殊勝，從無始世展轉傳來法爾所得，當知是
名種姓具足。❸

有關種性，《瑜伽師地論》提出了性種姓與習種姓二種，此二
種性須同時具足，才能堪稱為有佛種性，此論點為後來護法、
玄奘等所繼承。此性種姓，即是所謂的種子，亦可稱之為界。
如《瑜伽師地論》：「又此種姓，亦名種子，亦名為界，亦名為
性。」❹《瑜伽師地論》對於無漏種子與阿賴耶識之關係，只提
及六處殊勝，從無始世展轉傳來法爾所得。另外，在《瑜伽師
地論》卷 21：

問：如是種姓，當言墮一相續？墮多相續？
答：當言墮一相續。所以者何？若法異相俱有而轉，見彼
　　各別種種相續種種流轉。如是種子非於六處有別異
　　相，即於如是種類分位六處殊勝，從無始世展轉傳
　　來，法爾所得。有如是想及以言說，謂為種姓種子界

---

❸　《瑜伽師地論》卷 35〈種姓品〉，CBETA, T30, no. 1579, p. 478c12-17。
❸　《瑜伽師地論》卷 35〈發心品〉，CBETA, T30, no. 1579, p. 481b10-12。
❹　《瑜伽師地論》卷 35〈種姓品〉，CBETA, T30, no. 1579, p. 478c17-18。

性，是故當言墮一相續。❹

此說明了種姓種子來自於法爾所得，於無著的《攝大乘論》及世親的《攝大乘論釋》對習種姓與阿賴耶識之關係，有進一步之說明，如其云：

> 《論》曰：此聞熏習非阿梨耶識，屬法身及解脫身攝。如是如是，從下中上次第漸增。如是如是，果報識次第漸減。
>
> 《釋》曰：聞熏習體是出世法，聞熏習因果屬法身及解脫身攝。本識體是世間法，因是集諦，果是苦諦。故此兩法自性相違。由此義故，聞熏習漸增，本識漸減。聞熏習下品生，本識上品減。聞熏習增至中品，本識中品減。聞熏習增至上品，本識下品減。❷

此中，區隔了無漏種姓與阿賴耶識體性是不同的，一為出世間法，一為世間法。所以，無漏種姓之熏習亦不屬阿賴耶識攝，而是屬法身及解脫身攝。透過聞熏習漸增，則阿賴耶識漸減，即「聞熏習下品生，本識上品減。聞熏習增至中品，本識中品減。聞熏習增至上品，本識下品減」。

　　對法藏而言，《瑜伽師地論》所提的性種姓，是從無始展轉傳來法爾所得，此亦即是真諦所譯《攝大乘論》所說的解性，如《華嚴一乘教義分齊章》卷2：

---

❹　《瑜伽師地論》卷21，CBETA, T30, no. 1579, p. 396a3-9。

❷　《攝大乘論釋》卷3，CBETA, T31, no. 1595, p. 174c18-26。

若依三乘教，種性差別略有三說：一、約始教，即就有為
無常法中立種性故，即不能遍一切有情。故五種性中，即
有一分無性眾生。故《顯揚論》云：云何種性差別？五
種道理，謂一切界差別可得故，乃至云唯現在世非般涅槃
法，不應理故，乃至廣說。是故當知！由法爾故，無始時
來一切有情有五種性，第五種性無有出世功德因故，永不
滅度。由是道理，諸佛利樂有情功德無有斷盡。其有種
性者，《瑜伽論》云：種性略有二種，一本性住、二習所
成。本性住者，謂諸菩薩六處殊勝有如是相，從無始世展
轉傳來，法爾所得。習所成者，謂先串習善根所得。此中
本性，即內六處中，意處為殊勝。即攝賴耶識中本覺解性
為性種性。故梁《攝論》云：聞熏習與阿賴耶識中解性和
合，一切聖人以此為因。❸

引文中，法藏對於《瑜伽師地論》所提的性種姓在六處殊勝，
加以解釋，是指意處。有關六處殊勝之意處，靄亭《華嚴一乘
教義分齊章集解》解釋：

六處殊勝者，謂意處含有無漏種子。此有為中，此最勝
故。無始傳來，法爾而有。❹

又對性種姓加以解釋：

此中本性，……此指法爾無漏種子為本覺解性。阿賴耶識

---

❸　《華嚴一乘教義分齊章》卷 2，CBETA, T45, no. 1866, p. 485c5-21。

❹　釋靄亭，《華嚴一乘教義分齊章集解》，頁 167。

> 自體分處,有此無漏四智心品功德種子,法爾本然,名本
> 覺智之種子,故云:解性。性是因性,即種子意,即以此
> 為性種性。❹

由此可知,所謂六處殊勝,指的是意處,而此意處即是阿賴耶識
自體分處,有此無漏四智心品功德種子,法爾本然。

另外,有關性種姓,在眞諦所譯的《攝大乘論釋》稱之爲
解性,如《攝大乘論釋》卷 3〈釋依止勝相品〉:

> 釋曰:前引世間所了事為譬,後引世間智人所了事為譬。
> 如世間離欲人,於本識中,不靜地煩惱及業種子滅,靜地
> 功德善根熏習圓滿,轉下界依成上界依。出世轉依亦爾,
> 由本識功能漸減,聞熏習等次第漸增,捨凡夫依作聖人
> 依。聖人依者,聞熏習與解性和合。以此為依,一切聖道
> 皆依此生。❻

一切聖道,是以清淨無漏種子爲因,而此無漏種子是依附、寄在
阿賴耶識上,但不屬阿賴耶識所攝。又如《攝大乘論本》云:

> 復次,云何一切種子異熟果識為雜染因,復為出世能對
> 治。彼淨心種子又出世心,昔未曾習故,彼熏習決定應
> 無。既無熏習從何種生?是故應答:從最清淨法界等流。
> 正聞熏習種子所生。

---

❹ 釋靄亭,《華嚴一乘教義分齊章集解》,頁 168。

❻ 《攝大乘論釋》卷 3〈釋依止勝相品〉,CBETA, T31, no. 1595, p. 175a20-
27。

此聞熏習為是阿賴耶識自性？為非阿賴耶識自性？若是阿賴耶識自性云何是彼對治種子？若非阿賴耶識自性此聞熏習種子所依云何可見？乃至證得諸佛菩提。此聞熏習隨在一種所依轉處，寄在異熟識中，與彼和合俱轉，猶如水乳。然非阿賴耶識是彼對治種子性故。❹

從無著的《攝大乘論》中，說明了正聞熏習種子是從最清淨法界所生，且是寄在阿賴耶識中，不屬阿賴耶識所攝，而以水乳之關係做說明。由此可知，《瑜伽師地論》所說的六處殊勝之意處，是指寄在阿賴耶識中。此外，在世親《唯識三十論頌》亦提到此，乃至《成唯識論》亦諸多處提及，《唯識三十論頌》所說：

後五行頌明唯識行位者，《論》曰：「如是所成唯識性、相，誰依幾位？如何悟入？」謂具大乘二種種性：一、本性種性，謂無始來依附本識，法爾所得無漏法因；二、謂習所成種性，謂聞法界等流法已，聞所成等熏習所成。具此二性，方能悟入。❹

又如《成唯識論》卷9：

何謂大乘二種種姓？一、本性住種姓，謂無始來依附本識，法爾所得無漏法因。二、習所成種姓，謂聞法界等流

---

❹　《攝大乘論本》卷1，CBETA, T31, no. 1594, p. 136b29-c11。

❹　《唯識三十論頌》卷1，CBETA, T31, no. 1586, p. 61a28-b4。

法已聞所成等熏習所成。❹

且《成唯識論》進一步強調「諸無漏種非異熟識性所攝」❺，如其云：

> 無漏法種雖依附此識，而非此性攝，故非所緣。雖非所緣而不相離，如真如性不違唯識。❺

又如《成唯識論》卷 8：

> 前、中、後際，生死輪迴不待外緣，既由內識。淨法相續，應知亦然。謂無始來依附本識有無漏種，由轉識等數數熏發漸漸增勝，乃至究竟得成佛時，轉捨本來雜染識種，轉得始起清淨種識，任持一切功德種子。❺

由上述引文中，可得知此無漏種子是無始來依附在阿賴耶識上，且是法爾所得無漏法因。熏習亦是由無始來依附在本識的無漏種由轉識等數數熏發漸漸增勝，乃至究竟得成佛。由此可知，唯識是強調性種姓與習種姓須要具足，亦即強調熏習之重要。❺

---

❹　《成唯識論》卷 9，CBETA, T31, no. 1585, p. 48b6-10。

❺　《成唯識論》卷 2，CBETA, T31, no. 1585, p. 8a15。

❺　《成唯識論》卷 2，CBETA, T31, no. 1585, p. 11a6-8。

❺　《成唯識論》卷 8，CBETA, T31, no. 1585, p. 45b28-c4。

❺　如《瑜伽師地論》卷 21：「問：若住種姓補特伽羅有涅槃法，此住種姓有涅槃法補特伽羅何因緣故有涅槃法，而前際來長時流轉不般涅槃。答：四因緣故不般涅槃。何等為四？一、生無暇故。二、放逸過故。三、邪解行故。四、有障過故。」（CBETA, T30, no. 1579, p. 396a9-14）。此說明了雖有性

　　因此，從《阿毘達摩大乘經》、《解深密經》、《瑜伽師地論》、《攝大乘論》、《攝大乘論釋》、《唯識三十論頌》、《成唯識論》等，可知無漏種子來自於清淨法界，是法爾本然的，且由此無漏種子熏習阿賴耶識。但對於無漏種子與阿賴耶識彼此間之關係，於世親《唯識三十論頌》有進一步之解釋，而《成唯識論》諸瑜伽派亦依此觀點來加以解釋。此與眞諦所譯的《攝大乘論釋》之解性，亦可說是一致的。換言之，於阿賴耶識中存有無漏種子，而此無漏種子並不等同於阿賴耶識，且非阿賴耶識所攝，此爲瑜伽派共有之論點。

　　若對終教來說，阿賴耶識其本身即是如來藏，本是清淨的，因無明之熏習而成染。所以染淨是彼此互熏的，如《大乘起信論》卷 1：

　　　　復次，有四種法熏習義故，染法、淨法起不斷絕。云何為四？一者、淨法，名為真如。二者、一切染因，名為無明。三者、妄心，名為業識。四者、妄境界，所謂六塵。熏習義者，如世間衣服實無於香，若人以香而熏習故則有香氣。此亦如是，真如淨法實無於染，但以無明而熏習故則有染相。無明染法實無淨業，但以真如而熏習故則有淨用。❺❹

又云：

　　　　云何熏習起染法不斷？所謂以依真如法故有於無明，以有

種姓，然仍須勤精進熏習修學。

❺❹　《大乘起信論》卷 1，CBETA, T32, no. 1666, p. 578a14-21。

> 無明染法因故即熏習真如；以熏習故則有妄心，以有妄心
> 即熏習無明。不了真如法故，不覺念起，現妄境界。以有
> 妄境界染法緣故，即熏習妄心，令其念著造種種業，受於
> 一切身心等苦。❺

此說明眾生因不覺而有無明，無明熏真如則成染。無明與真如彼
此互熏，而有染淨諸法。始教之立阿賴耶為生死體，此乃從如來
藏不染而染入手，據此即是生死體；若就染而不染，據此生死即
是涅槃。如《華嚴經內章門等雜孔目章》卷1：

> 三、出體者，究竟用如來藏為體。所以得知？《勝鬘經》
> 云：由有如來藏法種眾苦，乃至樂求涅槃等故得知也。又
> 如來藏不染而染，據此即是生死體；染而不染，據此生死
> 即是涅槃。更無異法。又經文六識及心法智是其生滅，非
> 是可依。唯如來藏不起不滅，成究竟依。❻

此說明始教雖立阿賴耶識為生死體，但此是一種善巧方便，而
阿賴耶識究竟以如來藏為體。

　　若就頓教而言，離言絕相，唯一真如。若就圓教而言，阿賴
耶識即是法界。

　　對於清淨之無漏種子，始教基本上是肯定的，肯定有第八
識之體，只是偏重於有為事相來論述阿賴耶識，以阿賴耶識為
雜染因，因而將清淨無漏種子寄在阿賴耶識上。也因為如此，而

---

❺　《大乘起信論》卷1，CBETA, T32, no. 1666, p. 578a21-27。

❻　《華嚴經內章門等雜孔目章》卷1，CBETA, T45, no. 1870, p. 543b3-9。

有五種之種姓的說法。❺

四、阿賴耶識與見道修道之關係

　　從無漏種子與阿賴耶識彼此間之關係，吾人可進一步得知，所謂的修道，無非在於轉識成智，也就是唯識學所說的轉依，轉八識成四智。於佛教諸經論中，既以阿賴耶識來說明眾生之妄執而有生死輪迴，那麼該如何才能捨阿賴耶識之名？於何時捨阿賴耶識之名？

　　依華嚴宗的看法，終教於菩薩登地時，捨阿賴耶識；始教於十地菩薩盡時，捨阿賴耶識，如《華嚴經內章門等雜孔目章》云：

> 第七、對治滅不滅者。梁《攝論》云：四德圓時，本識都盡。今言滅者，《楞伽經》云：唯心相滅，非心體滅。解云：心相即空，故無所滅，是名為滅。故《地論》云何滅？如虛空，如是滅。❺

又云：

> 問：賴耶相滅在何位盡？
> 答：在初地盡。何以故？《地論》云：十地轉依止，依止常身故。非如無常意識智依止，無常因緣法。據此文證，初地即捨阿賴耶。若據初教，十地終心捨阿賴

---

❺　如《華嚴一乘教義分齊章》卷 2，CBETA, T45, no. 1866, p. 485c5-8。
❺　《華嚴經內章門等雜孔目章》卷 1，CBETA, T45, no. 1870, p. 547a10-14。

耶。何以故？在第十地頓滅諸障故。❺❾

華嚴宗認為終教於登地後，就已捨阿賴耶識，而始教於十地菩薩盡時，捨阿賴耶識。有關華嚴宗對始教於十地菩薩盡時捨阿賴耶識，此與唯識法相之看法略有不同，所不同者在於伏惑或斷惑上有別。對唯識法相而言，是就永伏來說明捨阿賴耶識，如《攝大乘論本》卷3：

> 對治差別者，謂一切法總相緣智以楔出楔道理，遣阿賴耶識中一切障麁重故。❻⓿

又如《成唯識論》卷3：

> 由此本識具諸種子故能攝藏諸雜染法，依斯建立阿賴耶名。……亦為有情執藏為我，故說此識名阿賴耶。已入見道諸菩薩眾得真現觀，名為勝者，彼能證解阿賴耶識。❻❶

此說明見道菩薩能證解阿賴耶識，但未說明捨阿賴耶識之名。阿賴耶識與三界生死輪迴之關係，至永伏第七識之俱生我執煩惱障，才捨阿賴耶識之名，但並未捨第八識之體，此須至成佛才能捨除。如《唯識三十論頌》卷1：

> 初阿賴耶識，異熟一切種，

---

❺❾　《華嚴經內章門等雜孔目章》卷1，CBETA, T45, no. 1870, p. 547a14-19。

❻⓿　《攝大乘論本》卷3，CBETA, T31, no. 1594, p. 146c18-19。

❻❶　《成唯識論》卷3，CBETA, T31, no. 1585, p. 14b24-29。

不可知執受，處了常與觸、

作意、受、想、思，相應唯捨受。

是無覆無記，觸等亦如是，

恒轉如瀑流，阿羅漢位捨。❻

對此偈頌，《成唯識論》解釋云：

此識無始恒轉如流，乃至何位當究竟捨？阿羅漢位方究竟
捨。謂諸聖者斷煩惱障究竟盡時，名阿羅漢。爾時此識煩
惱麁重永遠離故，說之為捨。此中所說阿羅漢者通攝三乘
無學果位，皆已永害煩惱賊故，應受世間妙供養故，永不
復受分段生故。云何知然？〈決擇分〉說：諸阿羅漢、獨
覺、如來皆不成就阿賴耶故。《集論》復說若諸菩薩得菩
提時，頓斷煩惱及所知障成阿羅漢及如來故。❼

此指斷盡煩惱障，即捨阿賴耶識。亦即是二乘及第八地菩薩以
上，才能捨阿賴耶識之名，而第七地菩薩仍有末那識之我執，所
以未能捨阿賴耶識，《成唯識論》對此進一步說道，如其云：

若爾，菩薩煩惱種子未永斷盡非阿羅漢應皆成就阿賴耶
識，何故即彼〈決擇分〉說不退菩薩亦不成就阿賴耶識？
彼說二乘無學果位迴心趣向大菩提者，必不退起煩惱障
故，趣菩提故，即復轉名不退菩薩。彼不成就阿賴耶識，
即攝在此阿羅漢中。故彼論文不違此義。又不動地已上

---

❻　《唯識三十論頌》卷 1，CBETA, T31, no. 1586, p. 60b4-8。

❼　《成唯識論》卷 3，CBETA, T31, no. 1585, p. 13a19-28。

菩薩,一切煩惱永不行故,法駛流中任運轉故,能諸行中
起諸行故,剎那剎那轉增進故,此位方名不退菩薩。然此
菩薩雖未斷盡異熟識中煩惱種子,而緣此識我見、愛等,
不復執藏為自內我,由斯永捨阿賴耶名,故說不成阿賴耶
識。此亦說彼名阿羅漢。❻

又云:

七地已前猶有俱生我見愛等,執藏此識為自內我,如何已
捨阿賴耶名?若彼分別我見愛等,不復執藏,說名為捨,
則預流等諸有學位,亦應已捨阿賴耶名,許便違害諸論所
說。地上菩薩所起煩惱,皆由正知不為過失,非預流等得
有斯事,寧可以彼例此菩薩。彼六識中所起煩惱,雖由正
知不為過失,而第七識有漏心位任運現行執藏此識,寧不
與彼預流等同。由此故知彼說非理。然阿羅漢斷此識中煩
惱麁重究竟盡故,不復執藏阿賴耶識為自內我,由斯永失
阿賴耶名,說之為捨,非捨一切第八識體。勿阿羅漢無識
持種,爾時便入無餘涅槃。❻

此說明了不退菩薩有二種,一是指迴心趣向大菩提之二乘無學,
名不退菩薩,已捨阿賴耶識之名。一是指不動地已上菩薩,一切
煩惱永不行故,而此菩薩雖未斷盡異熟識中煩惱種子,但緣此
識我見愛等不復執藏為自內我,故永捨阿賴耶名。亦可將此等菩
薩,名為阿羅漢。依《成唯識論》之看法,阿羅漢雖捨阿賴耶識

❻ 《成唯識論》卷 3 ,CBETA, T31, no. 1585, p.13a28-b11。

❻ 《成唯識論》卷 3 ,CBETA, T31, no. 1585, p. 13b23-c7。

之名，但非捨一切第八識體。

　　另外，有關第八地以上的菩薩，永伏煩惱障，捨阿賴耶識之名，而其所受應是變易生死身。但依法藏之看法，仍是分段生死身。因為登地菩薩留惑潤生，即留第六識之俱生我執，至金剛喻定才斷除。由此可知，若從留惑來看，登地後菩薩所受身，仍是分段生死身。雖然於第八地已永伏第六識之俱生法執及第七識俱生我執，但菩薩所受身仍是分段生死身。一般有以此來說明是受變易生死，但法藏對此論點，有諸多駁斥，如《華嚴一乘教義分齊章》卷2：

> 若依直進中，有二說：一、謂寄位，顯十地之中功用無功用麁細二位差別相故，即說七地已還有分段，八地已上有變易。二、就實報，即說分段至金剛已還，以十地中煩惱障種未永斷，故留至金剛故。既有惑障，何得不受分段之身。故《十地經》云：第十地已還有中陰者。是此義也。❻

又云：

> 問：八地已上一切菩薩於煩惱障永伏不行，以無漏智果恒相續故，如阿羅漢既無現行惑，何得更受分段之身耶？
> 答：若是凡夫，即以現惑潤業受生。聖人不爾，但留惑種用以受生。故《雜集論》云：一切聖人皆以隨眠力故結生相續。又梁《攝論》云：異凡夫故，永伏上心；異二乘

---

❻　《華嚴一乘教義分齊章》卷2，CBETA, T45, no. 1866, p. 491a14-21。

故，留彼種子。解云：聖人受生非現潤，彼復留種子，
如何不受分段身耶。若言八地已上以智障為緣受變易
者，所留惑種即便無用，何不於此第八地初永害一切煩
惱種耶？彼既不爾，此云何然？若約迴向菩提聲聞已斷
煩惱者，彼即可以所知障受變易身，通諸位也。❻

又云：

問：若爾，何故聖教說八地已上唯有所知障為依止故受變
易身？

答：此等為欲寄對二乘顯其優劣故。《經》作此說。❻

依法藏之看法，始教之第八地菩薩雖永伏一切煩惱障，但仍
未斷盡煩惱障，所以就此而言，所受之身為分段生死。至於其
他經論為何說受變易生死，此乃是為了顯示其勝二乘之故。依
《成唯識論》之看法，此所受生死，稱為異熟識。❻由此可知，在
未成佛前，菩薩於第八識仍未淨盡，雖於第八地已捨阿賴耶識
之名，但異熟識須至成佛時才能捨盡，此時第八識稱之為無垢
識，是最極清淨諸無漏法所依止，如《成唯識論》卷3：

---

❻ 《華嚴一乘教義分齊章》卷2，CBETA, T45, no. 1866, p. 491a21-b5。

❻ 《華嚴一乘教義分齊章》卷2，CBETA, T45, no. 1866, p. 491b5-8。

❻ 《成唯識論》卷3：「然第八識雖諸有情皆悉成就。而隨義別立種種名。謂
或名心……或名異熟識，能引生死善不善業異熟果故。此名唯在異生、二
乘、諸菩薩位，非如來地猶有異熟無記法故。或名無垢識，最極清淨諸無漏
法所依止故，此名唯在如來地有。菩薩、二乘及異生位持有漏種可受熏習，
未得善淨第八識故。」（CBETA, T31, no. 1585, p. 13c7-22）

阿賴耶名，過失重故，最初捨故，此中偏說。異熟識體，
菩薩將得菩提時捨，聲聞、獨覺入無餘依涅槃時捨。無垢
識體，無有捨時，利樂有情無盡時故。❼

此顯示至如來地，第八識才清淨，稱此爲無垢識。而此無垢
識是最極清淨諸無漏法所依止，由此可知，無漏種子乃是無垢
識。另也說明了菩薩、二乘及異生位持有漏種可受熏習未得善
淨第八識，《成唯識論》卷3：

如來無垢識，是淨無漏界；
解脫一切障，圓鏡智相應。❼

因此，可知第八識具備了有漏位、無漏位，如《成唯識論》卷3：

然第八識總有二位：一、有漏位，無記性攝，唯與觸等五
法相應，但緣前說執受處境。二、無漏位，唯善性攝，與
二十一心所相應。謂遍行別境各五善十一，與一切心恒相
應故，常樂證智所觀境故，於所觀境恒印持故，於曾受境
恒明記故。世尊無有不定心故，於一切法常決擇故。極淨
信等，常相應故，無染污故，無散動故。此亦唯與捨受相
應，任運恒時平等轉故。以一切法為所緣境，鏡智遍緣一
切法故。❼

❼　《成唯識論》卷3，CBETA, T31, no. 1585, p. 13c25-28。

❼　《成唯識論》卷3：「如來無垢識，是淨無漏界；解脫一切障，圓鏡智相
　　應。」（CBETA, T31, no. 1585, p. 13c23-24）

❼　《成唯識論》卷3，CBETA, T31, no. 1585, pp. 13c28-14a9。

　　由上述種種引證，可知阿賴耶識之名的施設，乃就眾生妄執所做的施設，眾生執著似我之阿賴耶識爲實我，此過失極重。所以，於修道上，首先捨阿賴耶識之名。而有關異熟識體，菩薩於成佛得菩提時捨，聲聞、獨覺則入無餘依涅槃時捨。無垢識體無有捨時，爲利樂有情無盡時故。

五、結語

　　依華嚴宗的看法，小乘教所論述之六識中，已有阿賴耶識之名，但未有其義；大乘始教所論述之阿賴耶識，偏重於妄入手；大乘終教所論述之阿賴耶識，偏重於眞妄和合入手；大乘頓教所論述之心識，以離言絕相來表達之；至於圓教，所論心識是無量無邊的，以十重唯識表達之。阿賴耶識本身擔任了淨、染（眞、妄）兩個角色，就第一義諦而言，阿賴耶識爲眞；就俗諦而言，阿賴耶識爲妄。強調阿賴耶識之妄，乃是爲了通達俗諦；強調阿賴耶識之無自性，乃是爲了通達眞諦。由於偏重點之不同，因而有始、終教對阿賴耶識之看法不同。乃至第六識、第七識，亦可依此類推。❼

　　阿賴耶識一方面串連著眾生之生死輪迴，是雜染的，此以小、始二教所述爲主；另方面，阿賴耶識本身即是如來藏，是清淨的，此以終、頓二教所述爲主；至於圓教，則以相即相入來顯

---

❼　《華嚴經內章門等雜孔目章》卷1：「七、遍計等三性者，末那識是遍計，是依他，是圓成實，是三無性，此約初教。若終教，即眞如。若圓教，即具一切。何以故？由末那識得是心故。」（CBETA, T45, no. 1870, p. 546c8-11）《華嚴經內章門等雜孔目章》卷1：「第三、明意識者，意識是無邊，分別一切處。分別與其三識，或一或異，乃至相應數等發智分齊。並如《問答》中心數分別，廣如別章。」（CBETA, T45, no. 1870, p. 546c13-16）

示心識之無盡。此等有關心識之差別，來自於所立角度之不同。

　　本論文藉由對阿賴耶識之探討，一方面以阿賴耶識來說明生死輪迴之問題，而唯識所現似有我，此乃假有，但眾生妄執為我，故有生死輪迴；另方面以阿賴耶識來呈現修道之內涵，藉由阿賴耶識與無漏種子之關係，以及阿賴耶識於修道所擔任之角色，以顯示阿賴耶識不僅串連著眾生之生死，且串連著吾人之修道過程，於修道上最先捨離的是阿賴耶識之名。另外，不論是藉由轉依之阿賴耶識成為無垢識（如始教所說），或阿賴耶識本身即清淨識（如終教所說），此在在皆說明了第八識為染為淨，或妄或真，乃是因緣所致。

* 本文收錄於 2012 年《華嚴專宗國際學術研討會論文集》（上），頁
　121-148。

參考書目

本文佛典引用主要是採用「中華電子佛典協會」（Chinese Buddhist Electronic Text Association，簡稱 CBETA）的電子佛典集成光碟，2016 年。

佛教藏經或古籍

《大乘起信論》，T32, no. 1666。

《大乘密嚴經》，T16, no. 681。

《成唯識論》，T31, no.1585。

《唯識三十論頌》，T31, no. 1586。

《菩薩本生鬘論》，T03, no. 160。

《華嚴一乘教義分齊章》，T45, no. 1866。

《華嚴經內章門等雜孔目章》，T45, no. 1870。

《華嚴經探玄記》，T35, no. 1733。

《瑜伽師地論》，T30, no. 1579。

《解深密經》，T16, no. 676。

《攝大乘論本》，T31 ,no. 1594。

《攝大乘論釋》，T31, no. 1595。

中日文專書、論文或網路資源等

釋靄亭　1996《華嚴一乘教義分齊章集解》，臺北：華嚴蓮社。

第四篇

大華嚴與妙法華的對話
——華嚴海之「大」與法華橋之「妙」

▌摘要

　　同屬圓教一乘的中國佛教兩大宗派——天台宗（法華宗）、華嚴宗（賢首宗），彼此各依《妙法蓮華經》、《大方廣佛華嚴經》成立宗派。而此兩大宗亦分別針對其所依之經典，展開了極為慎密詳備之論述，尤其對經題所做的闡述各有其特色。史上盛傳天台智者「九旬談妙」之說，而其對《妙法蓮華經》經題之詮釋，形成了《法華玄義》。而華嚴宗智儼《華嚴經搜玄記》、賢首法藏《華嚴經探玄記》、清涼澄觀《大方廣佛華嚴經疏》等對《華嚴經》經題之詮釋，亦有其特色。

　　無論就此兩大經典之經題，所顯示《大方廣佛華嚴經》之「大」、《妙法蓮華經》之「妙」，或此兩大宗派分別針對二大經典的判攝，在在顯示於所化之根機有著密切之關係。由於《華嚴經》未涉及二乘問題，天台宗以「頓滿教」、「圓兼別」來分判《華嚴經》，而華嚴宗以「稱法本教」、「根本一乘」、「別教一乘」、「究竟一乘」等來形容《華嚴經》。由於《法華經》涉及二乘問題，天台宗以「漸圓教」、「純圓純妙」來形容《法華經》，而華嚴宗以「會三歸一」、「開三顯一」、「同教一乘」、「遮三明一」等來分判《法華經》。

　　因此，本論文著眼於此兩大經典之經題來切入，亦即就
《大方廣佛華嚴經》之「大」、《妙法蓮華經》之「妙」來入手，
探討這兩部經典所要彰顯的特色。另外，再配合此兩大宗派的
判教，來探討這兩大宗派對此二部經的判攝。

關鍵字：《華嚴經》、《法華經》、《法華玄義》、《探玄記》、別教
　　　　一乘、同教一乘、圓教

一、前言

　　不論《大方廣佛華嚴經》（以下簡稱《華嚴經》）或《妙法蓮華經》（以下簡稱《法華經》），亦不論華嚴宗或天台宗，其所要探討及展開的教義，可說不外乎一乘與三乘。❶天台宗依一乘、三乘，建構了藏、通、別、圓等四教判；華嚴宗依一乘、三乘，建構了小、始、終、頓、圓等五教判。而此二宗皆以一乘做為圓教之代表，且將《華嚴經》、《法華經》各分別判屬於圓教一乘，但彼此亦有所差別。

　　在《華嚴經》以「直顯」的方式，來展現華嚴圓教一乘，亦以寄顯方式論述三乘教法，乃至人天乘法，且於隨順三乘或寄顯三乘中，展現一乘教義。

---

❶　如《法華經》之三車（羊、鹿、牛車）、一車（大白牛車），而天台宗藉由《法華經》之三車與一車的開決，來彰顯《法華經》一乘之特色。華嚴宗則藉由《法華經》之三車與一車的不同，來彰顯《華嚴經》一乘之特色。因此，可看出此二宗皆以圍繞三車與一車來論述。又如《大方廣佛華嚴經》卷7〈賢首菩薩品〉：「世間一切諸凡夫，信是法者甚難得，思惟無量諸善法，本有因力故能信，一切世界諸群生，鮮有欲求聲聞道，求緣覺者轉復少，求大乘者甚希有，求大乘者猶為易，能信是法為甚難，況能受持正憶念，如說修行真實解。」（CBETA, T09, no. 278, p. 441a12-17）

又如《大方廣佛華嚴經》卷26〈十地品〉：「菩薩住此地，如實知善不善無記法行，知有漏無漏法行、世間出世間法行、思議不思議法行、定不定法行、聲聞辟支佛法行、菩薩道法行、如來地法行、有為無為法行。」（CBETA, T09, no. 278, p. 568a8-11）《大方廣佛華嚴經》卷26〈十地品〉：「佛子！菩薩摩訶薩隨如是智，名為安住善慧地。菩薩住是地，知眾生如是諸行差別相，隨其解脫而與因緣。是菩薩化眾生法，度眾生法，如實知而為說法，聲聞乘相、辟支佛乘相、菩薩乘相、如來地相，如實知隨眾生因緣而為說法。」（CBETA, T09, no. 278, p. 568c4-9）

在《法華經》則以「開顯」❷的方式,來顯示法華圓教一乘之特色,所謂「開方便門,示眞實相」、「開權顯實」、「開麁顯妙」、「開迹顯本」等,即於三乘權法一一加以開顯、決了,顯示法法皆是妙法,一花一草無非中道實相,治世間生產事業與實相不相違。因此,三乘與一乘之關係,是藉由「開顯」的方式,來顯示三乘即一乘。

由此可看出「直顯」、「開顯」的方式,成了《華嚴經》、《法華經》表達圓教一乘之差別所在。而此「直顯」、「開顯」方式的差別,主要在於所攝化對象之不同,《華嚴經》因不涉及二乘,而以「直顯」來表達圓教一乘,因此,華嚴宗以別教一乘來代表華嚴。《法華經》則因面對二乘問題,而以「開顯」來表達《法華經》圓教一乘。在華嚴宗、天台宗,各別依《華嚴經》、《法華經》而立宗,且彼此也對此二部經典加以分判。

依天台宗的判教,判《華嚴經》為「圓兼別」,基本上,視華嚴爲頓滿教,但兼有別教之色彩,而此兼有別教之色彩其實並不明顯,此從天台在論述別教之階位而不採用《華嚴經》可得知。對天台而言,華嚴之「圓兼別」,皆屬大乘教法,因此無法攝受聲聞、緣覺二乘。所以,天台從攝化根性之融不融,來分判華嚴屬於融(於菩薩爲融)及不融(於二乘爲不融)兩個層面。而《法華經》以頓漸五味來調熟眾生,且再以「開權顯實」方式來顯示法法皆妙,因此判法華爲漸圓教、圓頓教,或以純圓教表之。

---

❷ 以「開顯」來表達,是著眼於三乘對象上,而法華本身亦可說是「直顯」,如《妙法蓮華經玄義》卷 2:「二、直顯滿理,方等、般若帶方便通滿理,今經直顯滿理。」(CBETA, T33, no. 1716, p. 696c8-9)此用以顯示《法華經》之不帶方便。又《妙法蓮華經玄義》卷 10:「又解,般若之後,明華嚴海空者,即是圓頓法華教也。」(CBETA, T33, no. 1716, p. 808a11-12)

　　依華嚴宗的判教，判《華嚴經》爲別教一乘。爲何特別強調「別」？此是就其教法不共三乘來說，亦即在於凸顯圓教一乘主伴具足，是不共三乘之教法，如以十玄、六相圓融等來顯示諸法主伴具足重重無盡之特色，雖三乘教法中亦提及「一即一切、一切即一」、因陀羅網等觀念，但不具足主伴圓明之關係。因此，由一乘、三乘之差別，而建構了華嚴別教一乘。至於華嚴宗對《法華經》之分判，則屬同教一乘、破三顯一、會三顯一，亦即法華本身所面對的，是一乘、三乘的問題，如何藉由開權顯實，來顯示三乘即一乘，所以判法華爲同教一乘，以做爲和華嚴之區別。也正因爲《法華經》本身具有一乘、三乘之內涵，所以華嚴宗智儼、法藏在分判三乘、一乘時，往往藉用《法華經》之「三車、一車」爲經典之依據，來建立一乘、三乘之觀念。

　　從兩大宗派分別對此二部經典所做的分判，無非在彰顯此二部經典所各具有的特色，以一乘圓教來顯示其所擔綱角色之不同。然一般學術界對天台、華嚴之判教，往往容易捲入宗派的對立上，因而喪失了此二宗對《法華經》、《華嚴經》所彰顯之特色。

　　本論文主要著重於此兩大經典之經題來切入，亦即就《大方廣佛華嚴經》之「大」、《妙法蓮華經》之「妙」來入手，以探討這兩部經典所要彰顯的特色。另方面，再配合此兩大宗派的判教，來探討這兩大宗派對此二部經的判攝，以便彰顯此二部經之特色。

二、就經題而論

（一）《妙法蓮華經》之經題

　　若就經題上而言，天台智者（538－597）對《妙法蓮華經》（簡稱《法華經》）之經題所做的詮釋，可說是空前絕後的，此由《妙法蓮華經玄義》（簡稱《法華玄義》）可得知。《法華玄義》以五重玄義來闡述經題，亦即藉由名、體、宗、用、教等五個角度，來開顯《法華經》之義理。而整部《法華玄義》所占之篇幅，於《大正藏》第三十三冊將近一百四十頁（頁 681－814），其中對《妙法蓮華經》經題之「妙」字之解釋，又占了整部《法華玄義》一半以上之篇幅（頁 696－771），若由此來看，史上盛傳智者大師「九旬談妙」之說，應屬史實。❸

　　有關天台智者對《法華經》經題之詮釋，於《法華玄義》序文中，開宗明義已表露無遺，如其云：

> 所言 妙 者，妙名不可思議也。
> 所言 法 者，十界十如權實之法也。

---

❸ 依據章安灌頂《隋天台智者大師別傳》之記載，智者宣講一部《法華玄義》需半年，若以所占篇幅之比例來看，正好脗合九旬談妙之說，如其云：「智者弘法三十餘年，不畜章疏，安無礙辯，契理符文，挺生天智，世間所伏。有大機感乃為著文，奉勅撰《淨名經疏》，至〈佛道品〉，為二十八卷。《覺意三昧》一卷。《六妙門》一卷。《法界次第章門》三百科，始著六十科為三卷。《小止觀》一卷。《法華三昧行法》一卷。又常在高座云：若說《次第禪門》一年一遍；若著章疏，可五十卷；若說《法華玄義》并《圓頓止觀》，半年各一遍。」（CBETA, T50, no. 2050, p. 197b11-18）

$\boxed{蓮華}$者，譬權實法也。

良以妙法難解，假喻易彰。況意乃多，略擬前後，合成六也。

一、為蓮故華，譬為實施權……。

二、華敷譬開權，蓮現譬顯實……。

三、華落譬廢權，蓮成譬立實……。

又，蓮譬於本，華譬於迹。

從本垂迹，迹依於本……。

二、華敷譬開迹，蓮現譬顯本……。

三、華落譬廢迹，蓮成譬立本……。

蓮華之譬，意在斯矣。

$\boxed{經}$者，外國稱修多羅，聖教之都名，有翻無翻，事如後釋。❹

此以「不可思議」來解釋「妙」，以十法界十如是權實之法來解釋「法」。換言之，十法界十如是乃權實之一切法，皆是不可思議的。由於法法皆不可思議，故以「蓮華」譬喻來表達之，如其云：「蓮華者，譬權實法也。良以妙法難解，假喻易彰。況意乃多略，擬前後合成六也。」此即依據《法華經》本、迹二門之經文，藉由蓮華之三部曲，分別來表達本、迹二門之內涵，如下圖表所示：

---

❹　《妙法蓮華經玄義》卷 1，CBETA, T33, no. 1716, p. 681a26-b18。

蓮華之喻		迹門	本門
三部曲	1. 為蓮故華	為實施權	從本垂迹
	2. 華敷蓮現	開權顯實	開迹顯本
	3. 華落蓮成	廢權立實	廢迹立本

　　而此蓮華之譬喻，在於表達迹門權實法之關係，以及本門之迹本的關係。就迹門而言，說明佛陀為實而施權，以種種善巧方便來教化眾生，但眾生卻對此種種教法而加以執取，故以蓮華之喻，來遣蕩眾生之執，進而開方便門示真實相。乃至以蓮華之喻，來說明迹門、本門之關係，所謂：「發眾聖之權巧，顯本地之幽微。故增道損生位隣大覺，一期化導事理俱圓。蓮華之譬，意在斯矣。」❺

　　在《法華玄義》中，智者大師於解釋《法華經》經題之「妙」字，以相待妙、絕待妙來論述之，如其云：

　　二、明妙者，一通釋，二別釋。

　　通又為二：一、相待，二、絕待。

　　此經唯論二妙，更無非絕非待之文。

　　若更作者，絕何惑？顯何理？故不更論也。❻

此說明了以相待妙、絕待妙來闡述法華之妙，而於此二妙中，尤其以絕待妙來顯示法華之特色。且以迹十妙、本十妙、觀心十妙等來說明法華之妙。❼有關迹門十妙，是指：境妙、智妙、行

---

❺　《妙法蓮華經玄義》卷 1，CBETA, T33, no. 1716, p. 681b15-17。

❻　《妙法蓮華經玄義》卷 2，CBETA, T33, no. 1716, p. 696b9-12。

❼　《妙法蓮華經玄義》卷 2：「別釋妙者，為三。若鹿苑三麁，鷲頭一妙，皆

妙、位妙、三法妙、感應妙、神通妙、說法妙、眷屬妙、功德利
益妙。❽ 而此迹門十妙，無非在於表達自行因果、利他能所之內
容，即由自行至利他來貫串此十妙，以呈現迹十妙彼此間之次第
關係。至於本門十妙，是指：本因妙、本果妙、本國土妙、本感
應妙、本神通妙、本說法妙、本眷屬妙、本涅槃妙、本壽命妙、
本利益妙。❾ 本門十妙，基本上，亦不離因果關係。而不論本、
迹，其實皆是不可思議的，如《法華玄義》卷7：

> 釋本迹為六。
>
> 本者，理本即是實相一究竟道；迹者，除諸法實相，其餘
> 種種皆名為迹。
>
> 又理之與事，皆名為本；說理說事，皆名教迹也。
>
> 又理事之教，皆名為本；稟教修行名為迹。如人依處則有
> 行跡，尋跡得處也。
>
> 又行能證體，體為本；依體起用，用為迹。
>
> 又實得體用，名為本；權施體用，名為迹。
>
> 又今日所顯者，為本；先來已說者，為迹。
>
> 約此六義以明本迹也。……本迹雖殊，不思議一也。❿

迹中之說，約迹開十重論妙。此妙有迹、有本，本據元初，元初本妙十重論
妙。迹、本俱是教。依教作觀，觀復有十重論妙。迹中有眾生法妙、佛法
妙、心法妙，各十重，合三十重。此與眾經論妙有同有異。本中三十妙，與
眾經一向異。此六十重，一一復有待妙、絕妙，則有一百二十重。若破麁顯
妙，即用上相待妙。若開麁顯妙，即用上絕待妙（云云）。」（CBETA,
T33, no. 1716, p. 697b22-c1）

❽　《妙法蓮華經玄義》卷2，CBETA, T33, no. 1716, p. 697c1-4。

❾　《妙法蓮華經玄義》卷7，CBETA, T33, no. 1716, p. 765a12-15。

❿　《妙法蓮華經玄義》卷7，CBETA, T33, no. 1716, p. 764b11-24。

因此，可看出本迹之關係，是屬辯證之關係，乃就理事等六重辯證之關係來說明。以顯示依本垂迹、尋迹顯本，本迹雖殊，但皆不思議。❶

藉由天台智者對《妙法蓮華經》經題之詮釋，可得知其著眼於「妙」字，以妙來彰顯《法華經》之特色，不論迹門十妙或本門十妙，無非強調法法皆妙，法法之不可思議。

（二）《大方廣佛華嚴經》之經題

有關《大方廣佛華嚴經》之經題，主要用以表達法法、行行、位位等之遍攝無礙重重無盡，且象徵著佛果之圓滿周遍，如法藏《華嚴經探玄記》卷 1：

> 大 以包含為義。
> 方 以軌範為功。
> 廣 即體極用周。
> 佛 乃果圓覺滿。
> 華 譬開敷萬行。
> 嚴 喻飾茲本體。
> 經 即貫穿縫綴，能詮之教著焉。
> 從法就人，寄喻為目，故云：《大方廣佛華嚴經》。❷

此是以包含解釋「大」，以此為軌範則為「方」，以體極用周解釋「廣」（亦即是方廣），證此則是果圓覺滿之「佛」，此果圓覺

---

❶ 有關迹本之關係，詳參拙文〈從「開權顯實」論法華之妙〉，《中華佛學學報》14，頁 293-308。

❷ 《華嚴經探玄記》卷 1，CBETA, T35, no. 1733, p. 107b12-16。

滿之佛是由菩薩萬行之「華」，所嚴飾而成故稱之爲「嚴」，貫串
著此教義者爲能詮之「經」。此外，《華嚴經探玄記》更分別各
以十義來解釋經題，如其云：

> 具名者，[大]有十義。
> 一、境大，謂十蓮華藏及十佛三業無邊依正，爲所信境。
> 如初會等說。
> 二、心大，謂依前大境，起大心故。如〈賢首品〉及〈發
> 心品〉說。
> 三、行大，謂依大心，起大行故。如〈離世間品〉等說。
> 四、位大，謂積大行，成大位故，即五位圓通等。如第二
> 會至第六會來說。
> 五、因大，謂行位普圓，生了究竟。如〈普賢品〉等說。
> 六、果大，謂隨緣自體，果德圓明。如〈不思議品〉
> 等說。
> 七、體大，謂大用平等，皆同真性。如〈性起品〉等說。
> 八、用大，謂念念益生，頓成行位。如〈小相品〉等說。
> 九、教大，謂一一名句，皆遍一切。如下結通等說。
> 十、義大，謂所詮皆盡無邊法界，如一塵含十方，一念包
> 九世，八會等說。
> 此上十義，一一統收一切法盡，莫不稱大。❸

此是以境大、心大、行大、位大、因大、果大、體大、用大、
教大、義大等十義來解釋「大」之涵義。從其所依之境大、心
大，乃至義大，呈現修行上之次第關係。換言之，法藏以十義

---

❸　《華嚴經探玄記》卷1，CBETA, T35, no. 1733, p. 121a24-b9。

對「大」所做的詮釋，是有其彼此間之前後關係的。即因為所依之境大，所以心大；因為心大，所以行大；因為行大，所以位大；⋯⋯乃至所依之教大，所以義大。亦可簡化為境心、行位、因果、體用、教義等五對來說明之。此在在顯示華嚴之境心、行位、因果、體用、教義等，是廣大無邊周遍法界。亦即以此十義，統攝一切法，顯示法法莫不廣大無邊周遍法界重重無盡。

　　同樣地，法藏亦以十義釋「方廣」，如《華嚴經探玄記》卷1：

> 次釋 方廣 ，亦有十義。
> 一、周遍義，謂言教廣遍諸塵方故。
> 二、普說義，謂普宣說一切法故。
> 三、深說義，謂說甚深法界海故。
> 四、備攝義，謂普攝無盡眾生界故。
> 五、廣益義，謂要令眾生得佛菩提大利樂故。
> 六、蕩除義，謂遍除二障及習氣故。
> 七、具德義，謂具攝無邊諸勝德故。
> 八、超勝義，謂獨絕超餘無比類故。
> 九、含攝義，謂通攝眾多異類法故。
> 十、廣出義，謂能出生佛大果故。[14]

此即以周遍義、普說義、深說義、備攝義、廣益義、蕩除義、具德義、超勝義、含攝義、廣出義等十義來解釋「方廣」，以顯示言教周遍諸塵方，普宣說一切法，演說甚深法，普攝無盡眾生，令眾生得佛菩提大利樂，遍除眾生二障及習氣，具攝無邊諸勝

---

[14]　《華嚴經探玄記》卷1，CBETA, T35, no. 1733, p. 121b14-22。

德，獨絕超餘無比類，且此教法通攝眾多異類，能出生佛大果故。因此，由「方廣」之十義，亦顯示了華嚴之大。

　　「佛」，亦具有十義，如《華嚴經探玄記》卷 1：

> 次釋佛義，亦有十種，如無著佛等，尋文具辯。❺

此引文中，則將十義之佛加以省略，只言「如無著佛等」，詳如《華嚴經》卷 42〈離世間品〉云：

> 佛子！菩薩摩訶薩有十種見佛。何等為十？所謂：
> 無著佛，安住世間成正覺故；
> 願佛，出生故；
> 業報佛，信故；
> 持佛，隨順故；
> 涅槃佛，永度故；
> 法界佛，無處不至故；
> 心佛，安住故；
> 三昧佛，無量無著故；
> 性佛，決定故；
> 如意佛，普覆故。❻

此即是以無著佛、願佛、業報佛、持佛、涅槃佛、法界佛、心佛、三昧佛、性佛、如意佛等十佛義，來顯示菩薩所見之佛。換

---

❺　《華嚴經探玄記》卷 1，CBETA, T35, no. 1733, p. 121c1-2。
❻　《大方廣佛華嚴經》卷 42〈離世間品〉，CBETA, T09, no. 278, p. 663b18-23。

言之，此十佛是就菩薩修行所見而論，是屬行境十佛。❶而華嚴宗之十佛身，基本上，是融攝器世間、眾生世間、智正覺世間等三世間的，以此來顯示佛身之廣大周遍普容無障無礙。❶因此，亦可由「佛」之十身，顯示了華嚴之大。

有關「華嚴」之十義，如《華嚴經探玄記》卷1：

> 次釋 華嚴 。
> 問：華有幾義？復何所表以華為嚴？
> 答：華有十義，所表亦爾。
> 一、微妙義是華義，表佛行德離於麁相故説華為嚴。
> 下並准此。
> 二、開敷義，表行敷榮性開覺故。
> 三、端正義，表行圓滿德相具故。
> 四、芬馥義，表德香普熏益自他故。
> 五、適悅義，表勝德樂歡喜無厭故。
> 六、巧成義，表所修德相善巧成故。
> 七、光淨義，表斷障永盡極清淨故。

---

❶ 《華嚴經內章門等雜孔目章》卷2：「佛起布德垂化攝生，諸宗分齊不同。若依小乘，實佛報身，生在王宮，臨菩提樹成佛，攝生化用及德，皆在其中。若依三乘，法身無方充遍法性，報身成就在色究竟處，化身示現在菩提樹，化用及德皆悉不離此之三位。若一乘義，所有功德皆不離二種十佛。一、行境十佛，謂無著佛等，如〈離世間品〉說。二、解境十佛，謂第八地三世間中佛身、眾生身等，具如彼說。仍現王宮生及菩提樹其法，乃在十迴向終心。」（CBETA, T45, no. 1870, pp. 559c25-560a5）

❶ 有關佛之無礙，法藏於《華嚴經旨歸》中，以十重明之，如其云：「今顯此義，略辨十重。一、用周無礙，二、相遍無礙，三、寂用無礙，四、依起無礙，五、真應無礙，六、分圓無礙，七、因果無礙，八、依正無礙，九、潛入無礙，十、圓通無礙。」（CBETA, T45, no. 1871, p. 591a5-9）

八、莊飾義，表為了因嚴本性故。

九、引果義，表為生因起佛果故。

十、不染義，表處世不染如蓮華故。❶

此是以十義來說明「華」，如微妙義、開敷義、端正義、芬馥義、適悅義、巧成義、光淨義、莊飾義、引果義、不染義等十義，亦以此十義來詮釋「嚴」。即以微妙義來表佛行德離於麁相，故以華而嚴飾之。以開敷義，表行敷榮性開覺。以端正義，表行圓滿德相具。以芬馥義，表德香普熏益自他。以適悅義，表勝德樂歡喜無厭。以巧成義，表所修德相善巧成就。以光淨義，表斷障永盡極為清淨。以莊飾義，表以了因嚴本性。以引果義，表為生因起佛果。以不染義，表處世不染如蓮華。此即是由華之微妙、不染等，顯示華嚴之大。

有關「經」之十義，如《華嚴經探玄記》卷1：

次釋經字，亦有十義，如《寶雲經》說。餘義同上。❷

由上所述，《華嚴經探玄記》各以十義來解釋《華嚴經》之經題，此十義乃探象徵之義，以象徵華嚴無盡之「大」。此之「大」，實包含了所有一切處、時、人等，如《華嚴經探玄記》卷1：

合名者，

大　即當體為目，包含為義。

方　即就用為名，軌範為義，是方法故；性離邪僻，是方正

---

❶　《華嚴經探玄記》卷1，CBETA, T35, no. 1733, p. 121c2-12。

❷　《華嚴經探玄記》卷1，CBETA, T35, no. 1733, p. 121c12-13。

故；能治重障，是醫方故；遍虛空界，盡方隅故。

廣即體用合明，周遍為義。謂一切處、一切時、一切法、一切人，無不周遍，皆重重如帝網。

此中且就一攝一切名大，一遍一切稱廣。前廣後大，理亦不違。方即是廣，大即方廣，皆持業釋。此是所得之法。佛是能得之人，覺照為名，果滿為義。

此中，人、法、境智有相依相即。

相依者，智依境，故方廣之佛，簡下乘佛；境依智故，佛之方廣，簡因位法。此二相依，各有有力、無力緣起四句。思之，可見。皆依主釋。

相即者，謂佛即方廣，方廣即佛。人法無礙，全體相即。空有四句，亦准思之。此唯持業釋。……是知法喻交映昭然有在。餘如前釋。❷

由此可知，《大方廣佛華嚴經》經題所顯之大、方廣、佛、華嚴，彼此是相即相攝的，如「方即是廣，大即方廣」，乃至「佛即方廣，方廣即佛」。此在在顯示了人法無礙，全體相即。亦可得知，其實將「方」與「廣」分開解釋，或合併解釋「方廣」，是可相通的。以此顯示一切處、一切時、一切法、一切人，無不周遍，相即相入互遍互攝，如帝網重重無盡。換言之，佛即方廣，方廣即大，以顯示人法等之深廣無量無邊之大。

由上述對二部經典之經題的論述，可得知《法華經》以「妙」來顯示法法皆妙，法法皆不可思議，《華嚴經》以「大」來顯示法法之相即相入互遍互攝之重重無盡。

---

❷ 《華嚴經探玄記》卷 1，CBETA, T35, no. 1733, pp. 121c13-122a13。

三、就判教而論

（一）天台之判教

　　有關天台對《華嚴經》、《法華經》之判教，宜從「五味半滿相成」來切入，如此比較能貼切地了解天台對諸經所做之分判。依天台之看法，頓漸五味教著眼於對眾生之方便攝化，半滿教則顯示諸經之法義（亦即是藏、通、別、圓四教之教義），如《法華玄義》卷10：

> 三、約五味半滿相成者。若直論五味，猶同南師，但得方便；若直半滿，猶同北師，但得其實。今明五味不離半滿，半滿不離五味。五味有半滿，則有慧方便解；半滿有五味，有方便慧解。權實俱遊，如鳥二翼。雖復俱遊，行藏得所。
> 若華嚴頓滿大乘家業，但明一實，不須方便，唯滿不半，於漸成乳。
> 三藏客作，但是方便，唯半不滿，於漸成酪。
> 若方等彈訶，則半滿相對，以滿斥半，於漸成生蘇。
> 若大品領教，帶半論滿，半則通為三乘，滿則獨為菩薩，於漸成熟蘇。
> 若法華付財，廢半明滿。若無半字方便調熟鈍根，則亦無滿字開佛知見，於漸成醍醐。如來殷勤稱歎方便者，半有成滿之功，意在此也。❷

---

❷　《妙法蓮華經玄義》卷10，CBETA, T33, no. 1716, p. 809a10-24。

此引文中，一方面說明了天台之判教不同於南、北方論師的判教，顯示天台之判教是以「五味半滿相成」，兼具權實的方式來判教；另方面再將諸經典以頓漸五味來加以分判，以頓滿教來代表華嚴，法華則為廢半明滿，如下圖表所示：

諸經	譬喻（窮子喻）		半滿	漸五味
華嚴	頓滿大乘家業	但明一實 不須方便	唯滿	乳
阿含	客作	但是方便	唯半	酪
方等	彈訶	半滿相對	以滿斥半	生蘇
般若	領教	半滿相帶	帶半論滿	熟蘇
法華	付財	半滿相合	廢半明滿	醍醐

從圖表中，可看出諸經教之差別，以及諸經典本身之特色。如以華嚴為頓滿教，顯示華嚴直就大乘教義明之，所謂「但明一實，不須方便」，即其教義並不涉及半教（聲聞、緣覺），於漸教則成為乳味；法華為漸圓教，其教義則涉及半教，以廢半明滿來呈現，以顯示半滿相合，於漸教則成為醍醐味。因此，可得知此二經典之差別，在於是否涉及半教，亦即是否攝化二乘，此為天台分判華嚴、法華之關鍵所在。由於華嚴是頓滿教，所以不攝化二乘，於漸五味中，屬於乳味。法華面對二乘，採廢半明滿的方式，所以於漸五味為醍醐味。

天台以藏、通、別、圓四教，來分判佛教三藏十二部的教義，將《華嚴經》法義判屬於「圓兼別」，而判《法華經》為純圓教。之所以有此差別，在於《法華經》以「開權顯實」方式，來顯示三乘即一乘，將藏、通、別三教，一一開顯、開決為圓

教，決了聲聞法爲諸經之王。❷ 而《華嚴經》雖爲圓教，但兼有別教的色彩，且並未加以開決，所以判爲「圓兼別」，如《法華玄義》卷1：

> 初教〔案：指華嚴〕建立融、不融，小根併不聞。
>
> 次教〔案：指阿含〕建立不融，大根都不用。
>
> 次教〔案：指方等〕俱建立，以融斥不融，令小根恥不融慕於融。
>
> 次教〔案：指般若〕俱建立，令小根寄融向不融，令大根從不融向於融。……
>
> 今經〔案：指法華〕正直捨不融，但説於融，令一座席，同一道味，乃暢如來出世本懷故，建立此經名之爲妙。❷

又云：

> 結者，當知華嚴[兼]，三藏[但]，方等[對]，般若[帶]，此《經》無復兼、但、對、帶，專是正直無上之道，故稱爲妙法也。❷

---

❷ 《妙法蓮華經玄義》卷2：「三、開麁顯妙者，如《經》『我法妙難思』，前三〔案：指藏、通、別三教〕皆是佛法，豈有思議之麁，異不思議之妙。無離文字說解脫義，秪體思議即不思議。譬如長者引盆器米麵，給與窮子，成窮子物。若定天性，窮子非復客作人，盆器還家安是他物。如來於不思議，方便說麁，何得保麁異妙。今決了聲聞法，是諸經之王。即是開兩因緣，即論於妙。」（CBETA, T33, no. 1716, p. 700b22-c1）

❷ 《妙法蓮華經玄義》卷1，CBETA, T33, no. 1716, p. 682a29-b8。

❷ 《妙法蓮華經玄義》卷1，CBETA, T33, no. 1716, p. 682b8-10。

此以攝化眾生根性之融、不融,來分判諸經之不同,以顯示《華嚴經》、《法華經》之差別。天台智者認為《華嚴經》為「圓兼別」,且不能融攝小乘。《法華經》則無復「兼、但、對、帶」,且是正直捨不融,但說於融,令一座席同一道味,暢如來出世本懷故,所以判《法華經》為融,故屬純妙。

基本上,有關天台對諸經典的分判,主要基於根性融不融相、化道始終不始終相、師弟遠近不遠近相等三個角度,如《法華玄義》卷1:

> 教相為三:一、根性融不融相。二、化道始終不始終相。三、師弟遠近不遠近相。**❷⁶**

又云:

> 教者,聖人被下之言也;相者,分別同異也。云何分別?如日初出前照高山,厚殖善根感斯頓說。頓說本不為小,小雖在座如聾如瘂。良由小不堪大,亦是大隔於小。此如華嚴,約法被緣,緣得大益,名頓教相;約說次第,名從牛出乳味相。次照幽谷。……次照平地。……。復有義,日光普照,高下悉均平,土圭測影不縮不盈。若低頭、若小音、若散亂、若微善,皆成佛道。不令有人獨得滅度,皆以如來滅度而滅度之,具如今經。若約法被緣,名漸圓教;若說次第,醍醐味相。**❷⁷**

---

❷⁶ 《妙法蓮華經玄義》卷1,CBETA, T33, no. 1716, p. 683b8-9。

❷⁷ 《妙法蓮華經玄義》卷1,CBETA, T33, no. 1716, p. 683b9-c6。

由此可知天台以根性融、不融相來分判諸經，亦即以頓漸五味教來分判諸經，認為《華嚴經》直說大乘頓滿教法，如日初出前先照高山，厚植善根者則能感斯頓滿教法，頓說本不為小根器說，小根器者雖在座卻如聾如瘂。所以，華嚴約法被緣，緣得大益，名頓教相；約說次第，名從牛出乳味相。而認為法華如日光普照，高下悉均平，若低頭、若小音、若散亂、若微善，皆成佛道，若約法被緣則名漸圓教，❷若約說次第則屬醍醐味相。

　　由上述引文中，天台對《華嚴》、《法華》做了揀別，顯示此二部經典各自之特色。雖然天台判《華嚴經》為「圓兼別」，但此「兼」只是順帶、附帶而已，基本上，天台智者仍視《華嚴經》為圓頓教為主，此從其所論述別教階位而不採用《華嚴經》可得知，如《法華玄義》卷4：

　　　　若《華嚴》明四十一地，謂三十心、十地、佛地。《瓔珞》
　　　　明五十二位，《仁王》明五十一位。新《金光明經》但出
　　　　十地佛果，《勝天王般若》明十四忍，《大品》但明十地，

---

❷　基本上，天台亦視法華為圓頓教，如《妙法蓮華經玄義》卷10：「又解，般
　　若之後明華嚴海空者，即是圓頓法華教也。」（CBETA, T33, no. 1716, p.
　　808a11-12）有關法華為漸圓教之問題，湛然提出澄清，如《法華玄義釋籤》
　　卷2：「應云：良由大機已熟，眾無枝葉，致使一切佛知見開。若約法被
　　緣，名漸圓教者。此文語略，具足應云：鹿苑漸後，會漸歸圓，故云漸圓。
　　人不見之，便謂《法華》為漸圓，《華嚴》為頓圓。不知華嚴部中有別，乃
　　至般若中方便二教，皆從法華一乘開出。故云：於一佛乘分別說三。故疏
　　云：於一佛乘開出帶二帶三。今法華部無彼二三，故云無二亦無三。又上結
　　云：華嚴兼等，此經無復兼、但、對、帶。此非難見，如何固迷。又今文諸
　　義，凡一一科，皆先約四教，以約麁妙，則前三為麁，後一為妙。次約五味
　　以判麁妙，則前四味為麁，醍醐為妙。全不推求上下文意，直指一語便謂法
　　華劣於華嚴，幾許誤哉！幾許誤哉！」（CBETA, T33, no. 1717, p. 823b20-
　　c5）

《涅槃》明五行十功德。……又《十地論》、《攝大乘論》、《地持論》、《十住毘婆沙論》、《大智度論》，並釋菩薩地位，而多少出沒不同（云云）。……今判位名數，依《瓔珞》、《仁王》者。《華嚴》頓教，多明圓斷，四十一地，不出十信之名。❷

此說明了《華嚴經》之階位，雖具有別、圓二教，但嚴格而論，《華嚴經》所明大多屬於圓頓教之修法及階位，因此於十信即已圓斷一切惑，而十信之後所施設的十住、十行、十迴向、十地、佛等四十一階位，基本上，皆沒有離開十信階位。由此可知，依天台的看法，《華嚴經》雖「兼有別教」之行位，而實際上所呈現的行位，是以圓頓行位爲主。因此，天台智者在論述別教行位時，是採《瓔珞經》、《仁王經》之階位，而不採《華嚴經》。雖然天台智者判《華嚴經》爲「圓兼別」，但仍認爲《華嚴經》爲圓頓教法。此也顯示了《華嚴經》之核心，在於圓頓教法，而所謂的「兼」別教 ❸ 只是順帶、附帶而已。而《華嚴經》整個呈現的，是以圓頓教法爲主，此無怪乎天台智者於論述圓頓教法，乃至圓頓觀法時，往往引用《華嚴經》爲佐證。❸

---

❷　《妙法蓮華經玄義》卷 4，CBETA, T33, no. 1716, p. 731c3-22。

❸　如澄觀《大方廣佛華嚴經隨疏演義鈔》卷 7：「《華嚴》兼，兼別說圓；《法華》無復兼但對帶，唯說圓教。但者，唯一教；對，則具四。」（CBETA, T36, no. 1736, p. 49c14-16）《大方廣佛華嚴經隨疏演義鈔》卷 7：「《華嚴》兼者，以寄位修行，行布羅列，兼斯一分故。《法華》唯此一事實故，更無餘教。」（CBETA, T36, no. 1736, p. 49c25-26）

❸　因此，有關天台智者於論述圓教時，往往引述華嚴爲佐證，如《摩訶止觀》卷 1：「今依經更明圓頓，如了達甚深妙德賢首曰：『菩薩於生死，最初發心時；一向求菩提，堅固不可動。彼一念功德，深廣無崖際；如來分別說，窮劫不能盡。』此菩薩聞圓法，起圓信，立圓行，住圓位。以圓功德而自莊

對天台而言，不論《華嚴經》為圓頓教，或圓兼別，基本上，皆顯示了華嚴為大菩薩、大根器眾生之教法，因此無法攝受聲聞、緣覺根器者，所謂：「初教建立融不融，小根併不聞。」❸「如日初出前照高山，厚殖善根感斯頓說。……此如華嚴約法被緣，緣得大益，名頓教相。」❸「華嚴初逗圓、別之機，高山先照。」❹「華嚴頓滿大乘家業，但明一實，不須方便。唯滿不半，於漸成乳。」❸又如《法華玄義》云：

> 四、明合不合者，半滿五味既通約諸經，諸經不同，今當辨其開合。若華嚴正隔小明大，於彼初分永無聲聞，後分則有，雖復在坐如聾如瘂，非其境界。爾時尚未有半，何所論合。❸

嚴，以圓力用建立眾生。云何聞圓法？……云何圓自在莊嚴？彼經〔案：指《華嚴經》〕廣說自在相，或於此根入正受，或於彼根起出說，或於一根雙入出，或於一根不入出，餘一一根亦如是。或於此塵入正受，或於彼塵起出說，或於一塵雙入出，或於一塵不入出，餘一一塵亦如是。或於此方入正受，或於彼方起出說，或於一方雙入出，或於一方不入出。或於一物入正受，或於一物起出說，或於一物雙入出，或於一物不入出。若委說者，祇於一根一塵即入即出，即雙入出，即不入出。於正報中一一自在，於依報中亦如是。是名圓自在莊嚴，譬如日光周四天下，一方中，一方旦，一方夕，一方夜半，輪迴不同，祇是一日而四處見異。菩薩自在亦如是，云何圓建立眾生？或放一光，能令眾生得即空即假即中益，得入出雙入出不入出益。歷行住坐臥語默作作亦如是，有緣者見如目覩光。」（CBETA, T46, no. 1911, p. 2a3-b11）

❸　《妙法蓮華經玄義》卷 1，CBETA, T33, no. 1716, p. 682a29-b1。

❸　《妙法蓮華經玄義》卷 1，CBETA, T33, no. 1716, p. 683b9-14。

❹　《妙法蓮華經玄義》卷 10，CBETA, T33, no. 1716, p. 800a29-b2。

❸　《妙法蓮華經玄義》卷 10，CBETA, T33, no. 1716, p. 809a16-17。

❸　《妙法蓮華經玄義》卷 10，CBETA, T33, no. 1716, p. 809a26-b1。

此皆象徵著《華嚴經》如日初出先照高山，直就頓滿教法來教導眾生，但小根器則無法被攝受。所以從漸五味根器的修學上來說，《華嚴經》為乳味。《華嚴經》雖為乳味，但象徵的眾味之初，眾教之首，顯示佛說法以頓為先，如《法華玄義》卷 10：

> 〈方便品〉云：我始坐道場，觀樹亦經行。……我始坐道場，即是明頓。何者？從兜率下，法身眷屬，如陰雲籠月，共降母胎。胎若虛空，常說妙法。乃至寂滅道場，始成正覺，為諸菩薩純說大乘，如日初出前照高山。此明釋迦最初頓說也。
> 〈序品〉云：佛放眉間光遍照東方萬八千土，覩聖主師子演說經法，微妙第一教諸菩薩。次云：若遭苦，為說涅槃盡諸苦際。即是現在佛先頓後漸。❸

此引《法華經》之〈序品〉、〈方便品〉為佐證，證明先頓後漸之說法，以象徵著華嚴為頓教部，如日初出先照高山。而此頓教法，未必純教法身菩薩，亦有凡夫大根性者，如《法華玄義》卷 10：

> 文云：又見諸如來自然成佛道，世尊在大眾敷演深法義。次即云：一一諸佛土聲聞眾無數。即是古佛先頓後漸。……如此等初頓，未必純教法身菩薩，亦有凡夫大根性者。即有兩義，當體圓頓得悟者，即是醍醐。初心之人，雖聞大教，始入十信，最是初味。初能生後，復是於乳。何者？雖言是頓，或乘戒俱急，或戒緩乘急，如此業

---

❸ 《妙法蓮華經玄義》卷 10，CBETA, T33, no. 1716, pp. 806c28-807a12。

生，無由自致，必須應生引入七處八會。大機扣佛，譬忍辱草，圓應頓說，譬出醍醐。**❸**

又《法華玄義》卷10：

又頓教最初始入內凡，仍呼為乳。呼為乳者，意不在淡，以初故、本故。如牛新生血變為乳，純淨在身，犢子若嚙，牛即出乳。佛亦如是，始坐道場，新成正覺，無明等血轉變為明，八萬法藏十二部經，具在法身，大機犢子先感得乳。乳為眾味之初，譬頓在眾教之首，故以華嚴為乳耳。三教**❸**分別，即名頓教，亦即醍醐；五味分別，即名乳教。又約行者，大機稟頓，即破無明，得無生忍，行如醍醐。又雖稟此頓，未能悟入，始初立行，故其行如乳。若望小根性人，行又如乳。何者？大教擬小如聾如瘂，非己智分，行在凡地，全生如乳。以此義故，頓教在初，亦名醍醐，亦名為乳。其意可見也。**❹**

此在在顯示《華嚴經》於頓、漸、不定教等三種教相中，為頓教法之所在，以醍醐味、乳味、初味、根本等來象徵之。若就頓教而言，則為醍醐味；若就漸五味而言，則為乳味。而天台判華嚴為五味之乳味，是具有多層涵義的，如以乳味象徵著眾味之初、頓教為眾教之首，此象徵華嚴乃為根本教法，佛陀於菩提樹下所覺悟之法，三藏十二部由此而流出。因此，以此而稱華嚴

---

❸　《妙法蓮華經玄義》卷10，CBETA, T33, no. 1716, p. 807a13-26。

❸　三教，指頓、漸、不定教。

❹　《妙法蓮華經玄義》卷10，CBETA, T33, no. 1716, p. 807a26-b11。

為乳味。另也說明大根器眾生雖秉此頓法,但卻未能悟入,所以其行稱之為乳味。又華嚴若對聲聞、緣覺而言,如聾如啞,全生如乳。

至於法華與華嚴之差別,在於頓漸五味中,法華以漸圓教來攝受眾生,如《法華玄義》卷1:

> 復有義,日光普照高下悉均平,土圭測影不縮不盈。若低頭、若小音、若散亂、若微善,皆成佛道。不令有人獨得滅度,皆以如來滅度而滅度之,具如今經,若約法被緣,名漸圓教;若說次第,醍醐味相。**❹**

又云:

> 今法華是顯露,非祕密;是漸頓,非漸漸;是合,非不合;是醍醐,非四味;是定,非不定。如此分別此經,與眾經相異也。**❷**

又云:

> 又異者,餘教當機益物,不說如來施化之意。此經明佛設教元始,巧為眾生作頓、漸、不定顯密種子,中間以頓漸五味調伏長養而成熟之,又以頓漸五味而度脫之。並脫並熟並種,番番不息,大勢威猛三世益物,具如〈信解品〉

---

❹ 《妙法蓮華經玄義》卷1,CBETA, T33, no. 1716, p. 683c1-6。
❷ 《妙法蓮華經玄義》卷1,CBETA, T33, no. 1716, p. 684a7-9。

　　中説，與餘經異也。**㊸**

諸如此類，在在顯示法華與諸經之不同，若就漸五味而言，法
華爲漸圓教、漸頓教，屬醍醐味，以種種方便善巧攝化眾生，
如「此經明佛設教元始，巧爲眾生作頓、漸、不定顯密種子，中
間以頓漸五味調伏長養而成熟之，又以頓漸五味而度脱之。並
脱並熟並種，番番不息」。且認爲法華乃直顯圓理，如《法華玄
義》卷2：

　　　何者？利根菩薩於彼入妙，與法華不異。鈍根菩薩及二乘
　　　人，猶帶方便諸味調伏。方等帶生蘇論妙以待麁，般若
　　　帶熟蘇論妙以待麁。今經無二味方便，純真醍醐。論妙以
　　　待麁，此妙彼妙，妙義無殊，但以帶方便、不帶方便為異
　　　耳。復次，三藏但半字生滅門，不能通滿理，故名為麁。
　　　滿字是不生不滅門，能通滿理，故名妙。能通滿理，復有
　　　二種：一、帶方便通滿理，二、直顯滿理。方等、般若帶
　　　方便通滿理，今經直顯滿理。故《中論》云：為鈍根弟子
　　　説因緣生滅相，為利根弟子説因緣不生不滅相（云云）。**㊹**

此說明法華不帶方便，直顯圓滿教理，所謂「今經無二味方便，
純眞醍醐。」、「今經直顯滿理」，以顯示法華與諸經之不同。且
認爲法華是圓頓教，如《法華玄義》卷10：

　　　今依《法性論》云：鈍根菩薩三處入法界，初則般若，次

㊸　《妙法蓮華經玄義》卷1，CBETA, T33, no. 1716, p. 684a9-15。
㊹　《妙法蓮華經玄義》卷2，CBETA, T33, no. 1716, p. 696b28-c11。

則法華，後則涅槃。因般若入法界，即是華嚴海空。又華
嚴時節長，昔小機未入，如聾如瘂，今聞般若，即能得入
即，其義焉。……又解，般若之後明華嚴海空者，即是圓
頓法華教也。何者？初成道時，純說圓頓。為不解者大機
未濃，以三藏、方等、般若淘汰淳熟，根利障除，堪聞圓
頓，即說法華開佛知見，得入法界，與華嚴齊。**㊺**

而此法華之圓頓，與華嚴是相通的，此說明漸次根機入法界之
情形，有三種：第一種是藉由頓漸五味之修習，至般若之淘汰，
其根機已熟聞般若而入法界。第二種是藉由頓漸五味之修習，
修至法華時，則直接開示悟入佛知見，得入法界。如《法華玄
義》卷10：

若至法華，覺悟化城，云非真實。汝等所行是菩薩道，即
是合法；汝實我子，即是合人。人法俱合，自鹿苑開權，
歷諸經教，來至法華，始得合實。**㊻**

第三種則是於涅槃時，得入法界。而不論般若時、法華
時、涅槃時，其所入法界，是與華嚴等齊的。由此可知，華嚴
圓頓教為根本教法，漸次鈍根眾生藉由漸五味之修習，於法華
時，匯入華嚴法界，如《法華玄義》卷10：

問：菩薩因法華入法界，與華嚴合。不見因華嚴入一乘與
法華合？

㊺　《妙法蓮華經玄義》卷 10，CBETA, T33, no. 1716, p. 808a2-16。

㊻　《妙法蓮華經玄義》卷 10，CBETA, T33, no. 1716, p. 809b11-14。

答：華嚴入法界，即是入一乘（云云）。❹

另外，也顯示了華嚴通於後時，而不拘於二七日說，此可從天台以通別五時來判教可知，如《法華玄義》卷10：

> 五、料簡者，為三意：一、約通別。二、益不益。三、約諸教通別者。夫五味半滿，論別，別有齊限；論通，通於初後。若華嚴頓乳，別但在初，通則至後。故《無量義》云：次說般若歷劫修行，華嚴海空，法華會入佛慧，即是通至二經。❹

此顯示華嚴爲根本教，其教義是通於法華、般若的。所不同者，華嚴以頓滿教來呈現一乘教義，法華則以廢半明滿來顯一乘圓教，如《法華玄義》卷10：

> 若華嚴頓滿大乘家業，但明一實，不須方便，唯滿不半，於漸成乳。……
> 若法華付財，廢半明滿。若無半字方便調熟鈍根，則亦無滿字開佛知見，於漸成醍醐。如來殷勤稱歎方便者，半有成滿之功。意在此也。❹

又云：

---

❹　《妙法蓮華經玄義》卷10，CBETA, T33, no. 1716, p. 809b27-c1。

❹　《妙法蓮華經玄義》卷10，CBETA, T33, no. 1716, p. 809c1-6。

❹　《妙法蓮華經玄義》卷10，CBETA, T33, no. 1716, p. 809a16-24。

> 若約二法論開合者，約半滿兩教。初明華嚴之滿，若眾
> 生無機，次約滿開半，次方等對半明滿，次般若帶半明
> 滿，次法華捨半明滿。始則從滿開半，終則廢半歸滿（云
> 云）。❺⓪

此亦說明了華嚴、法華皆爲滿教，而於漸五味所擔綱角色是不
同的，華嚴爲頓滿教，於說法之初顯滿；法華捨半明滿，於漸五
味之終顯滿，顯示了此二經有異曲同工之妙。

有關天台對諸經之分判，基本上，是涉及了對眾生攝化之
融不融問題。換言之，即是半教與滿教融不融問題，此可就四句
來表達，如《法華玄義》卷 10：

> 總就諸教，通作四句。華嚴、三藏非合非不合，方等、般
> 若一向不合，法華一向合，涅槃亦合亦不合。何者？涅槃
> 為末代更開諸權，引後代鈍根，故言亦不合。❺①

此四句，如下圖表所示：

諸經	四句
華嚴	非合非不合
三藏	
方等	不合
般若	
法華	合
涅槃	亦合亦不合

---

❺⓪　《妙法蓮華經玄義》卷 10，CBETA, T33, no. 1716, p. 811a1-5。

❺①　《妙法蓮華經玄義》卷 10，CBETA, T33, no. 1716, p. 809b24-27。

　　由此可看出，天台之判教，著眼於對眾生的攝化上，以此來判法華爲圓爲妙。其它諸經則存在著帶有方便之問題，而未加開顯，此如方等、般若。至於華嚴則爲頓滿教，於教義上爲「圓兼別」，故無法攝二乘。**❺**

　　因此，對天台而言，華嚴雖爲頓滿教（圓頓教）兼有別教之方便，並未加以開顯之，而法華則是不帶方便，直顯圓滿教理。所以，判法華爲純妙、純圓。

（二）華嚴之判教

　　華嚴宗對諸經典所做的分判，主要針對一乘、三乘之差別來入手，**❺**且以本、末教來加以區分之。**❺**以《華嚴經》爲別教一乘（究竟一乘），用以顯示一乘之不共三乘，於《華嚴經》以外的諸經則爲三乘教，而《法華經》所擔綱之角色，乃引三乘入一乘，稱之爲同教一乘（方便一乘）。因此，可看出《華嚴經》、

---

❺ 《妙法蓮華經玄義》卷 10：「三、約行人心者，脫〔案：說〕華嚴時，凡夫見思不轉，故言如乳。說三藏時，斷見思惑，故言如酪。至方等時，被挫耻伏，不言眞極，故如生蘇。至般若時，領教識法，如熟蘇。至法華時，破無明，開佛知見，受記作佛，心已清淨，故言如醍醐。行人心生，教亦未轉；行人心熟，教亦隨熟。」（CBETA, T33, no. 1716, p. 810b3-9）

❺ 此從智儼《華嚴經內章門等雜孔目章》、《華嚴經五十要問答》、《華嚴一乘十玄門》……，及法藏《華嚴一乘教義分齊章》等可得知，主要皆以一乘、三乘來做切入點。

❺ 《華嚴一乘教義分齊章》卷 1：「初約教者，然此五教相攝融通，有其五義：一、或總爲一，謂本末鎔融唯一大善巧法。二、或開爲二，（一）本教，謂別教一乘爲諸教本故；（二）末教，謂小乘、三乘，從彼所流故。又名究竟及方便，以三乘、小乘望一乘悉爲方便故。」（CBETA, T45, no. 1866, p. 482a13-18）《華嚴一乘教義分齊章》卷 1：「第六、教起前後者，於中有二：初、明稱法本教；二、明逐機末教。」（CBETA, T45, no. 1866, p. 482 b18-19）

《法華經》皆屬一乘圓教，但所擔綱之角色卻不同，《華嚴經》著眼於直顯一乘教義，《法華經》則著重於引三乘入一乘。如智儼《華嚴五十要問答》卷1：

> 《華嚴》一部是一乘不共教，餘經是共教一乘，三乘、小乘共依故。又《華嚴》是主，餘經是眷屬。以此準之，諸部教相義亦可解。如《法華經》宗義是一乘經也，三乘在三界內，成其行故；一乘三界外，與三界為見聞故。餘義準可知。❺

此以《華嚴經》為不共教之一乘，而《法華經》屬引三乘入一乘，為方便一乘。藉由《法華經》之「三車、一車」（羊車、鹿車、牛車、大白牛車）來說明三乘、一乘之差別。又如《華嚴經內章門等雜孔目章》卷1：

> 又一乘義者，分別有二：一者正乘，二者方便乘。
> 正乘，如《華嚴經》說，亦如前分別。
> 方便乘者，分別有十：一、對三寶分別，佛寶是一乘法，僧是三乘。何以故？佛同無盡故，法、僧則不定。……七、對一乘三乘小乘分別，一乘是一乘，三乘等是三乘。何以故？一乘則無盡故，三乘等則不定。八、對大乘中乘小乘分別，大乘即是一乘。何以故？大乘尊上，即無盡故，中乘小乘，義則不定，如《經》會三歸一故。九、對世間出世間出出世間分別，出出世間，則是一乘，餘則三乘。何以故？出出世間勝，同無盡故，餘二則不定。

如《法華經》界外露地別索車者，即是其事。十、對譬喻
分別，如王髻中明珠及大王等，即是一乘，寶珠繫汝衣裏
及窮子等，即是三乘。何以故？髻珠王祕甚深故，餘則不
定。此依《法華經》說。

上來所辨，於眷屬經中，欲顯圓通無盡法藏一乘教義故，
於方便之處，示一乘名，令進入者易得解故，作如是說。
若橫依方便進趣法門，即有二義通說一乘，一、由依究
竟一乘教成。何以故？從一乘流故，又為一乘教所目故。
二、與彼究竟圓一乘為方便，故說一乘，非即圓通自在義
也。餘義準可知。❺❻

　　此以正乘、方便一乘，來分判華嚴、法華之差別。且以十種來
說明何謂方便一乘，即是於方便之處來顯一乘，由此方便之處
而漸引入一乘中。所謂：「於眷屬經中，欲顯圓通無盡法藏一乘
教義故，於方便之處，示一乘名，令進入者易得解故，作如是
說。」換言之，所謂方便一乘，可以有多種之呈現方式，此中所
舉十種，也只是略舉而已。可從三寶分別來說明，以佛寶為一
乘，以法、僧是三乘。因為顯佛之無盡，乃至亦可從一乘、三
乘、小乘之分別來說明，以一乘為無盡。若從大乘、中乘、小乘
來分別，則大乘即是一乘，因為以大乘尊上，為無盡故。若就世
間、出世間、出出世間分別，則以出出世間為一乘，因出出世間
為無盡故。諸如此類，不勝枚舉，顯示了方便一乘有諸多種。❺❼

　　至於為何施設方便一乘？為何於三乘中說一乘？此不外乎
針對眾生之根機不定、無我真如平等之故，智儼以八意來說明

之，如《華嚴五十要問答》卷 2：

> 問：一乘語字，幾意故說？
> 答：有八意說。
>
> 　　一、為不定機性聲聞，通因及果，故說一乘。
>
> 　　二、為欲定彼不定性菩薩，令不入小乘，故說一乘。
>
> 　　三、據其法，真如是一。諸乘皆依真如，以體攝相，
> 　　　　故說一乘。
>
> 　　四、據無我等，無人我理既是通法。大小乘共據無我
> 　　　　理通，故說一乘。
>
> 　　五、據解脫等，大小諸乘脫煩惱障。據脫障通，故說
> 　　　　一乘。
>
> 　　六、據性不同，聲聞身中，先修菩薩種性，後入聲
> 　　　　聞。約性二處是通，故說一乘。
>
> 　　七、據得二意，此有兩二意。……
>
> 　　八、據為化意，佛為聲聞，作聲聞佛。所以同彼聲聞
> 　　　　者，欲令彼修聲聞行。故現同小佛，欲攝末歸
> 　　　　本，導我此身即是一乘。據能緣化心，故說一乘。
> 　　約此八意，括聲聞乘本來是一。唯聲聞人不了自法，
> 　　謂言有別意，愚住聲聞行，從彼愚故諸佛所訶。今一
> 　　乘所救者，據此病別也。此文義在《攝論》也。❺❽

此八意，是依據《攝大乘論》（詳參附錄）。另外，智儼又以共
教、不共教來區分一乘，以不共教一乘代表華嚴，以共教一乘
說明小乘、三乘所說的一乘，如《華嚴五十要問答》卷 1：

---

❺❽　《華嚴五十要問答》卷 2，CBETA, T45, no. 1869, p. 536a25-b22。

問：一乘教義分齊云何？

答：一乘教有二種：一、共教，二、不共教。圓教一乘所
明諸義，文文句句皆具一切，此是不共教，廣如《華嚴
經》説。二、共教者，即小乘、三乘教，名字雖同，意皆
別異，如諸大乘經中廣説。……可類準知。❺⑨

因此，可知以不共教一乘顯示華嚴教義文文句句皆具足一切。
而諸小乘、大乘經中，亦有所謂的一乘，而此只是名同一乘，而
義卻有所別。有關智儼所説之一乘，整理如下圖表：

《華嚴經》	諸經
正乘	方便乘
究竟一乘教	
不共教一乘	共教一乘
主伴經	眷屬經

　　至於法藏對《華嚴經》、《法華經》之不共教一乘、共教一
乘（究竟一乘教、方便乘）的看法，基本上依循著智儼來分判
《華嚴經》、《法華經》。法藏於《華嚴一乘教義分齊章》以別教
一乘、同教一乘來區分一乘，如其云：「初、明建立一乘者，然
此一乘教義分齊，開爲二門：一、別教。二、同教。」❻⓪而所
謂的別教一乘，主要在於彰顯華嚴一乘之不共三乘，❻①且以稱

---

❺⑨　《華嚴五十要問答》卷 1，CBETA, T45, no. 1869, p. 522b1-11。

❻⓪　《華嚴一乘教義分齊章》卷 1，CBETA, T45, no. 1866, p. 477a13-14。

❻①　有關三乘、一乘之不同，法藏以十點來說明，如《華嚴一乘教義分齊章》卷
1：「然此一乘三乘差別，諸聖教中，略有十說。一、權實差別，以三中牛
車亦同羊鹿，權引諸子務令得出。是故臨門三車，俱是開方便門；四衢道

法本教、逐機末教,來分判一乘、三乘之差別,❷如《華嚴一乘教義分齊章》卷1:

> 六、教起前後者,於中有二:初、明稱法本教,二、明逐機末教。
>
> 初者,謂別教一乘,即佛初成道第二七日,在菩提樹下,猶如日出先照高山,於海印定中,同時演説十十法門,主伴具足圓通自在,該於九世十世,盡因陀羅微細境界。即於此時一切因果、理事等一切前後法門,乃至末代流通舍利、見聞等事,並同時顯現。何以故?卷舒自在故。舒則該於九世,卷則在於一時。此卷即舒,舒又即卷。何以故?同一緣起故,無二相故。經本云:於一塵中,建立三世一切佛事等。又云:於一念中,即八相成道,乃至涅槃流通舍利等,廣如經説。是故依此普聞一切佛法並於第二七日,一時前後説,前後一時説。如世間印法,讀文則句義前後,印之則同時顯現。同時前後,理不相違。當知此中道理亦爾。準以思之。❸

中,別授大白牛車,方爲示眞實相。……十、本末開合差別。如《大乘同性經》云:『所有聲聞法、辟支佛法、菩薩法諸佛法,如是一切諸法,皆悉流入毘盧遮那智藏大海。』此文約本末分異,仍會末歸本,明一乘三乘差別顯耳。」(CBETA, T45, no. 1866, pp. 478b16-477a27)

❷ 《華嚴一乘教義分齊章》卷1:「初約教者,然此五教相攝融,通有其五義:一、或總爲一,謂本末鎔融唯一大善巧法;二、或開爲二,(一)本教,謂別教一乘爲諸教本故。(二)末教,謂小乘、三乘,從彼所流故。又名究竟及方便,以三乘、小乘望一乘悉爲方便故。」(CBETA, T45, no. 1866, p. 482a13-18)

❸ 《華嚴一乘教義分齊章》卷1,CBETA, T45, no. 1866, p. 482b18-c5。

此以稱法本教，來代表華嚴別教一乘，而其特色在於十十法門主伴具足圓通自在，該於九世十世盡因陀羅微細境界，於此時一切因果理事等一切前後法門，乃至後代流通舍利、見聞等事，並同時顯現。

　　而所謂的同教一乘，亦可指三乘中之一乘，未必專指法華。法藏以七種角度來詮釋同教一乘得知，如《華嚴一乘教義分齊章》卷1：

> 二、同教者，於中二。初分諸乘，後融本末。初中，有六重：一、明一乘，於中有七：
>
> 初、約法相交參以明一乘，謂如三乘中，亦有說因陀羅網及微細等事而主伴不具。或亦說華藏世界，而不說十等。或一乘中亦有三乘法相等，謂如十眼中亦有五眼，十通中亦有六通等，而義理皆別。此則一乘垂於三乘，三乘參于一乘。是則兩宗交接連綴引攝成根欲性，令入別教一乘故也。
>
> 二、約攝方便。謂彼三乘等法，總為一乘方便故，皆名一乘。所以《經》云：諸有所作皆為一大事故等也。
>
> 三、約所流辨。謂三乘等，悉從一乘流故。故《經》云：汝等所行是菩薩道等。又《經》云：毘尼者即大乘也。
>
> 四、約殊勝門。即以三中大乘為一乘，以望別教，雖權實有異，同是菩薩所乘故。故《經》云：唯此一事實，餘二則非真。又云：止息故說二等。此文有二意：一、若望上別教，餘二者則大小二乘也。以聲聞等利鈍雖殊同期小果故，開一異三故。若望同教，即聲聞等為二也。又融大同一故。
>
> 五、約教事深細。如《經》云：我常在靈山等。

六、約八義意趣。依《攝論》。如《問答》中辨。

七、約十義方便。如《孔目》中説。

依上諸義，即三乘等並名一乘，皆隨本宗定故，主伴不具
故，是同非別也。❻

此說明了三乘與一乘法相交參之情形，雖然三乘中有一乘，但與
華嚴別教一乘畢竟是不同的，此在於三乘中雖說因陀羅網及微
細等事而主伴不具足，或雖說華藏世界而不說十等。而爲何於
三乘中安置一乘？目的在於引入別教一乘。另亦可從約攝方便、
約所流辨、約殊勝門、約教事深細、約八義意趣、約十義方便
等來說明同教一乘與三乘之關係。

對《法華經》之分判，主要以同教一乘視之，此所謂的同
教一乘，是指以三乘爲方便，而引之入一乘，如《華嚴一乘教義
分齊章》卷1：

第二、教義攝益者。此門有二：先辨教義分齊，後明攝益
分齊。初中又二：先 示相 ，後開合。初中，有三義。

一者、如露地牛車自有教義，謂十十無盡主伴具足，如
《華嚴》説，此當別教一乘。二者、如臨門三車自有教
義，謂界內示爲教，得出爲義。仍教義即無分，此當三乘
教，如餘經及《瑜伽》等説。三者、以臨門三車爲開方便
教，界外別授大白牛車，方爲示真實義。此當同教一乘，
如《法華經》説。❻

---

❻　《華嚴一乘教義分齊章》卷1，CBETA, T45, no. 1866, pp. 478c11-479a12。

❻　《華嚴一乘教義分齊章》卷1，CBETA, T45, no. 1866, p. 480a5-14。

　　此則引《法華經》之「三車、一車」來說明三乘、別教一乘、同教一乘之區別。而對此別教一乘、同教一乘、三乘之區別，《華嚴一乘教義分齊章》進一步說明彼此開合之關係，如其云：

> 二、開合者，有二。先別，後總。
> 別中，一乘三乘各有三句。
> 三乘三句者，
> 或具教義，約三乘自宗説。
> 或唯教非義，約同教一乘説。
> 或俱非教義，約別教一乘説。為彼所目故也。
> 一乘三句者，
> 或具教義，約自別教説。
> 或唯義非教，約同教説。
> 或俱非教義，唯約三乘教説，隱彼無盡教義故。
> 後總者，
> 或教義俱教，以三乘望一乘故。
> 或教義俱義，以一乘望三乘故。
> 或具此三句，約同教説。
> 或皆具教義，各隨自宗差別説矣。❻❻

　　此對別教一乘、同教一乘、三乘之差別做了區分，且進一步指出此三者所扮演角色之不同。從各自不同的立場來看教義，如以同教一乘立場來看別教一乘，則唯有義而無教，此似符合了天台對《華嚴經》之分判爲「圓兼別」，而大不攝小，故於小根器不

---

❻❻　《華嚴一乘教義分齊章》卷 1，CBETA, T45, no. 1866, p. 480a14-23。

融。若以同教一乘來看三乘,則唯教而非義。若以三乘看別教一乘,則非教非義。如以三乘來看同教一乘,則唯義而非教。若以別教一乘來看三乘,則非教非義。如下圖表所示:

立場	三乘三句	一乘三句
自宗說	具教義	具教義
同教一乘說	唯教非義	唯義非教
彼此相望	俱非教義,約別教一乘說。為彼所目故也。	俱非教義,唯約三乘教說。隱彼無盡教義故。

而此別教一乘、同教一乘、三乘之施設,在於攝化不同根機,如三乘以攝界內機為主,同教一乘則先以三乘引之而後入一乘,別教一乘則直以一乘引之,如《華嚴一乘教義分齊章》卷1:

> 二、明攝益分齊者。於中有三:
> 一、或唯攝界內機令得出世益,即以為究竟。此約三乘當宗說,亦如《瑜伽》等辨。
> 二、或攝界外機,令得出出世益方為究竟。此有二種:
> 若先以三乘令其得出,後乃方便得一乘者,此即一乘三乘和合說,故屬同教攝,亦名迴三入一教,此如《法華經》說。
> 若先於一乘已成解行,後於出世身上證彼法者,即屬別教一乘攝,此如〈小相品〉說。
> 三、或通攝二機令得二益。此亦有二:
> 若先以三乘引出,後令得一乘。亦是三一和合,攝機成二益,故屬同教,此如《法華經》說。若界內見聞,出世得法,出出世證成,或界內通見聞解行,出世唯解行,出出

世唯證入，此等屬別教一乘，此如《華嚴》説。**❻**

因此，若是以攝化界外根機而言，法華先以三乘爲方便，而漸引入一乘，屬於「迴三入一」之同教一乘。而華嚴直以一乘教導之，屬別教一乘。若就通攝界內、界外根機而言，法華同教一乘仍先以三乘來攝界內機，而後以一乘引之，所以是三乘、一乘合論，來攝化界內、界外眾生。法藏對法華此看法，也合乎了天台分判法華於半滿教相合之説。至於別教一乘，於界內、界外，皆以一乘而引之，所不同者，在於見聞、解行、證入而做區分罷了。有關法華、華嚴，雖有同教一乘、別教一乘之差別，但基本上皆以得出出世間之一乘爲主，所不同者，在於對三乘眾生之攝化上。

因此，法藏以有無二乘之對象，來說明華嚴別教一乘、法華同教一乘之不同，如《華嚴經探玄記》卷1：

> 一乘二者：
> 一、破異明一，如《法華經》破二實滅，及《涅槃經》破無佛性，俱是對權會破，方說一乘。
> 二、直體顯一，如《華嚴經》，不對二乘，無所破故，為大菩薩直示法界成佛儀故。是故初說華嚴無權可會，終說涅槃會前諸權。是即非盡權無以顯實，是俱名一乘。**❼**

《華嚴經》因爲無二乘對象，而無權法可破，亦無權法可會，故以直顯方式來顯示一乘，所謂「直體顯一」。而《法華經》則須

---

❻　《華嚴一乘教義分齊章》卷1，CBETA, T45, no. 1866, p. 480a23-b9。

❼　《華嚴經探玄記》卷1，CBETA, T35, no. 1733, p. 114b20-26。

面對二乘問題，故以遮破方式來顯一乘，所謂「破異明一」。又如《華嚴經探玄記》卷1：

> 一乘三者：
> 一、存三之一，如《深密》等說。
> 二、遮三之一，如《法華》等。
> 三、表體之一，如《華嚴》等。❻

此在在說明了《法華經》以三乘爲方便，一乘爲究竟，屬「遮三之一」。而《華嚴經》是直就一乘而論一乘，屬「表體之一」。

除了以別教一乘、同教一乘區分一乘之外，法藏亦就絕想一乘、佛性一乘、密意一乘等來明之，❼甚至可就四句明一乘、三乘，如《華嚴經探玄記》卷1：

> 是故通說，有其四句：
> 一、或唯三無一，如《俱舍》等。
> 二、或唯一無三，如《華嚴》等。
> 三、或亦一亦三，此有二位，
> 　　初、三實一權，如《深密》等。
> 　　後、一實三權，如《法華》等。
> 四、或非一非三，約理絕言故……。

---

❻　《華嚴經探玄記》卷1，CBETA, T35, no. 1733, p. 114c6-8。

❼　《華嚴一乘教義分齊章》卷1：「一乘隨教有五：一、別教一乘，云云。二、同教一乘，云云。三、絕想一乘，如《楞伽》，此頓教。四、約佛性平等爲一乘等，此終教，云云。五、密義意一乘，如八意等，此約始教，云云。」（CBETA, T45, no. 1866, p. 482a22-26）

是故一乘三乘有存有泯，諸說不同。或聞唯破二乘，即謂唯約不定種性。或聞無二亦無三，即謂大乘實教亦破。或聞不破大乘，即謂大乘權教亦存。今釋有二位，一約事破二乘實滅。❼

又如《華嚴經探玄記》卷 1：

是故通論，總有五位：
一、根本一乘教。此如《華嚴》說。
二、密意小乘教。
三、密意大乘教。
四、顯了三乘教。上三如《深密經》說。
五、破異一乘教。如《法華》、《涅槃》等說。
此上四門既圓通無礙，是即前後即無前後，無前後即前後，皆無障礙。思准之耳。❼

依法藏之看法，始、終、頓、圓教皆可視爲一乘，只是角度不同而已，而圓教又分爲別教一乘、同教一乘，如下圖表所述：

---

❼　《華嚴經探玄記》卷 1，CBETA, T35, no. 1733, p. 114c8-19。又如《華嚴一乘教義分齊章》卷 1：「由此鎔融有其四句：一、或唯一乘，謂如別教。二、或唯三乘，如三乘等教，以不知一故。三、或亦一亦三，如同教。四、或非一非三，如上果海。此四義中，隨於一門皆全收法體。是故諸乘或存或壞，而不相礙也。」（CBETA, T45, no. 1866, pp. 479c27-480a2）
❼　《華嚴經探玄記》卷 1，CBETA, T35, no. 1733, p. 115b27-c3。

五教	一乘	諸經論
圓教	別教一乘（根本一乘、直顯一乘）	《華嚴》
	同教一乘（破異一乘、破三顯一、引三入一、 迴三入一、遮三之一）	《法華》
頓教	絕想一乘	《楞伽》
終教	佛性平等為一乘	《勝鬘》 《起信論》
始教	密意一乘	《攝論》

　　對華嚴宗而言，判華嚴、法華皆為圓教一乘，所不同者，是以別教一乘、同教一乘來區分之。而不論別教一乘、同教一乘，其教義皆涉及了「一即一切，一切即一」之思想內涵，所不同者，在於是否主伴具足重重無盡。

　　為何判華嚴為別教一乘？此主要在於顯示華嚴一乘別於三乘，在於凸顯華嚴一乘教法與三乘之不同。[73]

　　為何判法華為同教一乘？主要在於說明法華同教一乘，是引三乘入一乘。說明一乘、三乘法相彼此交參，如一乘垂於三乘，三乘參於一乘，雖也論及了「一即一切，一切即一」、因陀羅網等觀念，但基本上未具足主伴之關係，如所謂「即三乘等並名一乘，皆隨本宗定故，主伴不具故，是同非別也」。所以，以同教一乘來明之。此同教一乘之施設，依法藏之看法，在於「兩宗交接連綴引攝成根欲性，令入別教一乘故也」。其它亦可就約攝方

---

[73]　如法藏藉由法華大白牛車與三車來明之，如《華嚴一乘教義分齊章》卷1：「分相門者，此則別教一乘別於三乘，如《法華》中，宅內所指門外三車誘引諸子令得出者，是三乘教也；界外露地所授牛車，是一乘教也。」（CBETA, T45, no. 1866, p. 477a20-23）

便、約所流辨、約殊勝門、約教事深細等來說明同教一乘與三乘之關係。即視三乘爲一乘之方便，或認爲三乘從一乘所流出，或直就大乘爲一乘，或以法華靈山事法之深細來顯示一乘。

諸如此類，皆說明了同教一乘與別教一乘之差別。此亦可就德量之差別來說明之，❹若就三乘、一乘之德量來說，三乘之牛車不具諸德量；同教一乘之大白牛車雖具諸德，但未具有主伴互攝，故未達重重無盡之德量；別教一乘因主伴具足，故形成互遍互攝重重無盡之德量，且《華嚴經》對此廣明之。

在清・續法《賢首五教儀》中，則以直顯教來說明華嚴別教一乘，如《賢首五教儀》卷1：「此一時中，爲圓頓大根眾生轉無上根本法輪，名爲直顯教，令彼同教一乘人等轉同成別，所謂初善或日初分時入也。」❺又云：「譬如日輪出時名晝，沒時名夜。菩薩智輪亦復如是，教化眾生言其止住前劫後劫，華嚴直顯教中開發眾生宿世善根。」❻甚至以「直顯、開顯」、「流出、會歸」等來區分華嚴與法華之不同，如《賢首五教儀》卷4：

---

❹　《華嚴一乘教義分齊章》卷1：「四、德量差別，謂宅內指外，但云牛車不言餘德。而露地所授七寶大車，謂寶網、寶鈴等無量眾寶而莊嚴等。此即體具德也。又彼但云牛不言餘相，此云白牛肥壯多力其疾如風等。用殊勝也。又云：多諸儐從而侍衛等。行眷屬也。此等異相並約同教一乘。以明異耳。又彼三中牛車唯一，以彼宗明一相方便無主伴故。此則不爾，主伴具足攝德無量。是故《經》云：我有如是七寶大車，其數無量。無量寶車非適一也，此顯一乘無盡教義。此義廣說，如《華嚴》中。此約別教一乘以明異耳。」（CBETA, T45, no. 1866, p. 477c4-16）

❺　《賢首五教儀》卷1，CBETA, X58, no. 1024, p. 631c6-8 // Z 2:9, p. 4d6-8 // R104, p. 8b6-8。

❻　《賢首五教儀》卷1，CBETA, X58, no. 1024, p. 636a13-15 // Z 2:9, p. 9a1-3 // R104, p. 17a1-3。

八、料揀性宗一乘同教與一乘別教濫，亦五差異：

一、開顯直顯異，同教開顯，開前三乘之權，顯今一乘之實，法華云：開方便門，示真實相……。別教直顯，直顯一乘根本實義，無有昔權可對說故，《華嚴》云：此法門名為演說如來根本實性不思議究竟法。此法門唯為趣向大乘菩薩說，唯為乘不思議乘菩薩說，如日初出先照須彌山等諸大山王，是則合共為同，不共名別也。

二、會歸流出異，同教是會歸，謂三乘咸會一乘，九界同歸佛界。《法華》云：本聲聞人在虛空中說聲聞行，今皆修行大乘空義……。

三、廢立普容異……。

四、圓融無盡異……。

五、性具性起異……。❼

此說明法華同教一乘在於開顯，開三乘之權，顯一乘之實，以廢立、圓融、性具來顯之。而華嚴別教一乘則是直顯一乘根本法義，無有昔權可對說❽，所呈現為普容、無盡、性起之法界。

---

❼ 《賢首五教儀》卷4，CBETA, X58, no. 1024, pp. 663c1-664c15 // Z 2:9, pp. 35c11-36d7 // R104, pp. 70a11-72b7。

❽ 《賢首五教儀開蒙》卷1：「別三時者，第一日出先照時，為圓頓大根眾生轉無上根本法輪，名為直顯教。令彼同教一乘人等，轉同成別，所謂或日初分時入，初善是也。故《華嚴》云：譬如日出，先照須彌山等諸大高山。如來亦復如是，成就無邊法界智輪，常放無礙智慧光明，先照菩薩諸大山王。《法華·方便品》云：我始坐道場，時即自思惟：若但讚佛乘，眾生沒在苦，不能信是法，破法不信故。〈信解品〉云：爾時長者，處師子座，眷屬圍繞，諸人侍衛，出內財產，注記券疏，窮子見父，馳走而去，即勅使者，追捉將來，窮子驚喚，迷悶躃地。其經即是《華嚴》、《梵網》等也。」（CBETA, X58, no. 1025, p. 689a12-21 // Z 2:9, p. 60b6-15 // R104, p. 119b6-15）

　　若從天台頓漸五味的判教上來看，在在顯示《華嚴經》為頓滿教之特質，以象徵著乳味為眾味之初，頓教為眾教之首，此頓教即是醍醐味，若對漸根器眾生而言，於此法門未能轉其根性，故全生如乳。而《法華經》所扮演之角色，有二：會三歸一、開三顯一。所謂會三歸一，是視三乘為方便，一乘為究竟，引三乘入一乘。所謂開三顯一，是以開權顯實，開顯三乘即一乘。對天台而言，著眼於「開權顯實」，來顯示三乘即一乘，以此彰顯《法華經》之特色，而不同於往昔以三乘為一乘之方便來詮釋《法華經》。

　　至於華嚴宗，則以別教一乘、同教一乘，來分判《華嚴經》、《法華經》。此用意在於彰顯《華嚴經》別教一乘之特質，不共於三乘。而視《法華經》為同教一乘，則用以說明《法華經》之一乘，乃與三乘之所共，並未具足主伴重重無盡。

　　有關天台、華嚴宗，對《華嚴經》、《法華經》之分判，如下圖表所示：

天台宗對《華嚴經》、《法華經》之分判

天台之分判	經典	《華嚴經》	《法華經》		
三種教相	頓	頓滿教 （頓在眾教之首）	漸圓教 （頓漸五味，堪聞圓頓即說法華）	非頓 非漸	廢半 明滿
	漸				
	不定				
化法四教		圓兼別	圓	妙（絕待妙）	
二乘		不融	融		
		非合非不合 （不涉二乘）	合		
權實		實兼權	蓮華三部曲	為實施權——為蓮故華 開權顯實——華開蓮現 廢權立實——華落蓮成 （非權非實）	

華嚴宗對《華嚴經》、《法華經》之分判

華嚴之分判 ＼ 經典	《華嚴經》			《法華經》	
一乘（本） 三乘（末）	一乘	別教一乘		一乘	同教一乘
		唯一無三			一乘三乘相合
		根本一乘 直顯一乘 表體之一			破異一乘 開顯一乘 遮三明一 迴三入一
本教 末教	稱法本教			融本末	

四、結語

　　從上述之探討可得知，不論天台宗對《華嚴經》、《法華經》之分判，或華嚴宗對《華嚴經》、《法華經》之分判，基本上，可看出皆以圓教一乘的角度來切入這兩部經。所不同者，皆賦予了這兩部經的特質性，天台宗以「開權顯實」來開顯《法華經》之「半滿相合」特質，華嚴宗以別教一乘來直顯《華嚴經》之重重無盡法界。

　　由於《華嚴經》、《法華經》所攝化對象之不同，而呈現其教法之不同，《華嚴經》因未涉及聲聞、緣覺，以一乘為主導，直接彰顯了一乘教義之重重無盡，至於《法華經》則面對三乘、一乘之問題，而以「開權顯實」來說明三乘即一乘。因此，可得知此二部經有直顯一乘與開顯一乘之不同。雖然皆屬於圓教一乘，但對於一乘所扮演之角色，彼此是有別的，各自有其特色，藉由天台、華嚴對此二經所做的分判，以凸顯此二經典之特色。

　　在華嚴宗以一乘與三乘的對決，來說明《華嚴經》一乘之不共三乘，以彰顯《華嚴經》一乘教義主伴具足之重重無盡法界。在天台宗則以三乘、一乘所面對之問題，以決了三乘即一乘，決了聲聞法即諸經之王，來顯示《法華經》之特色，誠如憨山德清所說：「不知《法華》，則不知如來救世之苦心。」**㊾**此亦顯示了面對漸次根機之眾生，藉由法華時之引進，以便入華嚴法界。

* 本文原名為〈「大」華嚴 vs.「妙」法華──華嚴海之「大」與法華橋之「妙」〉，收錄於 2013 年《華嚴專宗國際學術研討會論文集》（上），頁 1-33。

㊾　《憨山老人夢遊集》卷 18：「不知《法華》，則不知如來救世之苦心。不知《楞嚴》，則不知修心迷悟之關鍵。不知《楞伽》，則不辨知見邪正之是非。」（CBETA, X73, no. 1456, pp. 590c23-591a1 // Z 2:32, p. 234b14-16 // R127, p. 467b14-16）

參考書目

本文佛典引用主要是採用「中華電子佛典協會」（Chinese Buddhist Electronic Text Association，簡稱 CBETA）的電子佛典集成光碟，2016 年。

佛教藏經或古籍

《大方廣佛華嚴經》，T09, no. 278。

《大方廣佛華嚴經疏》，T35, no. 1735。

《大方廣佛華嚴經疏鈔》，T36, no. 1736。

《大方廣佛華嚴經搜玄分齊通智方軌》，T35, no. 1732。

《妙法蓮華經》，T09, no. 262。

《妙法蓮華經玄義》，T33, no. 1716。

《法華玄義釋籤》，T33, no. 1717。

《華嚴一乘十玄門》，T45, no. 1868。

《華嚴一乘教義分齊章》，T45, no. 1866。

《華嚴五十要問答》，T45, no. 1869。

《華嚴經內章門等雜孔目章》，T45, no. 1870。

《華嚴經旨歸》，T45, no. 1871。

《華嚴經探玄記》，T35, no. 1733。

《摩訶止觀》，T46, no. 1911。

《賢首五教儀》，X58, no. 1024 // Z 2:9 // R104。

《賢首五教儀開蒙》，X58, no. 1025// Z 2:9 // R104。

《攝大乘論本》，T31, no. 1594。

《攝大乘論釋》，T31, no. 1597。

中日文專書、論文或網路資源等

陳英善　2001〈從「開權顯實」論法華之妙〉,《中華佛學學報》
　　　14,頁 332-349。

陳英善　2004〈論「五味半滿相成」所建構的天台判教體系〉,《中
　　　華佛學學報》17,頁 173-213。

附錄：「八意」對照表

《華嚴五十要問答》	《攝大乘論》	《攝大乘論釋》
一、為不定機性聲聞，通因及果，故說一乘。	為引攝一類	為引攝一類，謂為者，引攝不定種性諸聲聞等，令趣大乘。云何當令不定種性諸聲聞等，皆由大乘而般涅槃。
	及任持所餘	及任持所餘者，謂為任持不定種性諸菩薩眾，令住大乘。
二、為欲定彼不定性菩薩，令不入小乘，故說一乘。	由不定種性諸佛說一乘	云何當令不定種性諸菩薩眾不捨大乘，勿聲聞乘而般涅槃，為此義故，佛說一乘。
三、據其法，真如是一，諸乘皆依真如，以體攝相，故說一乘。		
四、據無我等，無人我理，既是通法，大小乘共據無我理通，故說一乘。	法無我	由不定等句義，已說法無我解脫，乃至廣說。此中復由別意趣力唯說一乘。何別意趣？謂法等故等。法等故者，法謂真如，諸聲聞等同所歸趣。所趣平等，故說一乘。 無我等故者，謂聲聞等補特伽羅我皆無有。由無我故，此是聲聞，此是菩薩，不應道理。由此無我平等意趣，故說一乘。
五、據解脫等，大小諸乘脫煩惱障，據脫障通，故說一乘。	解脫等故	解脫等故者，謂聲聞等於煩惱障同得解脫，故說一乘。如世尊言：解脫解脫無有差別。
六、據性不同，聲聞身中，先修菩薩種性，後入聲聞。約性二處是通，故說一乘。	性不同	性不同故者，種性差別故。以不定性諸聲聞等，亦當成佛。由此意趣，故說一乘。

七、據得二意。此有兩二意。 [初二意]者。 佛意欲攝一切有情得同自體意樂，我既成佛，彼亦成佛。據此意樂，故說一乘。自體有法性為自體。 第二、佛先為彼聲聞授記，欲發聲聞平等意樂，我等與佛平等無二，佛為此意與諸聲聞等皆受記。據佛等意，故說一乘。 [第二義]於一言下有二義。 一、實聲聞攝，從自體意樂。 二、有實菩薩，名同聲聞，及菩薩化為聲聞。 於一授記下，有其二義。據一受記意樂，故說一乘。	得二意樂	得二意樂故者，得二種意樂故。 一、攝取平等意樂。由此攝取一切有情。言彼即是我，我即是彼。如是取已，自既成佛，彼亦成佛。由此意趣故說一乘。 二、法性平等意樂。謂諸聲聞法華會上蒙佛授記，得佛法性平等意樂，未得法身。由得如是平等意樂。作是思惟，諸佛法性即我法性。 復有別義，謂彼眾中有諸菩薩，與彼名同蒙佛授記。由此法如平等意樂，故說一乘。
八、據為化意，佛為聲聞作聲聞佛。所以同彼聲聞者，欲令彼修聲聞行。故現同小佛，欲攝末歸本。導我此身，即是一乘。據能緣化心，故說一乘。（T45, no. 1869, p. 536a26-b17）	化究竟說一乘（T31, no. 1594, p. 151 b17-20）	言化故者，謂佛化作聲聞乘等。如世尊言：我憶往昔無量百返依聲聞乘而般涅槃。由此意趣，故說一乘。以聲聞乘所化有情由見此故，得般涅槃。故現此化究竟故者，唯此一乘最為究竟，過此更無餘勝乘故。聲聞乘等有餘勝乘，所謂佛乘。 由此意趣，諸佛世尊宣說一乘。（T31, no. 1597, pp. 377 c12-378a22）

第五篇

華嚴與天台觀行的對話

▎ 摘要

　　在中國佛教中，擅長於理論建構的兩大宗派 —— 天台宗、華嚴宗，其本身於觀法上，皆有所謂的三觀。就天台而言，有「空、假、中」三觀；就華嚴而言，有「眞空、理事無礙、周遍含容」三觀。此二者之三觀究竟有何特色？其彼此之關係又是如何？且其是否涉及對佛教諸經論之判攝？諸如此類問題，值得吾人之加以探索。

　　基本上，就天台而言，以「空、假、中」三觀之辯證方式來實踐觀法，乃至對圓融三諦之論述亦不離三觀；就華嚴而言，以「眞空、理事無礙、周遍含容」三觀之方式來契入法界，以及建構華嚴別教一乘之重重無盡法界緣起。因此，可得知三觀不僅於天台、華嚴之觀法上扮演著極重要的角色，且與其理論建構亦有極密切之關係。

　　大體上而言，天台「空、假、中」三觀，在論證辯破上，頗具特色；華嚴「眞空、理事無礙、周遍含容」三觀，於展開諸法緣起相由上，頗為擅長。天台以「空、假、中」三觀來分判四教，且以「即空即假即中」一心三觀來展現圓教之深廣；華嚴以「眞空、理事無礙、周遍含容」三觀來契入法界，且以此三觀來

詮釋別教一乘之義理，亦攝五教之義理。基本上，此二宗之三觀，皆具備了深廣之義，且與其判教皆有極密切之關係。

因此，本論文針對此二宗之三觀來加以探討。主要分成三方面：首先，論述天台之三觀；接著，論述華嚴之三觀；最後，探討彼此三觀所具之特質。

關鍵字：天台、華嚴、三觀、一念三千、周遍含容

一、前言

　　在天台宗，有所謂的「空、假、中」三觀；在華嚴宗，有所謂的「眞空、理事無礙、周遍含容」三觀。此兩宗各具有三觀，彼此有何特色？及彼此有何關係？且與其彼此之判教有何關係？這是值得探討的議題。

　　就天台宗而言，「空、假、中」三觀乃是其教觀思想之核心。因「空、假、中」三觀，而建立了次第三觀（或次第止觀、巧度止觀）與一心三觀（即圓頓觀、圓頓止觀），且依此三觀建構了藏、通、別、圓之判教思想，乃至依此成立了「五味八教」（五時八教）的判教體系，以「圓兼別」來分判華嚴，以開麤顯妙（絕待妙）之「純圓」來彰顯法華之特質。由此可知，三觀於天台教觀之重要性。

　　就華嚴宗而言，「眞空、理事無礙、周遍含容」三觀，乃是修華嚴法界之極重要的觀法，且是用以表詮華嚴一乘教義之方式。由此可知，此三觀於華嚴教觀之重要性。

　　雖然三觀於天台、華嚴皆扮演著極重要之角色，但對此二宗之三觀的關係，一般較少對其加以探討。尤其華嚴的三觀是以循序漸進的方式契入華嚴法界（眞空觀→理事圓融觀→周遍含容觀）？或是三觀彼此各自可契入華嚴法界？或是亦可以彼此來呈現華嚴法界？其與判教之關係又是如何？是否可將五教攝於三觀來論述？乃至其與華嚴宗之五教十宗之關係又是如何？諸如此類問題，有待一一加以釐清。

　　本論文主要就三方面來探討：首先，論述天台之三觀；接著，論述華嚴之三觀；最後，探討彼此三觀所具之特質。

二、天台的三觀

（一）三觀之內涵

對天台而言，所謂的「空、假、中」三觀，可分為次第三觀、一心三觀（圓頓觀）兩種。❶ 基本上，天台在論述一心三觀之前，往往先就次第三觀做一說明。

就次第三觀而言，「空、假、中」三觀呈現次第差別之現象，即「空→假→中」。此空觀、假觀、中觀，亦可稱為二諦觀、平等觀、中道第一義諦觀，如《摩訶止觀》云：

> 次明觀相，觀有三：從假入空，名二諦觀；從空入假，名平等觀；二觀為方便道，得入中道，雙照二諦，心心寂滅，自然流入薩婆若海，名中道第一義諦觀。❷

在此引文中，是對三觀先做一簡略說明，如下圖表所示：

	觀法	名稱	異名
次第三觀	1. 從假入空	空觀	二諦觀
	2. 從空入假	假觀	平等觀
	3. 雙遮雙照	中觀	中道第一義諦觀

---

❶ 本論文對天台三觀之論述，僅做一簡要之說明，詳參拙著《天台緣起中道實相論》第 1、5、6 章。

❷ 《摩訶止觀》卷 3，CBETA, T46, no. 1911, p. 24b5-8。

接著，《摩訶止觀》對此三觀加以一一論述。以「空觀」泯除眾生對三界生死之執著，再以「假觀」破除二乘對空之執著，最後以「中觀」遮除對空、假之執取。

首先，就空觀而論，此空觀又稱為二諦觀，如《摩訶止觀》云：

> 所言二諦者，觀假為入空之詮，空由詮會，能所合論，故言二諦觀。又會空之日，非但見空，亦復識假。如雲除發障，上顯下明，由真假顯得是二諦觀。今由假會真，何意非二諦觀。又俗是所破，真是所用，若從所破，應言俗諦觀；若從所用，應言真諦觀。破用合論，故言二諦觀。又分別有三種：一約教，有隨情二諦觀；約行，有隨情智二諦觀；約證，有隨智二諦觀。初觀之功，雖未契真，得有隨教、隨行論二諦觀。❸

此說明空觀何以又稱為二諦觀，有四點理由：

1. 能所合論：觀假為能詮，空是所詮，能所合論。
2. 見空識假：會空之日，非但見空，亦復識假。
3. 破用合論：俗是所破，真是所用。破用合論，故言二諦觀。
4. 隨教隨行：空觀雖未契入中道，得有隨教、隨行。

換言之，空觀的成立，是由假而來，依假之能詮而立所詮之空。若就俗而言，名俗諦觀；若就真而言，名真諦觀。俗為所破，真為所用，即以空破假。所以，空觀又稱為二諦觀。

假觀，所擔任的角色，則主要著眼於慈悲上，菩薩為化眾

---

❸　《摩訶止觀》卷 3，CBETA, T46, no. 1911, p. 24b9-18。

生之故，而從空入假，如《摩訶止觀》云：

> 從空入假，名平等觀者，若是入空，尚無空可有，何假可
> 入。當知此觀為化眾生，知真非真，方便出假，故言「從
> 空」。分別藥病而無差謬，故言「入假」。平等者，望前
> 稱平等也。前觀破假病，不用假法，但用真法，破一不破
> 一，未為平等；後觀破空病，還用假法，破、用既均，異
> 時相望，故言「平等」也。今當譬之，如盲初得眼開，見
> 空見色，雖見於色，不能分別種種卉木根莖枝葉藥毒種
> 類；從假入空隨智之時，亦見二諦而不能用假。若人眼開
> 後，能見空見色，即識種類，洞解因緣，麁細藥食皆識，
> 皆用利益於他。此譬從空入假，亦真真俗，正用於假，為
> 化眾生，故名為入假。復言平等，意如前說。❹

此假觀之成立，是由於破假、用假，於「假」具一破一用，故稱
此觀爲平等觀，不同空觀只破假而不用假，亦簡擇了空觀與假
觀之差別。又如《摩訶止觀》卷 6：

> 第二、從空入假破法遍者，即為四：一入假意、二明入
> 假因緣、三明入假觀、四明入假位。入假意者，自有但
> 從空入假，自有知空非空，破空入假。夫二乘智斷，亦同
> 證真，無大悲故，不名菩薩，《華嚴》云：諸法實性相，
> 二乘亦皆得，而不名為佛。若論自行，入空有分；若論化

---

❹ 《摩訶止觀》卷 3，CBETA, T46, no. 1911, p. 24c7-21。引文中「前觀」，係
指「空觀」；「後觀」，係指「假觀」。又「亦真真俗」，應作「亦真亦
俗」。

物，出假則無。菩薩從假入空，自破縛著，不同凡夫；從空入假，破他縛著，不同二乘。處有不染，法眼識藥，慈悲逗病，博愛無限，兼濟無倦，心用自在，善巧方便，如空中種樹。又如仰射空中，筈筈相拄不令墮地。若住於空，則於眾生永無利益。志存利他，即入假之意也。❺

此進而舉菩薩與二乘所證之差別來做對比，強調「從空入假」為菩薩慈悲化物之特色，不共於二乘，而二乘只具「從假入空」之自行。又《摩訶止觀》卷6：

入假因緣者，略言有五：一、慈悲心重，初破假時，見諸眾生顛倒獄縛不能得出，起大慈悲愛同一子。今既斷惑入空，同體哀傷倍復隆重。先人後己，與拔彌篤。二、憶本誓願者，本發弘誓拔苦與樂令得安隱，今眾生苦多未能得度，我若獨免辜違先心，不忘本懷，豈捨含識。入假同事，而引導之。二乘初業，不愚於法，亦有大願，隔生中忘，退大取小，眾聖所呵。菩薩不爾，如母得食，常憶其兒。三、智慧猛利，若入空時，即知空中有棄他之過。何以故？若住於空，則無淨佛國土教化眾生，具足佛法皆不能辦。既知過已，非空入假。四、善巧方便，能入世間，雖生死煩惱不能損智慧，遮障留難彌助化道。五、大精進力，雖佛道長遠，不以為遙；雖眾生數多，而意有勇。心堅無退，精進發趣，初無疲怠，是名五緣。❻

---

❺　《摩訶止觀》卷6，CBETA, T46, no. 1911, p. 75b27-c11。
❻　《摩訶止觀》卷6，CBETA, T46, no. 1911, p. 75c11-27。

又《摩訶止觀》卷6：

> 三、明入假觀者，即為三：一知病、二識藥、三授藥。❼

以菩薩之慈悲心重、憶本誓願、智慧猛利、善巧方便、大精進力等，來說明菩薩為何「從空入假」，且以知病、識藥、授藥為菩薩入假觀所修課題。此在在顯示假觀的著眼點，在於菩薩道上，說明大乘菩薩之不共法，同時也彰顯了菩薩之精神，為了度化眾生，故須知病、識藥、授藥，以種種善巧方便、無比的大精進來圓滿佛道。雖入世間，而生死煩惱不能損智慧，遮障留難彌助化道。

至於中道觀，主要在空、假二觀的基礎上，進而雙遮空、假二邊，及雙照空、假，如《摩訶止觀》云：

> 中道第一義觀者，前觀假空，是空生死；後觀空空，是空涅槃，雙遮二邊，是名二空觀為方便道，得會中道，故言心心寂滅流入薩婆若海。又初觀用空，後觀用假，是為雙存方便，入中道時，能雙照二諦。故經言：心若在定，能知世間生滅法相。前之兩觀，為二種方便，意在此也。❽

由此可知，中道觀具備了雙遮雙照之特色，以「空觀」空生死，以「假觀」空涅槃，此為雙遮空假；而同時用空用假，此為雙照空假，故言以空、假二觀為方便道，進而修中道觀，以此斷除無

---

❼　《摩訶止觀》卷6，CBETA, T46, no. 1911, p. 76a19-20。

❽　《摩訶止觀》卷3，CBETA, T46, no. 1911, p. 24c21-28。引文中「前觀假空」中的「前」，是指「空觀」；「後觀空空」中的「後」，是指「假觀」。

明惑。此顯示了別教菩薩須於空、假二觀基礎上，才能進而修習中道觀，如《摩訶止觀》卷3：

> 問：《大經》❾云：定多慧多，俱不見佛性。此義云何？
> 答：次第三觀，二乘及通菩薩有初觀分，此屬定多慧少，不見佛性；別教菩薩有第二觀分，此屬慧多定少，亦不見佛性。二觀為方便，得入第三觀，則見佛性。❿

此說明了就次第三觀之差別而言，二乘及通教菩薩只有第一觀（空觀）而已，而別教菩薩可達第二觀（假觀），且須於空、假二觀爲基礎上，才能進而修第三觀（中觀）。⓫

　　若從三觀的分別次第來看，即包含了藏、通、別、圓教之觀法，而有權實淺深之差別。藏、通二教有第一觀，別教菩薩有第一、二觀，須以空、假二觀爲方便，才能進而修第三觀。若能直接緣中道而修，此爲圓教之觀法，如《摩訶止觀》卷1：

> 圓頓者，初緣實相，造境即中，無不真實。繫緣法界，一念法界，一色一香無非中道。己界及佛界，眾生界亦然。陰入皆如，無苦可捨；無明塵勞，即是菩提，無集可斷；邊邪皆中正，無道可修；生死即涅槃，無滅可證。無苦無集，故無世間；無道無滅，故無出世間。純一實相，實相

---

❾　《大經》指《涅槃經》。

❿　《摩訶止觀》卷3，CBETA, T46, no. 1911, pp. 24c28-25a3。

⓫　如《摩訶止觀》卷6：「別教若作二諦三諦，皆元知中道。若作三諦，可解。若作二諦者，中道爲眞，有無爲俗，照此二諦從容中當名中道。……別教例爾，二觀既是方便，必須於中。雖復必須，要前二觀；二觀若未辦，亦不暇第三觀也。」（CBETA, T46, no. 1911, p. 80c10-23）

> 外更無別法。法性寂然，名止；寂而常照，名觀。雖言初
> 後，無二無別，是名圓頓止觀。⓬

此說明以緣中道實相入手為圓觀止觀，且顯示圓頓止、圓頓觀
是同時的，止的當下即是觀，觀的當下即止，亦即是寂而常照，
照而常寂。又如《摩訶止觀》卷6云：

> 圓教初知中道，亦前破兩惑，奢促有異。何以故？別除兩
> 惑，歷三十心，動經劫數，然後始破無明。圓教不爾，祇
> 於是身即破兩惑，即入中道，一生可辦。……圓教初心即
> 修三觀，不待二觀成。以是義故，即須明第三觀也。⓭

此顯示了圓教之觀法，於初心時，即三觀同時而修，因此又稱圓
觀為一心三觀（圓頓觀），是指於所緣上，一諦而三諦、一止而
三止；於能觀上，三觀而一觀，亦即是一心三觀，如《摩訶止
觀》卷3：

> 圓頓止觀相者，以止緣於諦，則一諦而三諦；以諦繫於
> 止，則一止而三止。譬如三相在一念心，雖一念心而有三
> 相。止、諦亦如是。所止之法，雖一而三；能止之心，雖
> 三而一也。以觀觀於境，則一境而三境；以境發於觀，則
> 一觀而三觀。如摩醯首羅面上三目，雖是三目而是一面。
> 觀、境亦如是。觀三即一，發一即三，不可思議，不權不
> 實，不優不劣，不前不後，不並不別，不大不小。故《中

⓬　《摩訶止觀》卷1，CBETA, T46, no. 1911, pp. 1c23-2a2。
⓭　《摩訶止觀》卷6，CBETA, T46, no. 1911, pp. 80c23-81a4。

論》云：因緣所生法，即空即假即中。又如《金剛般若》
云：如人有目，日光明照，見種種色。若眼獨見，不應須
日；若無色者，雖有日眼亦無所見。如是三法不異，時不
相離。眼喻於止，日喻於觀，色喻於境。如是三法，不前
不後，一時論三，三中論一，亦復如是。若見此意，即解
圓頓教止觀相也。**⑭**

由此可知，一心三觀主要在於呈現諸法是「不權不實，不優不
劣，不前不後，不並不別，不大不小」之特色。故以「因緣所生
法，即空即假即中」來顯示之，且以「一而三、三而一」之模式
來呈現之。

因此，可得知中道觀於別教和圓教之差別，別教菩薩須於
空、假二觀爲基礎上，才能進而修第三觀；圓教則直接緣中道
而修，三觀同時具足，而藏、通二教則未涉及中道觀。如《摩訶
止觀》以譬喻明之，如其云：

故《法華》中，譬如有人穿鑿高原，唯見乾土。施功不
已，轉見濕土，遂漸至泥，後則得水。……又譬於教，三
藏教不詮中道如乾土，通教如濕土，別教如泥，圓教詮中
道如水。**⑮**

綜合上述所論，有關三觀與四教之關係，如下圖表所示：

---

⑭ 《摩訶止觀》卷 3，CBETA, T46, no. 1911, p. 25b8-24。
⑮ 《摩訶止觀》卷 3，CBETA, T46, no. 1911, p. 25a12-17。

三觀				譬喻	四教
次第三觀	1. 從假入空觀	二諦觀	空觀	一破	乾土	藏
					濕土	通
	2. 從空入假觀	平等觀	假觀	一破一用	泥	別
	3. 二觀爲方便道得入中道觀	中道第一義諦觀	中道觀	雙遮雙照		
圓觀	即空即假即中觀（一心三觀）				水	圓

（二）三觀與判教

　　由前面之論述，可知天台之「空、假、中」三觀，與其判教之關係極爲密切。就次第三觀而言，由「空」觀之析空、體空，開出了藏、通二教；由「中」觀之但中、圓中，開出了別、圓二教。由於別教對中道的掌握，其中道未能與空、假相即，故稱之爲「但中」，所以若就此而言，別教眞正掌握的是「假」，而非中道，因此稱別教之三諦爲隔別三諦。而圓教對中道的掌握，與空、假相即，故稱之爲「圓中」，亦即是「即空即假即中」之圓融三諦。因此可知，天台由三觀開展出藏、通、別、圓四教，如《四教義》卷1：

　　　　問曰：四教從何而起？

　　　　答曰：今明四教還從前所明三觀而起，爲成三觀。初從假入空觀，具有折、體拙巧二種入空不同。從折假入空，故有藏教起；從體假入空，故有通教起。若約第二「從空入假」之中，即有別教起。約第三「一

心中道正觀」，即有圓教起。❶

　　此顯示了三觀與四教之關係，因三觀而有四教；反過來說，亦可言因四教而有三觀。❶ 從析假入空，而開出藏教。從體假入空，而開出通教。而「從空入假」之假觀，而開起別教。由「一心中道正觀」，而開起圓教。由此可知，三觀與四教之關係是極爲密切的。

三、華嚴的三觀

　　有關華嚴三觀，主要出自於《華嚴法界觀門》（簡稱《法界觀》），據說爲華嚴初祖杜順之作，目前此文獻保留在法藏《華嚴勸發菩提心章》中，及澄觀《華嚴法界玄鏡》、宗密《註華嚴法界觀門》等註疏中。澄觀《華嚴法界玄鏡》、宗密《註華嚴法界觀門》，即是對《法界觀》之註疏，而法藏《華嚴勸發菩提心章》乃是對《法界觀》內容之引述。

　　而華嚴三觀是以循序漸進的方式契入華嚴法界（眞空→理事無礙→周遍含容）？或是三觀彼此各自可契入華嚴法界？或亦可彼此來呈現華嚴法界？其與華嚴宗所判的五教之關係又是如何？是否可將五教攝於三觀來論述？乃至其與華嚴宗之五教十宗的關係如何？諸如此類問題，皆有待一一加以釐清。

　　基本上，在華嚴宗諸大師對三觀與五教之關係，略有不同之看法。就法藏而言，三觀是用以表顯華嚴之義理。就澄觀而

---

❶　《四教義》卷 1，CBETA, T46, no. 1929, p. 724a5-10。

❶　如《四教義》卷 1：「問曰：三觀復因何而起？答曰：三觀還因四教而起。」（CBETA, T46, no. 1929, p. 724a10-11）

言，三觀是華嚴重要之觀法，且以三觀來表顯華嚴之義理，亦
將三觀與諸教做一對應，配以頓、同教一乘、別教一乘。就宗密
而言，其對三觀的詮釋，比較著重在一道豎窮循序漸進方式來
入手，且將三觀分別對應於大乘無相教（始教）、大乘同教（同
教一乘）、別教一乘。乃至宋代之戒環及清代續法，將三觀對應
於五教。因此，可看出諸師對三觀之詮釋，有所不同。

（一）三觀之內涵

所謂華嚴三觀，是指「眞空、理事無礙、周遍含容」三
觀。❶

有關華嚴三觀之眞空觀，是以四句十門方式來論述眞空
觀。所謂的四句，是指會色歸空觀、明空即色觀、空色無礙觀、
泯絕無寄觀。❶ 亦可將眞空觀之四句，稱之爲四種觀法。換言
之，《法界觀》之眞空觀，是以四句之模式來呈現。依澄觀之詮
釋，此眞空觀之四句，亦可以天台之三觀三諦來搭配，如澄觀
《華嚴法界玄鏡》卷1：

> 初、會色歸空，明俗即故真。二、明空即色，顯真即是
> 俗。三、色空無礙，明二諦雙現。四、泯絕無寄，明二諦
> 俱泯。若約三諦，初即真諦，二即俗諦，後一即中道第
> 一義諦。若約三觀，初即空觀，二即假觀，三、四即中道
> 觀。三即雙照明中，四即雙遮明中。雖有三觀意，明三觀

---

❶ 本論文對華嚴三觀之論述，僅做一簡要之說明，詳參拙著《華嚴無盡法界緣
　起論》第1章第1節，及第3章第1節。

❶ 《華嚴發菩提心章》卷1，CBETA, T45, no. 1878, p. 652b14-c22。

融通為真空耳。**❷**

由此可知，不論就天台之三諦或三觀來看，《法界觀》之真空觀本身之四句中，已具有天台三觀內容。雖然如此，《法界觀》之真空觀主要用以表顯真空。如下圖表所示：

	四句		三諦	三觀	備註
真空觀	會色歸空觀	俗即是真	真諦	空觀	依澄觀看法，真空觀雖有三觀之意，但著眼於真空而已。
	明空即色觀	真即是俗	俗諦	假觀	
	空色無礙觀	二諦雙現	中道諦	中道觀	
	泯絕無寄觀	二諦俱泯			

至於華嚴三觀之第二「理事無礙觀」，基本上，可說在《法界觀》之真空觀的基礎上，進而論述理與事之關係是圓融無礙的。換言之，從循序漸進的角度來看，藉由真空觀之遮情顯理，於顛倒妄執泯盡，才能顯理事無礙。此理事無礙觀亦以十門來論述，如下所述**❷**：

一、理遍於事門
二、事遍於理門
三、依理成事門
四、事能顯理門

---

❷　《華嚴法界玄鏡》卷 1，CBETA, T45, no. 1883, p. 675b4-10。

❷　本文為引文之方便，直就法藏《華嚴發菩提心章》來引述之。如《華嚴發菩提心章》卷 1：「第二理、事無礙觀者，謂理事鎔融存亡逆順，通有十門。一、理遍於事門，……十、事法非理門，謂全理之事，事恒非理，性、相異故，能依非所依故，是故舉體全理而事相宛然。如全水之波，波恒非水，以動義，非濕故。」（CBETA, T45, no. 1878, pp. 652c28-653c12）

　　五、以理奪事門

　　六、事能隱理門

　　七、眞理即事門

　　八、事法即理門

　　九、眞理非事門

　　十、事法非理門

此十門之關係，是彼此理事鎔融逆順存亡無礙的，且同時頓起，如其云：

> 此上十義，同一緣起，約理望事，則有成有壞，有即有離；事望於理，有顯有隱，有一有異。逆順自在，無障無礙，同時頓起。深思，令觀明現。是謂理事圓融無礙觀也。❷

此對理事關係之論述，可說發揮至極致，且以「逆順自在，無障無礙，同時頓起」來表達之。此理事無礙之關係，主要建立在理事彼此相遍上，如其云：

> 一、理遍於事門，謂能遍之理，性無分限；所遍之事，分位差別。一一事中，理皆全遍，非是分遍。何以故？以彼真理不可分故，是故一一纖塵皆攝無邊真理，無不圓足。
> 二、事遍於理門，謂能遍之事，是有分限；所遍之理，要無分限。此有分限之事，於無分限之理全同，非分同。何以故？以事無體，還如理故，是故一塵不壞而遍法界也。如一塵，一切法亦然，思之。此全遍門超情離見，非世喻

---

❷　《華嚴發菩提心章》卷 1，CBETA, T45, no. 1878, p. 653c12-15。

能況。㉓

此說明了理事相遍門，是屬超情離見，妄想顛倒無法與之相應。故由《法界觀》真空觀之揀情，進而觀理事無礙。此理事無礙觀之相遍門，是由無分限之理，全遍於一一事中；有分限之事，全同於無分限之理。因此，一一纖塵皆攝無邊真理，且一一塵不壞而遍法界。由理事之無礙，而彰顯了一一事法不壞自身皆全遍法界。其餘八門則進而說明此理與事之關係，是相成、相奪、相即、相非等存亡逆順之關係。前述真空觀雖亦論及空與色之關係，類似於理事無礙觀，但依澄觀、宗密之看法，基本上是有別的，真空觀主要在於破執而顯理，而理事無礙觀則顯真如妙有，廣明理事無礙雙融之關係。㉔

最後，有關華嚴三觀之第三「周遍含容觀」，亦以十門來論

㉓　《華嚴發菩提心章》卷1，CBETA, T45, no. 1878, pp. 652c29-653a8。

㉔　如澄觀《華嚴法界玄鏡》卷1：「本就前色空觀中，亦即事理。不得此名者，有四義故：一、雖有色事為成空理，色空無礙為真空故。二、理但明空，未顯真如之妙有故。三、泯絕無寄，亡事理故。四、不廣顯無礙之相，無為而為、無相而相諸事與理炳現無礙雙融相故。為上四義故，不得名至此獨受。」（CBETA, T45, no. 1883, p. 676a12-18）

又如《註華嚴法界觀門》卷1：「然則其門何以為三重？答曰：吾聞諸圭山云：凡夫見色為實色，見空為斷空。內為筋骸所梏，外為山河所眩，故困踏於迷塗，局促於轅下，而不能自脫也。於是菩薩開真空門以示之，使其見色非實色，舉體是真空；見空非斷空，舉體是幻色。則能廓情塵而空色無礙，泯智解而心境俱冥矣。菩薩曰：於理則見矣，於事猶未也，於事開理事無礙門以示之。使觀不可分之理，皆圓攝於一塵；本分限之事，亦通遍於法界。然後理事圓融無所罣礙矣。菩薩曰：以理望事則可矣，以事望事則未也。於是開周遍含容門以示之，使觀全事之理，隨事而一一可見；全理之事，隨理而一一可融。然後一多無礙，大小相含，則能施為隱顯神用不測矣。」（CBETA, T45, no. 1884, p. 684a4-18）

述，如下所述❷：

    一、理如事門

    二、事如理門

    三、事含理事門

    四、通局無礙門

    五、廣狹無礙門

    六、遍容無礙門

    七、攝入無礙門

    八、交涉無礙門

    九、相在無礙門

    十、普融無礙門

而此十門，可說以循序漸進方式來入觀，以顯示諸法互遍互攝重重無盡。首先，以前三門（理如事門、事如理門、事含理事門）爲基礎，來說明事如理之遍一切、攝一切。進而以通局無礙門、廣狹無礙門，來說明一法之遍一切、攝一切，而不壞自身。接著，以遍容無礙門、攝入無礙門，來說明一對一切之「遍與容」，或一切對一之「攝與入」，是同時的。再以交涉無礙門，來顯示一對一切及一切對一之遍容、攝入的同時性。且以相在無礙門，說明一法攝一切又入一之關係。最後的普融無礙門，則結合交涉無礙門、相在無礙門一起觀之，以彰顯示諸法互遍互攝重重無盡，如其云：

---

❷ 如《華嚴發菩提心章》卷1：「第三、周遍含容觀者，謂事如理融，遍攝無礙，交參自在。略辨十門：一、理如事門，……十、普融無礙門，謂一切及一，普皆同時。更互相望，一一具前兩重四句，普融無礙，準前思之。令圓明顯現，稱行境界，無障無礙。深思之，令現在前也。」（CBETA, T45, no. 1878, pp. 653c16-654a28）

十、普融無礙門，謂一切及一，普皆同時，更互相望，一一具前兩重四句，普融無礙，準前思之。令圓明顯現，稱行境界，無障無礙。深思之，令現在前也。**㉖**

此是以普融無礙來說明一與一切之間的關係，是同時頓顯的，且彼此圓融無礙。一法如此，一切法亦復如此。彼此互遍互攝，形成重重無盡之法界。

（二）三觀與判教

基本上，華嚴三觀與五教之關係，可說並不明確，且華嚴宗諸大師之看法亦略有不同。此之不同，涉及了華嚴宗諸師判教之差異。就法藏而言，三觀是用以表顯華嚴之義理，未對三觀加以分判。就澄觀而言，三觀是華嚴重要之觀法，以循序漸進方式來入手，且以三觀來表顯華嚴義理，將三觀與諸教做一對應，配以頓、同教一乘、別教一乘。就宗密而言，其對三觀的詮釋，強調一道豎窮，且將三觀分別對應於大乘無相教、大乘同教（同教一乘）、別教一乘。因此，可看出華嚴宗諸師對三觀之詮釋，是有所不同。乃至後代，亦有以小始、終頓、圓教來配對三觀。

有關華嚴之三觀，可說是彼此相融的，亦即是一法之三面向，猶如大海之含藏一切。法藏雖未有《法界觀》的註疏，但在法藏的諸著作中，對眞空、理事無礙、周遍含容等觀念，有諸多的闡述，甚至以「表德」來彰顯三觀。**㉗** 至於三觀與判教的關

㉖　《華嚴發菩提心章》卷 1，CBETA, T45, no. 1878, p. 654a25-28。

㉗　如《華嚴發菩提心章》卷 1：「第四、表德者，自有五門：一、眞空觀，二、理事無礙觀，三、周偏含容觀，四、色空章十門止觀，五、理事圓融

係，對法藏而言，終、頓、圓三教，此三法彼此是相融的，因教
詮之差別而分成三教，如《華嚴遊心法界記》卷 1：

> 問：若如言爾者，未知頓、終二教更何所言耶？
>
> 答：頓、終二教，法在圓中。何者？以彼空有無二圓融交
> 　　徹，是即為終。即融通相奪，兩相盡邊，是即為頓。
> 　　一多處此，即為圓。三法融，教詮故別。是故華嚴寄
> 　　彼二教辨也。❷

有關終、頓、圓三教之間的關係，是彼此相融的，因教詮之差
別而分成三教。若著重於「空有無二」之圓融交徹上，是為終
教；若著眼於「融通相奪」之兩相盡邊上，是為頓教；若著眼於
「一多處此」來論述，此為圓教。換言之，終、頓二教法，為圓
教所攝，而終、頓、圓三教之差別，是就其著眼點之不同來區分
之。況且於論述華嚴時，往往寄顯終、頓二教來說明之。

　　至於澄觀，則以四法界之理法界、理事無礙法界、事事無
礙法界來對應三觀，❷ 且進而顯示此三觀內容為華嚴一乘圓教之

義。」（CBETA, T45, no. 1878, p. 652b9-11）。此即視真空觀、理事無礙觀、
周遍含容觀為表德。縱使所論述之色空章十門止觀、理事圓融義，亦各以十
十無盡之角度來呈現。

❷　《華嚴遊心法界記》卷 1，CBETA, T45, no. 1877, p. 650b18-23。

❷　如《華嚴法界玄鏡》卷 1：「修法界觀門略有三重者，略標綱要。修之一字，
總貫一題。止觀，熏修習學造詣也。言法界者，一經之玄宗，總以緣起法界
不思議為宗故。然法界之相，要唯有三，然總具四種：一、事法界，二、理
法界，三、理事無礙法界，四、事事無礙法界。今是後三。」（CBETA, T45,
no. 1883, p. 672c8-14）又《華嚴法界玄鏡》卷 1：「觀曰：真空觀第一，理事
無礙觀第二，周遍含容觀第三。釋曰：此列三名，真空，則理法界。二〔指
理事無礙觀〕如本名。三則事事無礙法界。」（CBETA, T45, no. 1883, p.

所詮，且包含了五教，如《大方廣佛華嚴經疏》卷 2〈世主妙嚴品〉：

> 今顯別教一乘，略顯四門：一、明所依體事。二、攝歸真實。三、彰其無礙。四、周遍含容。各有十門，以顯無盡。❸

又如《大方廣佛華嚴經疏》卷 2〈世主妙嚴品〉：

> 第三、義理分齊，已知此經總屬圓教，未知圓義分齊云何？然此教海宏深，包含無外；色空交映，德用重重。語其橫收，全收五教，乃至人天總無不包，方顯深廣。其猶百川不攝大海，大海必攝百川。雖攝百川，同一鹹味。故隨一適，迥異百川。前之四教，不攝於圓，圓必攝四。雖攝於四，圓以貫之。故十善五戒，亦圓教攝。……斯則有其所通，無其所局。故此圓教語廣，名無量乘；語深，唯顯一乘。一乘有二：一、同教一乘，同頓同實故。二、別教一乘，唯圓融具德故。以別該同，皆圓教攝。❹

此中更進而對同教一乘、別教一乘加以揀別，而所謂同教一乘，是指同終教、頓教，此未具主伴圓明德用，而唯別教一乘圓融具足主伴重重無盡。將上述引文內容，整理如下圖表所示：

672c20-22）

❸　《大方廣佛華嚴經疏》卷 2〈世主妙嚴品〉，CBETA, T35, no. 1735, p. 514a16-18。

❹　《大方廣佛華嚴經疏》卷 2〈世主妙嚴品〉，CBETA, T35, no. 1735, p. 514a4-16。

一乘義理	四法界	三觀	備註
所依體事	事法界		依澄觀之看法：事法界亦可爲觀。❷
眞空觀	理法界	眞空觀	
理事無礙觀	理事無礙法界	理事無礙觀	
周遍含容觀	事事無礙法界	周遍含容觀	

　　由此可知，澄觀以三觀來表達華嚴一乘別教之義理。至於澄觀是否以三觀來對應諸教？依澄觀之看法，三觀可以用來表達華嚴一乘別教之義理，且亦含攝五教十宗。基本上，三觀之理事無礙觀，可對應同教一乘，如《大方廣佛華嚴經隨疏演義鈔》卷 10：

> 《疏》：「一、理遍於事」下，第二別釋十門，即爲十別。一一門中，多先正釋，後會前義。即前性相不同中，十對之義，或一門會一義，或二門同會一義，或一門以會多義，至文當知。又十對中，唯會法性，以是同教一乘義理分齊故。如前云：三乘、一乘別，今但會一乘。五性、一性別，今但會一性。十對皆然。❸

由引文可知，澄觀以理事無礙觀對應同教一乘。至於周遍含容觀，則對應別教一乘，❹ 以周遍含容觀爲華嚴別教一乘之特色，

---

❷ 如《華嚴法界玄鏡》卷 1：「然法界之相，要唯有三。然總具四種：一、事法界；二、理法界；三、理事無礙法界；四、事事無礙法界。今是後三，其事法界歷別難陳，一一事相，皆可成觀，故略不明。」（CBETA, T45, no. 1883, p. 672c11-15）

❸ 《大方廣佛華嚴經隨疏演義鈔》卷 10，CBETA, T36, no. 1736, p. 72a16-23。

❹ 如《大方廣佛華嚴經隨疏演義鈔》卷 10：「第四、周遍含容觀。於中二：先

且進而以十玄門來說明周遍含容觀，此顯示了周遍含容觀與十玄門之密切關係。㉟此外，澄觀於其諸著作中，對三觀亦有諸多論述。㊱而澄觀對法藏十宗次序所做的調動，也可說與此三觀亦

標舉章門，後依章別釋。今初，然此觀名，即《法界觀》中之名，以當事事無礙。以理有普遍、廣容二義，融於諸事，皆能周遍含容。眾多義門，皆悉由此二義而有。」（CBETA, T36, no. 1736, p. 75b10-14）

㉟　《大方廣佛華嚴經疏》卷2〈世主妙嚴品〉：「第四、周遍含容，即事事無礙。且依古德，顯十玄門。於中文二：先正辯玄門，二明其所以。今初，一、同時具足相應門。二、廣陝自在無礙門。三、一多相容不同門。四、諸法相即自在門。五、祕密隱顯俱成門。六、微細相容安立門。七、因陀羅網境界門。八、託事顯法生解門。九、十世隔法異成門。十、主伴圓明具德門。此之十門，同一緣起無礙圓融，隨其一門即具一切。今且於前十中，取一事法明具後十門。」（CBETA, T35, no. 1735, p. 515a17-26）《大方廣佛華嚴經隨疏演義鈔》卷10：「今此十門不依至相者，以賢首所立有次第故。一、同時具足相應門，以是總故，冠於九門之初。二、廣狹門。……十、由法法皆然故，隨舉其一，則便為主，連帶緣起，便有主伴。廣如下釋。」（CBETA, T36, no. 1736, p. 75c4-26）

㊱　如《大方廣佛華嚴經隨疏演義鈔》卷32〈光明覺品〉：「今初，一、真空必盡幻有，是相害義。亦《法界觀》中真空奪事門，以事攬理成，遂令事相無不皆盡，唯一真理平等顯現，以離真理外無片事可得故，如水奪波波無不盡。《般若》中云：是故空中無色，無受想行識等。二、真空必成幻有者，是相作義及無礙義。亦《法界觀》中依理成事門，謂事無別體要因真理而得成立，以諸緣起皆無自性故，由無性理事方成故。如波攬水而成立故，亦是依如來藏得有諸法。故《大品》云：若諸法不空，則無道無果。《中論》云：以有空義故，一切法得成。」（CBETA, T36, no. 1736, p. 242c9-21）又如《大方廣佛華嚴經隨疏演義鈔》卷74〈十通品〉：「於中，先明即色之空。故能現色，由上無實色，故即色是空。既即色是空，故非斷空。」（CBETA, T36, no. 1736, pp. 584c28-585a1）《華嚴經行願品疏鈔》卷1：「『大方廣』下，第二別歎此《經》以申旨趣。文中三：一、標歎，二、釋歎，三、結歎。今初斯者，指如上融攝旨趣也。良由窮此融攝旨趣故，得恢廓宏遠等。恢，謂曠蕩廓空也。宏，大也。今云：宏遠則周遍義，包納則含容義，即當《法界觀》中第三周遍含容觀也。」（CBETA, X05, no. 229, p.

有關係，如《大方廣佛華嚴經疏》卷 3〈世主妙嚴品〉：

> 今總收一代時教，以為十宗。
>
> 第一、我法俱有宗。謂犢子部等……。
>
> 二、法有我無宗。謂薩婆多等……。
>
> 三、法無去來宗。謂大眾部等……。
>
> 四、現通假實宗。謂說假部……。
>
> 五、俗妄真實宗。即說出世部等……。
>
> 六、諸法但名宗。謂一說部等，一切我法唯有假名，無實體故。
>
> 七、三性空有宗。謂遍計是空，依、圓有故。
>
> 八、真空絕相宗。謂心境兩亡，直顯體故。
>
> 九、空有無礙宗。謂互融雙絕而不礙兩存，真如隨緣具恒沙德故。
>
> 十、圓融具德宗。謂事事無礙主伴具足無盡自在故。
>
> 然此十宗，後後深於前前。前四唯小，五、六通大小，後四唯大乘。七即法相，八即無相宗，後二即法性宗。又七即始教，八即頓教，九即終教，十即圓教。又第七亦名二諦俱有宗，謂勝義真實故不無世俗，因果不失故是有，如《深密》、《瑜伽》等。第八亦名二諦雙絕宗，謂勝義離相故，非有世俗，緣生如幻故是無。如《掌珍》頌云：真性有為空如幻緣生故，無為無有實不起似空華等。即《般若》、三論中一分之義。九、二諦無礙宗，如《維摩》、《法華》等，義如前顯。然十宗五教，互有寬陝。……餘

義如前立教中辯。❸

如下圖表所示：

法藏		澄觀		備註
1. 我法俱有宗		1. 我法俱有宗		法藏、澄觀相同。
2. 法有我無宗		2. 法有我無宗		
3. 法無去來宗		3. 法無去來宗		
4. 現通假實宗		4. 現通假實宗		
5. 俗妄真實宗		5. 俗妄真實宗		對俗妄真實宗的法，澄觀與法藏不同。
6. 諸法但名宗	通小大	6. 諸法但名宗	通小大	
7. 一切皆空宗	始教	7. 三性空有宗	始教	澄觀加入唯識法相。
		8. 真空絕相宗	頓教	澄觀將法藏的一切皆空宗、相想俱絕宗合併，視爲頓教。
8. 真德不空宗	終教	9. 空有無礙宗	終	澄觀與法藏相同。
9. 相想俱絕宗	頓教			此相想俱絕宗之頓教，澄觀將其合併於「8.真空絕相宗」中。
10. 圓明具德宗	圓教	10. 圓融具德宗	圓	法藏、澄觀相同。

---

❸　《大方廣佛華嚴經疏》卷 3〈世主妙嚴品〉，CBETA, T35, no. 1735, p. 521 a12-c20。

由此可知，澄觀於法藏十宗的第七「一切皆空宗」之前，加入
了三性空有宗，而以三性空有宗、真空絕相宗，象徵唯識法相、
中觀無相二宗。另外，澄觀亦將法藏十宗的第九「相想俱絕宗」
與「一切皆空宗」合併，調整為第八「真空絕相宗」，歸屬頓
教，亦將其視為無相宗。而以空有無礙宗（終教）、圓融具德宗
（圓教）為法性宗。❸

至於宗密，基本上，其對《法界觀》的詮釋，可說是承自
於澄觀的看法，如《註華嚴法界觀門》卷1：

> 清涼新經疏云：統唯一真法界，謂總該萬有，即是一心。
> 然心融萬有，便成四種法界。一、事法界，界是分義，一
> 一差別，有分齊故。二、理法界，界是性義，無盡事法，
> 同一性故。三、理事無礙法界，具性、分義，性、分無礙
> 故。四、事事無礙法界，一切分齊事法，一一如性融通重
> 重無盡故。❸

宗密進而以無相大乘、同教一乘、別教一乘來對配三觀，如
《註華嚴法界觀門》卷1：

---

❸ 澄觀此說法，顯示無相宗與法性宗似乎是有差別的，但此亦難以二分，澄觀
有時將無相宗與法性宗視為一樣，如《大方廣佛華嚴經疏》卷2〈世主妙嚴
品〉：「第二、敘西域者，即今性相二宗，元出彼方。故名西域，謂那爛陀
寺同時有二大德：一名戒賢，二名智光。……二、智光論師，遠承文殊龍
樹，近稟青目、清辯，依《般若》等經、《中觀》等論。亦立三時教，以明
無相大乘為真了義。」（CBETA, T35, no. 1735, p. 510b23-c12）。此中將智
光之無相宗，亦視為法性宗。此顯示了真空絕相之極，所顯之理，亦即是法
性宗。

❸ 《註華嚴法界觀門》卷1，CBETA, T45, no. 1884, p. 684b24-c1。

又初句會色歸空，無增益謗。二、明空即色，無損減謗。
三、空色無礙，不是雙非，無戲論謗。四、泯絕無寄，不
是亦空亦色，無相違謗。四謗既無，百非斯絕，已當八部
般若無相大乘之極致也。況後二觀，展轉深玄。❹

又如《註華嚴法界觀門》卷 1：

存（九十）亡（七八）逆（五六）順（三四）通有十門，
標也。其此等十，方名理事無礙。觀之於心，即名能觀。
觀事當俗，觀理當真，令觀無礙成中道第一義觀，自然悲
智相導成無住行，已當大乘同教之極致。故下第三觀是別
教一乘，迥異諸教。❹

依宗密之看法，真空觀為無相大乘之極致，為大乘初門。❹ 理事
無礙觀為大乘同教之極致，周遍含容觀為華嚴別教一乘。換言

---

❹　《註華嚴法界觀門》卷 1，CBETA, T45, no. 1884, p. 687a14-18。

❹　《註華嚴法界觀門》卷 1，CBETA, T45, no. 1884, p. 687b14-18。

❹　如《原人論》卷 1：「四、大乘破相教者，破前大小乘法相之執，密顯後真
性空寂之理。」（CBETA, T45, no. 1886, p. 709c9-10）又云：「是知心境皆
空，方是大乘實理。……今既心境皆空，未審依何妄現。故知此教但破執
情，亦未明顯真靈之性。故《法鼓經》云：一切空經是有餘說（有餘者，餘
義未了也）。《大品經》云：空是大乘之初門。」（CBETA, T45, no. 1886,
pp. 709c24-710a6）又如《禪源諸詮集都序》卷 1：「二、密意破相顯性
教，……生死涅槃平等如幻。但以不住一切無執無著而為道行，諸部《般
若》千餘卷經，及《中》、《百》、《門》等三論，《廣百論》等，皆說此
也。」（CBETA, T48, no. 2015, p. 404a6-22）此說明了無相教以破為主，而
密顯真性。若就所密顯真性而言，亦可視無相教為頓教，以顯示無相大乘之
極。

之，宗密將三觀對應於始教、同教一乘、別教一乘。

此外，於宋、明、清之際，甚至將三觀配於小、始、終、頓、圓教，如戒環《華嚴經要解》及續法《賢首五教儀》中，將三觀與五教做一配對，如下圖表所示：❹

五教		三觀
小教	法執宗	真空觀
始教	唯識宗	
	真空宗	
終教	藏心宗	理事觀
頓教	真性宗	
圓教	法界宗	周遍觀

由上述之探討，可得知《法界觀》之三觀，一方面於每一觀各以十門來論述，用以表達華嚴重重無盡法界；另方面，此三觀之真空觀、理事觀，其本身亦含攝小、始、終、頓四教，甚至圓教本身即含四教，如澄觀所說「總融諸理，無有障礙」❹。因

---

❹ 參《華嚴經要解》卷 1：「法界觀境普融無盡圖」。（CBETA, X08, no. 238, p. 450a1 // Z 1:12, p. 359c1 // R12, p. 718a1）或參「賢首時儀教觀圖」（CBETA, X08, no. 238, p. 449a1 // Z 1:12, p. 359a1 // R12, p. 717a1）及續法，《賢首五教儀》，頁 12。

❹ 《大方廣佛華嚴經隨疏演義鈔》卷 10：「《疏》：理即生空等者，具五教理。生空所顯，是小乘教理。二空所顯，是始教理。無性真如，是終教理。而言等者，等餘二教之理，謂頓教理亦即無性真如，體絕安立，如性雙遣，亦不離如。圓教之理，總融諸理，無有障礙耳。」（CBETA, T36, no. 1736, p. 71a16-21）《大方廣佛華嚴經隨疏演義鈔》卷 10：「《疏》：斯則有其所通，無其所局者。二、釋妨也。謂有難言，先則總收，後則總揀。二義天隔，何以會通，故為此釋。總收者，約其所通，於圓教中，有小乘戒善之

此，可知三觀與五教十宗之配對，歷代華嚴宗諸師略有不同。如下圖表所示：

三觀	澄觀	宗密	戒環、續法	備註		
真空觀	頓教	始教	小 始教	小教	契入法界	圓教
				始教		
				終教		
				頓教		
理事無礙觀	同教一乘 （終教）	同教一乘	終教 頓教	同教 一乘		
周遍含容觀	圓教	別教一乘	圓教	別教 一乘		

四、三觀的特質

　　天台於三觀之運用，主要透過空、假、中三觀之辯證張力，用以表達「一即一切，一切即一」之不思議境，即所謂的一念三千，如《摩訶止觀》卷5：

> 夫一心具十法界，一法界又具十法界百法界，一界具三十種世間，百法界即具三千種世間。此三千在一念心，若無

法、四諦、因緣，有始教中十地、十如、八識、四智，有終教中事理無礙，有頓教中言思斯絕等。如海有百川之水，水義同也。後總揀者，約無其所局，如小乘唯人空自利，始教五性三乘，終教不說德用該收，頓教一向事理雙絕等。如彼百川不同鹹味，不具十德。海則具之，一次、二不宿、三餘水入中、四普同、五無、六深、七廣、八大身、九潮、十普受大雨。」（CBETA, T36, no. 1736, p. 70c16-28）

心而已，介爾有心即具三千。亦不言一心在前，一切法在後；亦不言一切法在前，一心在後。例如八相遷物，物在相前，物不被遷；相在物前，亦不被遷。前亦不可，後亦不可。祇物論相遷，祇相遷論物。今心亦如是。若從一心生一切法者，此則是縱；若心一時含一切法者，此即是橫。縱亦不可，橫亦不可。祇心是一切法，一切法是心。故非縱非橫，非一非異，玄妙深絕，非識所識，非言所言。所以稱為不可思議境，意在於此（云云）。❹

此一念三千乃是不思議境，若要進一步論述，則難免陷於四句模式中。因此，天台往往以「空」來加以破斥，如《摩訶止觀》卷 5：

> 問：心起必託緣？為心具三千法？為緣具？為共具？為離
> 　　具？若心具者，心起不用緣。若緣具者，緣具不關
> 　　心。若共具者，未共各無共時安有。若離具者，既離
> 　　心離緣那忽心具。四句尚不可得，云何具三千法耶？
> 答：地人云：一切解惑真妄依持法性，法性持真妄，真
> 　　妄依法性也。攝大乘云：法性不為惑所染，不為真所
> 　　淨，故法性非依持。言依持者，阿黎耶是也，無沒無
> 　　明盛持一切種子。若從地師則心具一切法，若從攝師
> 　　則緣具一切法，此兩師各據一邊。❺

有關《摩訶止觀》對諸論師之破斥，基本上，是運用《中論》

---

❹　《摩訶止觀》卷 5，CBETA, T46, no. 1911, p. 54a5-18。

❺　《摩訶止觀》卷 5，CBETA, T46, no. 1911, p. 54a18-29。

之四句模式來論破，如《摩訶止觀》卷5：

> 若法性生一切法者，法性非心非緣，非心故而心生一切法
> 者，非緣故亦應緣生一切法，何得獨言法性是真妄依持
> 耶？若言法性非依持，黎耶是依持，離法性外別有黎耶依
> 持，則不關法性。若法性不離黎耶，黎耶依持即是法性依
> 持，何得獨言黎耶是依持。又違經，經言：非內非外，亦
> 非中間，亦不常自有。又違龍樹，龍樹云：諸法不自生，
> 亦不從他生，不共，不無因。❹

又《摩訶止觀》卷5：

> 當知四句求心不可得，求三千法亦不可得。既橫從四句生
> 三千法不可得者。應從一念心滅生三千法耶？心滅尚不能
> 生一法，云何能生三千法耶？若從心亦滅亦不滅生三千法
> 者，亦滅亦不滅其性相違，猶如水火二俱不立，云何能生
> 三千法耶？若謂心非滅非不滅生三千法者，非滅非不滅非
> 能非所云何能所生三千法耶？亦縱亦橫求三千法不可得，
> 非縱非橫求三千法亦不可得。言語道斷，心行處滅，故名
> 不可思議境。《大經》云：生生不可說，生不生不可說，
> 不生生不可說，不生不生不可說。即此義也。❺

若就第一諦言，則無有一法可得；若就世俗諦，則有無量法。此
無量法，主要隨順因緣來說，如《摩訶止觀》卷5：

---

❹　《摩訶止觀》卷5，CBETA, T46, no. 1911, p. 54a29-b8。

❺　《摩訶止觀》卷5，CBETA, T46, no. 1911, p. 54b18-c1。

> 當知第一義中，一法不可得，況三千法。世諦中，一心尚
> 具無量法，況三千耶。如佛告德女：無明內有不？不也。
> 外有不？不也。內外有不？不也。非內非外有不？不也。
> 佛言：如是有。龍樹云：不自、不他、不共、不無因生。
> 《大經》：生生不可說，乃至不生不生不可說。有因緣故，
> 亦可得說，謂四悉檀因緣也。雖四句冥寂，慈悲憐愍，於
> 無名相中，假名相說。㊾

於引文中，一方面以第一諦，來說明無有一法可得，乃至一切法
皆不可說，此可視之爲空觀；另一方面就世俗諦，來建立無量
法，此可視之爲假觀。此一切法的建立，是以慈悲憐愍眾生，
於諸法寂滅無名相中，假名相而說，故以四悉檀因緣隨緣而種
種說。然不論說空或說假，彼此無障無礙，此可視之爲中觀，如
《摩訶止觀》卷5：

> 佛旨盡淨，不在因、緣、共、離，即世諦是第一義也。又
> 四句俱皆可說，說因亦是，緣亦是，共亦是，離亦是。若
> 爲盲人說乳，若貝若粖若雪若鶴，盲聞諸說即得解乳，即
> 世諦是第一義諦。當知終日說，終日不說；終日不說，終
> 日說。終日雙遮，終日雙照。即破即立，即立即破。經論
> 皆爾。㊿

因此，可得知天台以空、假、中三觀之辯證模式，來表達「一即
一切、一切即一」、「一念三千」之不思議境，但似未展開重重無

㊾　《摩訶止觀》卷5，CBETA, T46, no. 1911, p. 54c1-9。
㊿　《摩訶止觀》卷5，CBETA, T46, no. 1911, p. 55a15-21。

盡之關係，此類似於華嚴五教之終教及頓教，所以華嚴宗將法
華判爲同教一乘，而以同終同頓來說明法華。

於華嚴三觀之眞空觀，基本上，雖然說已具有如天台
「空、假、中」三觀模式，但眞空觀著眼於遮撥上，以四句十門
來表達之，以呈現眞空觀是「言語道斷，心行處滅」之非空非
有，故以「行境」來表達之。此之眞空觀雖通小、始二教，實已
涵蓋小、始、終、頓、圓五教。所以，法藏以此來表詮華嚴別教
一乘義理，澄觀以「有其所通，無其所局」來明之。至於理事無
礙觀，則類似於天台之中道觀，亦以十門來表達之，此理事無礙
觀雖通終教或同教一乘，但仍以十門來顯示其重重無盡的理事
無礙觀。至於周遍含容觀，則以十玄門來顯示事事無礙法界，
以呈現出華嚴別教一乘不共之特色。❺

---

❺ 對於此周遍含容觀，澄觀特別將其與十玄門之十門來做說明，如《大方廣佛
華嚴經疏》卷 2〈世主妙嚴品〉：「第四、周遍含容，即事事無礙。且依古
德，顯十玄門。……此之十門，同一緣起無礙圓融。隨其一門，即具一
切。」（CBETA, T35, no. 1735, p. 515a17-25）又如《大方廣佛華嚴經隨疏演
義鈔》卷 10：「總攝歸眞，並皆空淨。理事無礙，即色空交映，色不礙空，
空不礙色也。德用重重，即唯明深義，具十玄門，重重無盡，即事事無礙。
如海十德互相周遍。」（CBETA, T36, no. 1736, p. 70c2-6）又云：「圓教合
於大海。……言尙非三況初二者，合前故隨一滴逈異百川，即舉勝顯劣，
三即終教，四即頓教，初二即小乘與始教。雖有戒善，是圓教戒善，尙不
同終、頓之勝，以彼不能事事無礙故。況初二之劣，以彼尙不得二空及事理
無礙等故。其猶大海尙異江河，況於溝澮。」（CBETA, T36, no. 1736, p.
70c9-16）又云：「《疏》：斯則有其所通，無其所局者。……總收者，約其
所通，如圓教中有小乘戒善之法四諦因緣，有始教中十地、十如、八識、四
智，有終教中理事無礙，有頓教中言思斯絕等。如海有百川之水，水義同
也。後總揀者，約無其所局，如小乘唯人空自利，始教五性三乘，終教不說
德用該收，頓教一向事理雙絕等。如彼百川，不同鹹味，不具十德。海則具
之。」（CBETA, T36, no. 1736, p. 70c16-28）以此說明終、頓二教未明德用
互攝重重無盡之事事無礙法界，而同終同頓之同教一乘亦復如此。因此，以

不論天台之三觀或華嚴之三觀，基本上，皆具有辯破與開顯的作用，且皆含攝諸教之特質。

五、結語

由上述之探討，可得知天台、華嚴各以三觀來契入不可思議法界「一即一切，一切即一」。而天台主要透過三觀之辯證，來契入不可思議法界。華嚴則以三觀之輾轉深玄，來契入不可思議法界，展開法法互遍互攝之重重無盡法界。

不論天台三觀或華嚴三觀，基本上，皆可就圓融與次第的角度來論述。在圓融方面，天台以「即空即假即中」，來呈現「空、假、中」三者彼此不相捨離；華嚴則以「真空、理事無礙、周遍含容」三觀各具十門，來呈現別教一乘之教義。在次第方面，天台之「空、假、中」三觀的脈絡，可說極為分明，且與其藏、通、別、圓四教判形成一緊密地連結。華嚴「真空、理事無礙、周遍含容」三觀，可將其視為觀法上一道豎窮之進路，呈現其次第性之關係，且以此來含攝五教，但三觀與諸教之關係上，並不明確，可將三觀分配為始教（或頓教）、同教一乘、別教一乘，或亦可將三觀配屬小始、終頓、圓教。因此，可得知華嚴三觀與諸教的對應上，並不明確。這也可能因此之故，澄觀將法藏十宗判的次序做了調整，加上華嚴往往將圓教寄顯終教、頓教來表達，致使後代在詮釋華嚴三觀與諸教之關係上，而有所不同。

此外，天台三觀之假觀的施設，是以凸顯大乘菩薩之不共法為其特色。華嚴雖未特別施設假觀，但於其真空觀（如明空

周遍含容之事事無礙法界，來彰顯華嚴一乘教之特色。

即色觀）及理事無礙觀中，實已攝及俗諦內容。華嚴三觀之真空觀，基本上，從遮的層面而言，亦可說含天台之三觀。

華嚴的理事無礙觀，似可對應天台的中道觀。而華嚴的周遍含容觀，可視為其本身別教一乘所具之特色。

總而言之，天台以三觀之辯證，來彰顯不可思議法界；華嚴以三觀之重重無盡，來展現其深廣。

* 本文原名為〈天台三觀與華嚴三觀〉，收錄於 2013 年 5 月《華梵人文學報》天台學專刊，頁 169-197。

參考書目

本文佛典引用主要是採用「中華電子佛典協會」（Chinese Buddhist Electronic Text Association，簡稱 CBETA）的電子佛典集成光碟，2016 年。

佛教藏經或古籍

《大方廣佛華嚴經疏》，T35, no. 1735。

《大方廣佛華嚴經隨疏演義鈔》，T36, no. 1736。

《四教義》，T46, no. 1929。

《原人論》，T45, no. 1886。

《華嚴一乘十玄門》，T45, no. 1868。

《華嚴法界玄鏡》，T45, no. 1883。

《華嚴發菩提心章》，T45, no. 1878。

《華嚴經行願品疏鈔》X05, no. 229。

《華嚴經要解》，X08, no. 238。

《華嚴經要解》，X08, no. 238。

《華嚴經探玄記》，T35, no. 1733。

《華嚴遊心法界記》，T45, no. 1877。

《註華嚴法界觀門》，T45, no. 1884。

《摩訶止觀》，T46, no. 1911。

《禪源諸詮集都序》，T48, no. 2015。

《賢首五教儀》，清・續法集錄，臺北：佛陀教育基金會，2000 年。

中日文專書、論文或網路資源等

陳英善　1996《華嚴無盡法界緣起論》，臺北：華嚴蓮社。

陳英善　1997《天台緣起中道實相論》，臺北：法鼓文化。（東初文
　　　　化，1995 年 3 月）

第六篇

華嚴與淨土念佛的對話

▌摘要

　　近代大師大德們的修行法門，有秉持「教宗賢首‧行在彌陀」（如弘一大師、楊仁山、徐蔚如等人），或有言「教宗賢首‧行在戒律」、「教宗賢首‧行在禪宗」、「教宗賢首‧行在密宗」等諸如此類的修行法門。這不禁讓人想到：為何不是「教宗賢首‧行在普賢」？而這到底蘊含了甚麼玄機？是華嚴有教而無觀嗎？什麼是華嚴的觀行法門？華嚴宗如何來看待「解與行」的問題？華嚴觀行與淨土念佛之關係又是如何？……諸如此類問題，值得吾人之深思與探討。

　　因此，基於上述等種種問題，本論文擬從四方面來探討：（一）首先，探討「教宗賢首‧行在彌陀」有否經論的依據？（二）接著，探討華嚴宗諸位大師的觀行法門。（三）進一步探討華嚴之解與行的關係。（四）最後，則針對「普賢行」與「彌陀行」來做探索，尤其以稱名念佛法門來切入，探討彼此之關係，以便吾人對「教宗賢首‧行在彌陀」有一整體性之了解。

關鍵字：華嚴、賢首、解行、普賢行、彌陀行

一、前言

近代大師大德們的修行法門，有秉持「教宗賢首・行在彌陀」❶（如弘一大師、楊仁山、徐蔚如等人），亦有秉持「教宗賢首・行在戒律」、「教宗賢首・行在禪宗」、「教宗賢首・行在密宗」等來修持。甚至亦有提倡「教宗天台・行在彌陀」。❷諸如此類的修行方式，在在凸顯了中國佛教擅長教義的兩大宗派──天台宗、華嚴宗，其教理與其他宗派修行法門之關係。

但這不禁讓人想到：為何不是「教宗賢首・行在普賢」？這到底蘊含了甚麼玄機？是華嚴宗有教而無觀嗎？❸華嚴宗如何來看待「解與行」的問題？華嚴觀行與淨土念佛之關係又是如何？……諸如此類問題，頗值得吾人之探討。因此，本論文擬從四方面來探討：（一）首先，探討「教宗賢首・行在彌陀」有否

---

❶ 「教宗賢首・行在彌陀」，亦可說「教宗華嚴・行在彌陀」。因為華嚴宗本身又稱之為賢首宗，乃因法藏大師為華嚴之集大成者，故以賢首宗稱之。而華嚴宗是以《華嚴經》立宗，所以稱為華嚴宗。

❷ 甚至亦有說「教宗天台・行在彌陀」（如諦閑大師、倓虛大師等）、或說「教宗般若・行在彌陀」（如江味農居士）、「教宗金剛・行在彌陀」。諸如此類，可說不勝枚舉。在在反映了佛教本身解與行之關係，以及諸宗派彼此間之關係。

❸ 如宗鑑《釋門正統》卷8：「賢首既不遵天台判釋，自立五教，至說《起信》觀法，卻云：修之次第，如顗師《摩訶止觀》。豈非有教無觀，解行胡越。」（CBETA, X75, no. 1513, p. 359c3-5 // Z 2B:3, p. 457a18-b2 // R130, p. 913a18-b2）又如志磐《佛祖統紀》卷29：「鎧菴曰：愚法小乘不說轉小成衍，又無別圓被接及法華開顯，則將畢世愚矣。始、終、圓、頓四教，皆無斷伏修證分齊。至說《起信論》觀法，則云：修之次第，如天台《摩訶止觀》。豈非有教而無觀耶？」（CBETA, T49, no. 2035, p. 293a27-b2）諸如此類，乃天台宗人對華嚴宗是否有教無觀之質疑。

經論的依據？（二）接著，探討華嚴宗諸位大師的觀行法門。
（三）進一步探討華嚴之解與行的關係。（四）最後，則針對「普
賢行」與「彌陀行」來做探討。以便吾人對「教宗賢首・行在彌
陀」之議題，有一整體性之了解。

　　然不論就《華嚴經》或華嚴宗來說，其理論基礎，在於法
界緣起；其所行法門，在於普賢行（亦即是廣大行、無盡行、圓
滿行）。此從華嚴宗初祖杜順、二祖智儼、三祖法藏等人，莫不
如此，以普賢行做為實踐之入手。但隨著時代因緣之轉變，慢慢
地有以禪、淨、律、密等做為修行法門。所以，形成了所謂「教
宗賢首・行在彌陀」，或「教宗賢首・行在禪宗」、「教宗賢首・
行在戒律」、「教宗賢首・行在密宗」等情形。此等之情形，一方
面顯示賢首華嚴教義所扮演角色之重要性，同時也凸顯了華嚴
宗「解、行」之特色。

　　一般吾人對於華嚴的認識，較偏重於對華嚴教義的了解，
而對於華嚴實踐方法，則顯得更為陌生。因此，有「教宗賢首・
行在彌陀」、「教宗賢首・行在禪宗」、「教宗賢首・行在戒律」、
「教宗賢首・行在密宗」等情形。然為何提倡「教宗賢首」？又
為何「行在彌陀」？而所謂「行在彌陀」究竟何所指？是指以
「彌陀淨土」做為所歸趣呢？或是專指以「念佛」做為修行法
門？而「念佛法門」本身又包括了多種念佛（如稱名、觀像、觀
想、實相念佛），又何以專就稱名念佛來入手？諸如此類問題，
頗為錯綜複雜，須加以一一釐清之。

　　所謂「教宗賢首」，大體上來說，則是強調於修行上須大開
圓解，亦即指開圓頓解之意。而此開圓頓解，就一般而言，主要
在於對大乘經論（如《華嚴經》、《般若經》、《大乘起信論》等）
的理解；若就宗派而言，是指華嚴宗、天台宗等教義。因此，可
看出「教宗賢首」之用意，在於強調開華嚴之圓頓解，以做為

修行之前導。至於「行在彌陀」，有兩層涵義：一方面指念佛法門，另一方面是指以彌陀淨土為所歸趣。而所言「教宗賢首·行在彌陀」，其蘊含了於修行上雖已開圓解，但仍不易入手等問題。

民國初年，中國佛教界大師大德們所奉行「教宗賢首·行在彌陀」的修行法門，若就楊仁山來說，其本身尊崇華嚴賢首教義，終身所奉行的「教宗賢首·行在彌陀」，乃是強調開圓頓解做為修行之前導，而此開圓頓解主要是依賢首法藏的教義，其中也包括大乘諸經論等；❹而於修持上，則以淨土之「信願行」為修行法門，於念佛法門中，除了持名念佛法門外，其中也包括觀想念佛法門等。❺而在此之前，遠在明末清初，已有大師大德們提倡「教宗賢首·行在彌陀」的修行法門，如雲棲祩宏、彭際清等人。

而對於此「教宗賢首·行在彌陀」的修行法門，其本身有否經論之依據？這是本論文首先探索的議題。

二、「教宗賢首·行在彌陀」之依據

在佛教諸經論典籍中，雖未特別標舉「教宗賢首·行在彌陀」的口號，但也存在著類似「教宗賢首·行在彌陀」的內涵。因此，首先探討「教宗賢首·行在彌陀」與諸經論的關係。

---

❹ 如楊仁山本身非常重視《大乘起信論》，而其本身思想深受《大乘起信論》之影響。

❺ 如楊仁山於《觀無量壽佛經略論》云：「淨土宗旨，三經為本，大經推崇本願，此經專重視觀想，小經專指持名。近代諸師以觀法深微，鈍根難入，即專指持名一門。若觀想逕可不用，何以大小二經皆詳演極樂世界依正莊嚴耶？」（金陵刻經處彙編，《楊仁山居士遺著》冊5，頁5）由此可看出楊仁山本身之修法，並不局限在持名念佛上。

　　若論及《華嚴經》與念佛之關係，在《華嚴經》卷 7〈賢首菩薩品〉有這樣的描述，所謂：

> 又放光明名見佛，彼光覺悟命終者，念佛三昧必見佛，命終之後生佛前。見彼臨終勸念佛，又示尊像令瞻敬，又復勸令歸依佛，因是得成見佛光。❻

在此段經文中，是針對臨命終者來說，強調以修念佛法門，來達到念佛三昧，由此念佛三昧而見佛，於臨命終時往生佛國淨土。有關臨命終念佛往生西方佛國淨土，此乃印度、西域等傳統習俗。❼而在此段〈賢首菩薩品〉引文中，論述了念佛法門、念佛三昧、見佛、臨命終等四個議題，顯示此四者彼此間密切之關係。換言之，因念佛三昧而見佛，且於臨命終後往生佛國，至於所說的念佛，包括持名、觀像念佛等法門。而在四十卷《華

---

❻　《華嚴經》卷 7〈賢首菩薩品〉，CBETA, T09, no. 278, p. 437b1-4。

❼　如法藏《華嚴經探玄記》卷 4〈賢首菩薩品〉：「又見佛光中，依西國法，有欲捨命者令面向西臥，於前安一立佛像，像亦面向西。以一旛頭挂像手指，令病人手捉旛腳，口稱佛名，作隨佛往生淨土之意。兼與燒香、鳴磬，助稱佛名。若能作此安處，非直亡者得生佛前，此人亦當得見佛光也。」（CBETA, T35, no. 1733, p. 190c2-8）另，在澄觀《大方廣佛華嚴經疏》卷 16〈賢首菩薩品〉，亦加以引用說明之，如其云：「第六、有七光。……次三，悲光拔苦。初一厄難苦，次一疾病苦，後一死苦。令見佛者，一、捨命不恐，二、惡道不畏。又要臨終勸者，《智論》二十八云：臨終少時，能勝終身行力，以猛利故，如火如毒。依西域法，有欲捨命者令面向西，於前安一立像，亦面向西。以旛頭挂像手指，令病人手捉旛腳，口稱佛名，作隨佛往生淨土之意，兼與燒香、鳴磬助稱佛名。若能行此，非直亡者得生佛前，抑亦終成見佛光也。」（CBETA, T35, no. 1735, p. 623b21-c4）且引用《大智度論》說明臨終猛力稱佛名而往生淨土。由此可知，以「口稱佛名」有助臨終者往生佛國淨土。

嚴經》〈入不思議解脫境界普賢行願品〉（簡稱〈普賢行願品〉）
所言的於臨命終時往生西方極樂世界，並未針對修念佛法門來
說，而是指以修普賢行願導歸西方極樂世界，如其云：

> 又復，是人臨命終時，最後剎那一切諸根悉皆散壞，一
> 切親屬悉皆捨離，一切威勢悉皆退失，輔相、大臣、宮城
> 內外，象馬車乘，珍寶伏藏，如是一切無復相隨。唯此願
> 王不相捨離，於一切時引導其前，一剎那中即得往生極樂
> 世界。到已即見阿彌陀佛、文殊師利菩薩、普賢菩薩、觀
> 自在菩薩、彌勒菩薩等，此諸菩薩色相端嚴，功德具足，
> 所共圍遶。其人自見生蓮華中，蒙佛授記；得授記已，經
> 於無數百千萬億那由他劫，普於十方不可說不可說世界，
> 以智慧力隨眾生心而為利益。不久當坐菩提道場，降伏魔
> 軍，成等正覺，轉妙法輪。能令佛剎極微塵數世界眾生發
> 菩提心，隨其根性，教化成熟，乃至盡於未來劫海，廣能
> 利益一切眾生。❽

此段引文中，則是強調以修普賢行願，於命終往生西方極樂世
界，且能面見阿彌陀佛、文殊師利菩薩、普賢菩薩、觀自在菩
薩、彌勒菩薩等，如其言「唯此願王不相捨離，於一切時引導其
前，一剎那中即得往生極樂世界」。此外，又自見生於蓮華中，
蒙佛授記，乃至盡未來際廣利益一切眾生。

　　因此，由上述《華嚴經》之二段引文中，已顯示了念佛、往
生與阿彌陀佛淨土之間的關係。亦可得知往生西方極樂世界，

---

❽　《大方廣佛華嚴經》卷 40〈入不思議解脫境界普賢行願品〉，CBETA, T10,
no. 293, p. 846c8-22。

其修行法門，基本上，包括了種種念佛法門、修普賢行願等，而非針對稱名念佛法門來說。甚至可說是強調以修普賢行願，於命終往生西方極樂世界；且於往生西方極樂世界，而圓滿普賢大願，如〈普賢行願品〉偈頌云：

> 願我臨欲命終時，盡除一切諸障礙，
> 面見彼佛阿彌陀，即得往生安樂剎。
> 我既往生彼國已，現前成就此大願，
> 一切圓滿盡無餘，利樂一切眾生界。❾

由此偈頌中，可看出不僅以普賢行願於命終往生西方極樂世界，且藉由往生西方極樂世界，而圓滿普賢大願。這是否顯示了於五濁惡世的娑婆世界不易圓滿普賢大願？至於極樂世界與華藏世界之關係，在《華嚴經》〈壽命品〉以諸世界之日劫轉展至最後世界一劫來對比之。❿

---

❾　《大方廣佛華嚴經》卷 40〈入不思議解脫境界普賢行願品〉，CBETA, T10, no. 293, p. 848a9-13。

❿　如《大方廣佛華嚴經》卷 29〈壽命品〉：「爾時，心王菩薩摩訶薩告諸菩薩言：『佛子！如此娑婆世界釋迦牟尼佛剎一劫，於安樂世界阿彌陀佛剎爲一日一夜；安樂世界一劫，於聖服幢世界金剛佛剎爲一日一夜；聖服幢世界一劫，於不退轉音聲輪世界善樂光明清淨開敷佛剎爲一日一夜；不退轉音聲輪世界一劫，於離垢世界法幢佛剎爲一日一夜；離垢世界一劫，於善燈世界師子佛剎爲一日一夜；善燈世界一劫，於善光明世界盧舍那藏佛剎爲一日一夜；善光明世界一劫，於超出世界法光明清淨開敷蓮華佛剎爲一日一夜；超出世界一劫，於莊嚴慧世界一切明光明佛剎爲一日一夜；莊嚴慧世界一劫，於鏡光明世界覺月佛剎爲一日一夜。佛子！如是次第，乃至百萬阿僧祇世界，最後世界一劫，於勝蓮華世界賢首佛剎爲一日一夜，普賢菩薩等諸大菩薩充滿其中。』」（CBETA, T09, no. 278, p. 589c2-19）

另外，有關在《華嚴經》之論典中，強調念佛三昧必見佛而得不退轉，首推龍樹菩薩《十住毘婆沙論》（此論乃是對《華嚴經》〈十地品〉的註疏）卷 5 云：

> 問曰：但聞是十佛名號執持在心，便得不退阿耨多羅三藐三菩提，為更有餘佛餘菩薩名得至阿惟越致耶？
> 答曰：阿彌陀等佛及諸大菩薩，稱名一心念，亦得不退轉。更有阿彌陀等諸佛，亦應恭敬禮拜稱其名號。❶❶

又如《十住毘婆沙論》卷 5 云：

> 若菩薩欲於此身得至阿惟越致地成就阿耨多羅三藐三菩提者，應當念是十方諸佛稱其名號。如《寶月童子所問經》〈阿惟越致品〉中說，……若人一心稱其名號，即得不退於阿耨多羅三藐三菩提。❶❷

於上述二段引文中，可看出龍樹菩薩已關注藉由念佛名號而得不退轉等問題。不論稱念阿彌陀佛名號或其他諸佛菩薩名號，只要一心稱其名號，皆能得不退轉地。而龍樹菩薩所言稱名念佛得不退轉之看法，於修行法門上，開展出稱名念佛法門，此對後代淨土宗之修行法門影響深遠。❶❸

在印度大乘佛教中，特別強調發願往生極樂世界者，首推世親菩薩，且造《往生論》（又名《無量壽經優波提舍》，簡稱

---

❶❶ 《十住毘婆沙論》卷 5，CBETA, T26, no. 2151, p. 42c8-14。

❶❷ 《十住毘婆沙論》卷 5，CBETA, T26, no. 1521, pp. 41b15-42a14。

❶❸ 詳參拙文〈稱名念佛與稱性念佛〉一文，收錄於本書第九篇。

《往生論》）來加以弘揚之，如《無量壽經優波提舍》卷1：

> 世尊我一心，歸命盡十方，
> 無礙光如來，願生安樂國。❶

世親菩薩除了其本身發願往生極樂世界，且進一步以五念門來
成就往生極樂世界，如《無量壽經優波提舍》卷1：

> 此願偈明何義？觀安樂世界，見阿彌陀佛，願生彼國
> 土故。
> 云何觀？云何生信心？若善男子善女人修五念門成就者，
> 畢竟得生安樂國土，見彼阿彌陀佛。何等五念門？一者禮
> 拜門、二者讚歎門、三者作願門、四者觀察門、五者迴向
> 門。❶

藉由此五念門之修習，得成就往生極樂世界。而此五念門，即是
透過身、口、意三業來修，如身之禮拜、口之讚歎、意之作願及
觀察等修法，且將身、口、意三業所修之功德迴向於眾生。❶於
五念門之第三門「作願門」中，是以一心專念作願往生極樂

---

❶　《無量壽經優波提舍》卷1，CBETA, T26, no. 1524, p. 230c17-19。

❶　《無量壽經優波提舍》卷1，CBETA, T26, no. 1524, p. 231b8-13。

❶　《無量壽經優波提舍》卷1：「云何禮拜？身業禮拜阿彌陀如來應正遍知，
　　為生彼國意故。云何讚歎？口業讚歎稱彼如來名，如彼如來光明智相，如彼
　　名義，欲如實修行相應故。云何作願？心常作願，一心專念，畢竟往生安樂
　　國土，欲如實修行奢摩他故。云何觀察？智慧觀察，正念觀彼，欲如實修行
　　毘婆舍那故。……云何迴向？不捨一切苦惱眾生，心常作願迴向為首成就大
　　悲心故。」（CBETA, T26, no. 1524, p. 231b13-24）

世界來修三昧行，而入蓮華藏世界，如《無量壽經優波提舍》卷 1：

> 入第三門者，以一心專念作願生彼，修奢摩他寂靜三昧行故，得入蓮華藏世界。是名入第三門。❼

此引文中，顯示了念佛三昧與華藏世界之關係。而世親菩薩此種作願往生極樂世界，以及由極樂世界入華藏世界的看法，可說影響了華嚴宗大師，尤其是智儼大師。在華嚴宗諸位大師中，將華藏世界與極樂世界相互連結一起的，首推智儼大師（於下論述之）。

三、華嚴宗諸位大師的觀行法門

從前述相關諸經論的探討中，約略可得知念佛法門、念佛三昧、極樂世界、華藏世界等彼此間之關係。而華嚴宗大師們如何來看待此議題？因此，為釐清此議題，本節先就華嚴宗大師們的觀行法門來論述。

若就華嚴宗大師們的觀行法門來說，主要在於普賢行，如華嚴宗初祖杜順和尚本身是位修普賢行者，如《法界宗五祖略記》卷 1：

> 初祖名法順，勅號帝心，俗姓杜氏，雍州萬年縣杜陵人也。生於陳武帝永定二年。……尚稟性柔和，操行高潔，學無常師，以華嚴為業，住靜終南山。遂準《華嚴經》

---

❼ 《無量壽經優波提舍》卷 1，CBETA, T26, no. 1524, p. 233a14-16。

義，作《法界觀》文。集成已，投巨火中。禱曰：若契合聖心，令一字無損。忽感華嚴海會菩薩，現身讚歎。後果無燼。❶⑧

杜順和尚不僅終身以華嚴為業，奉行華嚴，且以普賢行教導樊玄智，如《華嚴經傳記》卷4：

樊玄智，涇州人也。童小異俗，願言修道。年十六捨家，於京師城南，投神僧杜順禪師，習諸勝行。順即令讀誦《華嚴》為業，勸依此經，修普賢行。❶⑨

此從杜順和尚勸樊玄智依《華嚴經》修普賢行，亦可推知杜順和尚其本身乃是修普賢行者。

在華嚴宗諸位祖師中，二祖智儼其本身很明顯地發願往生西方而後入蓮華藏世界，如《華嚴經傳記》卷3：

儼自覺遷神之候，告門人曰：吾此幻軀從緣無性，今當暫往淨方，後遊蓮華藏世界。汝等隨我，亦同此志。俄至十月二十九日夜，神色如常，右脇而臥，終於清淨寺焉。春秋六十七矣。時有業淨方者，其夜聞空中香樂，從西方而來，須臾還返，以為大福德人也。往生之驗。明晨詢問，果知其應也。❷⓪

---

❶⑧　《法界宗五祖略記》卷1，CBETA, X77, no. 1530, p. 619b11-c22 // Z 2B:7, pp. 271d6-272b5 // R134, pp. 542b6-543b5。引用清・續法《法界宗五祖略記》之杜順資料，乃為方便說明。

❶⑨　《華嚴經傳記》卷4，CBETA, T51, no. 2073, p. 166c8-11。

❷⓪　《華嚴經傳記》卷3，CBETA, T51, no. 2073, pp. 163c26-164a4。

至於智儼爲何發願先往生西方極樂世界而後入蓮華藏世界？此
或許從其相關論著略知之，如《華嚴經內章門等雜孔目章‧壽命
品內明往生義》卷 4：

> 往生義者，總有七門：一、明往生意。二、明往生所信之
> 境。三、明往生因緣。四、明往生驗生法。五、明往生業
> 行。六、明往生人位分齊。七、明往生業行迴轉不同。初
> 明往生意者，爲欲防退。娑婆世界雜惡之處中下濡根，
> 於緣多退。佛引往生，淨土緣強，唯進無退，故制往生。
> 往生有二處：一是西方、二生彌勒處。若欲斷煩惱者，引
> 生西方。不斷煩惱者，引生彌勒佛前。何以故？西方是異
> 界故，須伏斷惑。彌勒處是同界故，不假斷惑，業成即往
> 生。㉑

智儼以七門來論述往生義，於第一門「往生意」中，說明了爲
何要往生，主要在於防退轉，如其云：「往生意者，爲欲防退。」
此乃因娑婆世界的中下根眾生處於五濁雜惡世界中，容易受環
境之影響，遇緣多退，所以佛引往生淨土，以淨土緣強，唯進無
退。這說明了智儼爲什麼要撰寫〈往生義〉一文之用意所在。此
外，值得特別留意的，智儼進一步說明往生有二處：西方彌陀佛
國、彌勒佛國。若欲斷煩惱者，引生西方；若不斷煩惱者，引生
彌勒佛前。此乃因西方世界是不同於三界，故須伏斷惑，而彌勒
世界是同屬於三界，故不須斷惑，業成即往生，引生彌勒佛前。
　　同樣地，所謂彌陀佛國，對智儼而言，有一乘、三乘之別。
因此，智儼進一步加以區分之，如《華嚴經內章門等雜孔目章》

㉑　《華嚴經內章門等雜孔目章》卷 4，CBETA, T45, no. 1870, p. 576c9-18。

卷4：

> 第二、往生所信境者，謂阿彌陀佛國一乘、三乘不同。若
> 依一乘，阿彌陀土屬世界海攝。何以故？為近引初機成
> 信，教境真實，佛國圓融不可說故。若依三乘，西方淨土
> 是實報處。❷

此說明了從華嚴一乘角度來看，則阿彌陀佛國土屬華藏世界海
攝，顯示了極樂世界與華藏世界是相互連結的，諸佛國土彼此
圓融無礙。若依三乘的看法，則西方淨土是實報土。另外，智儼
也特別提到往生西方淨土得不退，展轉增勝，生無邊佛土，至
普賢界，還來入蓮華藏世界海。❸ 由此也可得知，智儼為何於臨
命終時發願先往生西方極樂世界而後入蓮華藏世界，其理論基
礎乃建立在一乘教法上。而智儼此論點，基本上可說來自於世
親菩薩。❹
　　華嚴三祖法藏，本身是道道地地的普賢行者，以普賢行做
為實踐之入手，畢生奉持普賢行願，如在永明延壽《宗鏡錄》
中，記錄了法藏大師之發願文，所謂：

---

❷　《華嚴經內章門等雜孔目章》卷4，CBETA, T45, no. 1870, p. 576c18-24。

❸　《華嚴經內章門等雜孔目章》卷4：「第七、往生業行迴轉不同者，其往生
　　業，……令生西方，至彼得不退。雖有前後，仍取不退，以為大宗。從此已
　　後，展轉增勝，生無邊佛土，至普賢界，還來入彼蓮華藏世界海，成起化之
　　用。此據極終入宅之言。」（CBETA, T45, no. 1870, p. 577b23-c6）

❹　如世親《無量壽經優波提舍》卷1：「入第三門者，以一心專念作願生彼，
　　修奢摩他寂靜三昧行故，得入蓮華藏世界，是名入第三門。」（CBETA,
　　T26, no. 1524, p. 233a14-16）

華嚴疏主藏法師發願偈云：

誓願見聞修習此，圓融無礙普賢法，

乃至失命終不離，盡未來際願相應。

以此善根等法性，普潤無盡眾生界，

一念多劫修普行，盡成無上佛菩提。❷

此不僅顯示了法藏畢生奉行普賢行，且生生世世實踐普賢行。此外，依《華嚴經》而撰寫《華嚴經普賢觀行法門》，將普賢行分成普賢觀法、普賢行法來加以論述。❷ 而有關普賢觀法之實踐，基本上須具備對華嚴教理有充分的了解，才能實踐之。如《華嚴經普賢觀行法門》卷1：

初明普賢觀，……有十門。

第一、會相歸性門……。

第二、依理起行門……。

第三、理事無礙門……。

第四、理事俱泯門……。

第五、心境融通門……。

第六、事融相在門……。

第七、諸法相是門……。

第八、即入無礙門……。

第九、帝網重現門……。

---

❷ 《宗鏡錄》卷100，CBETA, T48, no. 2016, p. 957b10-14。

❷ 法藏《華嚴經普賢觀行法門》卷1：「依《華嚴經》普賢觀行法，初明普賢觀，次明普賢行。」（CBETA, X58, no. 991, p. 159b22-23 // Z 2:8, p. 73c11-12 // R103, p. 146a11-12）

第十、主伴圓備門，謂菩薩以普賢之智，頓見於此普賢法界，是故凡舉一門為主，必攝一切為伴，如是無盡無盡不可稱說，思之可見。

此略說顯《華嚴經》中菩薩止觀，廣如別記說。❷⃝

在此普賢觀法之十門中，是以普賢之智來修觀的，以此觀法頓現普賢法界。因此，凡舉一門為主，必攝一切為伴，如是無盡無盡不可稱說。

此普賢觀法與法藏《華嚴發菩提心章·色空章》（又名《華嚴三昧章》）內容大致相同。其所論述之十種觀法，亦與《華嚴法界觀》有密切之關係；而此《華嚴法界觀》之三觀內容，也出現在《華嚴發菩提心章》「真空、理事無礙、周遍含容觀」中。❷⃝ 如此一來，可看出普賢觀法與華嚴教理之密切關係。至於普賢行法所論述之內容，亦有十種行法，所謂「第二、明普賢行法，初學菩薩行法，亦有十門」，❷⃝ 此十種普賢行法，是針對初學菩薩行法來論述，如論及如何「起信、皈依、懺悔、發願、受戒、離過、行善、忍辱、救度、平等」十種行法。雖然如此，但實仍不離普賢廣大行，如第十門「修平等行」所說：

---

❷⃝　《華嚴經普賢觀行法門》卷 1，CBETA, X58, no. 991, pp. 159b24-160a2 // Z 2:8, pp. 73c13-74a3 // R103, pp. 146a13-147a3。詳參附錄一。

❷⃝　《華嚴發菩提心章》卷 1：「第四、表德者，自有五門：一、真空觀，二、理事無礙觀，三、周偏含容觀，四、色空章十門止觀，五、理事圓融義。」（CBETA, T45, no. 1878, p. 652b9-11）另有關華嚴三觀內容之論述，詳參拙著《華嚴無盡法界緣起論》第 1 章第 1 節。

❷⃝　《華嚴經普賢觀行法門》卷 1，CBETA, X58, no. 991, p. 160a3 // Z 2:8, p. 74a4 // R103, p. 147a4。

第十、修平等行，亦有三種：

一、於所救眾生平等，不揀怨親，不求恩報。

二、不見自他，無人無能無所，畢竟平等。

三、興無緣大悲無念大智，攝化眾生廣修萬行，盡未來際而無休息故。❸

以此盡未來際而無休息的廣大行願，實乃普賢行法之特色，此也呼應了法藏大師本身生生世世奉行普賢行之精神。

　　華嚴宗四祖澄觀，其本身乃普賢行者，如《宋高僧傳》卷 5：

　　　吾既遊普賢之境界，泊妙吉之鄉原，不疏毘盧，有辜二聖矣。❸

因此，從澄觀所遊普賢之境界，進而註疏《華嚴經》，可得知其乃道道地地之普賢行者。而華嚴五祖宗密畢生投注於《圓覺經》之註疏，或許一般認為宗密與華嚴之關係似乎淡了些。但從澄觀對宗密所說的話：「毘盧華藏能隨我遊者，其唯汝乎。」❸ 似可得知宗密本身亦是一位普賢行者。此外，從宗密以化儀頓、逐機頓，來簡別《華嚴經》與諸經之不同，❸ 也顯示了宗密本身對

---

❸　《華嚴經普賢觀行法門》卷 1，CBETA, X58, no. 991, p. 160b6-9 // Z 2:8, p. 74b13-16 // R103, p. 147b13-16。詳參附錄二。

❸　《宋高僧傳》卷 5，CBETA, T50, no. 2061, p. 737b3-7。

❸　《宋高僧傳》卷 6：「釋宗密，姓何氏，果州西充人也。……末見上都華嚴觀，觀曰：毘盧華藏能隨我遊者，其唯汝乎。」（CBETA, T50, no. 2061, pp. 741c23-742a1）

❸　宗密之所以著疏《圓覺經》，乃時代因緣所使然。如《禪源諸詮集都序》卷

於《華嚴經》有相當程度之了解。至於宗密畢生投入於《圓覺經》之註疏，乃時代之使然，以契合當時之根機故。

四、華嚴觀法的解與行之關係

藉由前面之論述中，可得知華嚴宗諸祖師是實踐普賢行者。至於華嚴宗如何看待解行問題，乃是本論文進一步探討的議題。對華嚴宗而言，解、行乃不二，依解起行，行依解起。有關華嚴三昧之修持，實不外乎解與行，如法藏《華嚴遊心法界記》卷1：

> 將欲入此三昧，方便非一。總而言之，不過二門：一者解。二者行。❸❹

此引文中，以解、行來說明如何修持華嚴三昧入無礙法界。而此之解與行，彼此有極密切之關係。基本上，行依於解，稱解起行，解行不二，而種種有關「解」的論述，無非為了建立真正之見解，以便稱解起行，如說而行，如行而說，如《法界觀》：

2：「頓者復二：一、逐機頓，二、化儀頓。逐機頓者，遇凡夫上根利智，直示真法，聞即頓悟全同佛果。如《華嚴》中初發心時即得阿耨菩提，《圓覺經》中觀行成時即成佛道。然始同前二教中行門，慚除凡習漸顯聖德。……即《華嚴》一分，及《圓覺》、《佛頂》、《密嚴》、《勝鬘》如來藏之類二十餘部經是也。遇機即說，不定初後，與禪門第三直顯心性宗全相同也。」（CBETA, T48, no. 2015, p. 407b21-c2）宗密於此說明逐機頓，為華嚴一分，而諸經典之頓乃屬逐機頓。至於化儀頓，則專指《華嚴經》。

❸❹　《華嚴遊心法界記》卷1，CBETA, T45, no. 1877, p. 646c15-16。

> 若不洞明前解，無以躡成此行。若不解此行法絕於前解，
> 無以成其正解。若守解不捨，無以入茲正行。是故行由解
> 成，行起解絕也。❸

說明了真正之行，是由解所成的；而真正之解，乃於是行起動
時，此解即泯絕。簡言之，即是「行由解成，行起解絕」。由此
顯示了解、行彼此之相互依存的關係。尤其於「解」方面特別著
力，縱使論及「行」，仍不離「解」來論述，此乃因「行」本身
離見亡言之故，如此顯示「解」於修華嚴三昧所扮演之角色，如
《華嚴遊心法界記》卷 1：

> 問：既言行法離見亡言，言、見莫之能入。今既知行亡言
> 　　離見，此見豈非見耶？
> 答：若知此見是解，此解即為解。若即以此見為行，非但
> 　　不是行，亦復不是解也。何以故？妄見之解，即非解
> 　　故。❸

由「解」所論之「行」，基本上，仍是解而已，不能將此「解之
行」當作行。且因為「行」本身乃在於離見亡言，所以往往就
「解」來說明「行」。若不能明白此番道理，而將之視為「行」，
此不但不是行，且亦不是解。又如《華嚴遊心法界記》卷 1：

> 問：若自體全性是即無生，云何今說果法生耶？
> 答：以力即無力，生即是無生。即無力即有力，無生即是

---

❸　引自《華嚴發菩提心章》卷 1，CBETA, T45, no. 1878, p. 652c24-27。

❸　《華嚴遊心法界記》卷 1，CBETA, T45, no. 1877, p. 648a18-22。

生。何者？以有力無力，無二性也。是故由斯道理，
皆為滅見之方，不可執此不行，解方終不差病。事
須用功無息，久習方成懷。勿以解為修而即將為正行
也，此但增於見愛，終無歸本之期，暫疲倦於波瀾竟
無獲珠之日。何以故？唐捐歲月無功勳故。❸

有關解、行之種種的論述說明，無非在於破除吾人的種種知
見，建立如實之正解。因此，如何掌握確切之正解，實乃修普賢
行之關鍵，如《華嚴遊心法界記》卷1：

又此諸法緣起相由，即云：彼中有此，此中有彼。是即但
得其門，不關其大緣起義也。何者？以大緣起法而定一異
不可得，相由而成融通無礙故。且如一中有一切時，即是
一切中有一時。今欲定其門說，故知但得其門不得其法
也。既不得彼法，而言「一切中有一，一中有一切」者，
此但是妄接，非稱大緣起法也。如人見水向東馳流於上有
泡，言泡中有水，而計泡於手中，即言手泡內有水者。此
是妄心中有，非稱水有也。以泡離水即無，何得有泡。而
言泡中有水，此是緣起已壞，不可言有也。❸

華嚴所說的「一即一切，一切即一」之緣起道理，其實並不容易
掌握，因為吾人習慣於以世間之「一」、「一切」來了解。因此，
確切之正解大緣起法，實乃修普賢行之關鍵。除此之外，則須於
日常中，令此正解念念相續，又如《華嚴遊心法界記》卷1：

❸　《華嚴遊心法界記》卷1，CBETA, T45, no. 1877, p. 649b10-18。
❸　《華嚴遊心法界記》卷1，CBETA, T45, no. 1877, p. 650b23-c5。

夫言一者，必具一切，方是一也；若不具一切，即不是
一。一切亦爾。此大緣起法，法爾具足，必須心中證。彼
知不可說得向人者，方見緣起之氣分也。若作可說得解，
是即不見也。終日言由，妄為言也。必須絕解寔修，是即
順為正見。若也解心為得，是即一世虛行。深信之耳，餘
如別說。既知是已，常須繫念相續，勿令惡見聞之，乃至
證見如常見世間物等者，方名入大緣起法界也。若不得如
是念者，須向靜處繫念現前。不可口言即為入也，若口有
而心無者，即如狂人耳。可准思之。❸

此中強調雖具正解，仍須繫念相續，且認為「事須用功無怠，
久習方成懷」，若未能常須繫念相續，則須藉由靜處來繫念，令
此大緣起法界之正解圓明現前。由此可看出華嚴宗對解、行之
重視。

唯有真正之解，才能開起真正之行。而無信之解，亦非真
正之解，如《華嚴遊心法界記》卷1：

若能如是，佛說此人皆堪受法界究竟三昧。何以故？於
法苦行，不怯怖故；如說能行，教相應故。此云何知？
按《華嚴經》云：「此《經》不入一切眾生之手，唯除菩
薩」，即其事也。解云：手者，信手也。不入者，若無此
信，不能解置法界無礙之法，是故華嚴不入手也。何以
故？信心虛偽，不應教故，於是人所而不要故。唯除菩
薩者，以菩薩心口相應，畢竟無謬，於菩薩行勇猛能為，
堪可進修諸餘行等，華嚴妙典玄挈手中。何以故？法界無

礙，此人要故。若無如是信者，雖有眾解悉皆顛倒。何以故？無信之解，不應行故；顛倒之解，即非解故。❹

由此可知，信、解、行乃是不相捨離的，無信之解，即是顛倒之解；顛倒之解，與行不相應。有關華嚴之解、行，乃稱解起行，行如所說，行解不二，猶如文殊與普賢，如澄觀《大方廣佛華嚴經疏》卷 55〈入法界品〉：

> 二、以解行相對，普賢表所起萬行，上下諸經皆説普賢行故；文殊表能起之解，通解理事故。❹

又云：

> 互融顯圓者，亦二：先以二門各自圓融，謂解由前信，方離邪見；信解真正，成極智故。依體起行，行必稱體；由行證理，理行不殊。故隨一證即一切證。二、以二聖法門互融，謂始信必信於理故。能所不二，稱解起行；行解不二，智與理冥，則理智無二。是以文殊三事融通隱隱，即是普賢三事涉入重重。由此故能入遮那嚩申之境故。❹

要藉於解，方能起行，稱解起行，行不異解。解行相資，方為眞正之行解。❹有關華嚴種種之解，無非在於為了實踐，誠如澄觀

---

❹　《華嚴遊心法界記》卷 1，CBETA, T45, no. 1877, p. 646a6-17。

❹　《大方廣佛華嚴經疏》卷 55，CBETA, T35, no. 1735, p. 918a15-17。

❹　《大方廣佛華嚴經疏》卷 55，CBETA, T35, no. 1735, p. 918a22-b1。

❹　如《華嚴經行願品疏》卷 3：「二、解行相對。……稱解起行，行如所說，

所說的「造解成觀」，❹ 即事即行，且於口談其言，心詣其理。

五、「普賢行」與「彌陀行」之關係

所謂「教宗賢首‧行在普賢」或「教宗賢首‧行在彌陀」，其所面對的共同議題，主要在於「行」上的問題。而「行」的問題，不外乎涉及了普賢行、彌陀行。因此，本節進一步針對普賢行、彌陀行彼此之關係來做探討。

（一）普賢行

不論《華嚴經》或華嚴宗，向來對普賢行是極為重視的，如常以普賢行、普賢位、普賢眼、普賢智、普賢德、普賢願、普賢境、普賢法、普賢觀等字眼來顯示華嚴教理及觀行，所謂「一行一切行」、「一位一切位」、「一障一切障」……諸如此類，非普賢行位不能表之。

整部《華嚴經》所論述的，無非就是普賢行德；而華嚴宗諸大師所實踐的，無非是普賢觀行。而所謂普賢行，可以信、

目足更資，方為真實之行解故。」（CBETA, X05, no. 227, p. 90c4-8 // Z 1:7, p. 278b2-6 // R7, p. 555b2-6）又如澄觀《三聖圓融觀門》卷1：「二者、二聖法門互相融者：謂要因於信，方知法界信；不信理，信即為邪故。能、所不二。不信自心有如來藏，非菩薩故。次、要藉於解，方能起行，稱解起行，行不異解，則解、行不二。次、以智是理用，體理成智，還照於理，智與理冥，方曰真智，則理、智無二。故《經》云：『無有如外智能證於如，亦無智外如為智所入。』」（CBETA, T45, no. 1882, p. 671c1-8）

❹ 《大方廣佛華嚴經隨疏演義鈔》卷2：「第二、顯示心觀俟參禪者。……故製茲疏，使造解成觀，即事即行，口談其言，心詣其理。……使教合亡言之旨，心同諸佛之心。無違教理之規，暗蹈忘心之域。」（CBETA, T36, no. 1736, pp. 16c23-17a13）

解、行、證來表達，將之歸納為：「發徹到信、開圓頓解、修普賢行、入圓滿證」，亦可言「發徹到信、開圓頓解、修無盡行（廣大行、圓滿行）、契果滿證」。或可針對「信、解、行、證」之行，來論述普賢行，而此普賢行所顯示的，即是廣大行、無盡行、圓滿行。

　　若就「發徹到信」而言，是指對華嚴法界緣起道理之徹底信受，對諸佛菩薩所證悟此境界之深信，具備此條件才有可能修習華嚴三昧，如《華嚴遊心法界記》卷1：

> 今欲入法界無礙者，要先發得徹到信心。何者？以信為初基，眾行之本，一切諸行皆藉信生。是故最初舉信為始也。此云何知？按《華嚴經》云：「信為道元功德母，增長一切諸善法」，乃至「信為寶藏第一法，為清淨手」，受眾行等也。是故欲入法界無礙，要須發此徹到信心。若不發得如是之信心，無以入於法界無礙也。何以故？器不堪受無礙法故。若得此心現前，能堪受無礙法也。❹

引文中所說的「法界無礙」，是指華嚴三昧，亦有海印三昧、法界三昧、法界無礙三昧、法界究竟無礙等諸名稱。❻若不能發起「徹到信心」，則不能堪受法界無礙法；若不能堪受法界無礙法，則不能修行此華嚴三昧，所謂「若不發得如是之信心，無以入於法界無礙也。何以故？器不堪受無礙法故。若得此心現前，

---

❹　《華嚴遊心法界記》卷1，CBETA, T45, no. 1877, p. 645b22-c1。

❻　此等名稱，只是就因、果、理等不同角度上有差別而已，華嚴三昧乃就因地而說，海印三昧是果上而言，法界無礙則就理來說。如《華嚴遊心法界記》卷1：「此解行為言，名為華嚴三昧。如其據果，亦名海印三昧。……按此義邊故，名法界無礙也。」（CBETA, T45, no. 1877, p. 646b23-c15）

能堪受無礙法也。」此在在顯示「信」於行上之重要性。爲了對「發徹到信」有一如實的了解，《華嚴遊心法界記》進一步舉《涅槃經》純陀對法的徹到信心來說明，❼及以實例來明之，如《華嚴遊心法界記》卷1：

> 問：今令發此信心，未委云何是信而言發耶？
> 答：今以事求，是即可見。何者？且如於一眾僧所發至信心。……當爾時間具有六種難事。言六者何？一、日時催促難。二、迥無資產難。三、外求不得難。四、信心不動難。五、能捨身命難。六、歡喜慶悅難。❽

此是就供養之實例來說，顯示於極難行之下，仍不退其供養之信心。對此之難行，以六難來顯示，所謂：日時催促難、迥無資產難、外求不得難、信心不動難、能捨身命難、歡喜慶悅難。在如此極艱難下，仍不退其信心。若能如是具足此信心者，乃能

---

❼ 如《華嚴遊心法界記》卷1：「按《涅槃經》純陀請辭云：吾有調牛、良田，除去株杌。唯希如來甘露法雨，雨我身田，令生法牙。」（CBETA, T45, no. 1877, p. 645c2-4）此是舉《涅槃經》純陀爲例，說明以堅信力能破諸見，而成大事故，如《華嚴遊心法界記》所做進一步解釋，如其云：「解云：此是純陀已發徹到信心，希佛爲說大般涅槃也。言有調牛者，純陀自述發信心已得身、口等七處調柔也。良田者，即此徹到之信，唯在於法，更無名利等念也。唯希如來甘露法雨者，信心堅實堪受法也。雨我身田，令生法牙者，一聞不退，菩薩萬行皆解行也。又《華嚴經》云：皆由直心精進力故等。若能發得如上心者，即見煩惱能除，無行不成也。何以故？是堅信力能破諸見，成大事故。此云何知？按《華嚴經》云：信力堅固不可壞等。又言：譬如水精珠，能清諸濁水等。即其事也。」（CBETA, T45, no. 1877, p. 645c4-14）

❽ 《華嚴遊心法界記》卷1，CBETA, T45, no. 1877, p. 645c14-22。

堪受華嚴之法，乃可修華嚴三昧。

　　所謂「開圓頓解」，乃對華嚴「一即一切，一切即一」的了解。整部《華嚴經》所論述的，無不在說明此道理，此從華嚴宗以「信、解、行、證」四分來疏解《華嚴經》之結構可得證明，如六十《華嚴經》七處八會，從第二會至第六會屬「修因契果生解分」，有關「解」則占了五會，若就八十《華嚴經》七處九會而言，有關「解」則占了六會，此顯示《華嚴經》對「解」之重視。而華嚴宗諸大師的種種論述，無不是在幫助「解」吾人之迷惑。如《華嚴遊心法界記》卷1：「是故由斯道理，皆為滅見之方。」❹

　　所謂「修普賢行」，其實是不離開「解」來明知，如《華嚴遊心法界記》卷1：

> 第二、別明行者，即於上解中，審諦取之。何者？且如一中有一切時，即是一切中有一時。即一與一切，即入一時。……論其解也如彼，語其行也如斯。應准思之。……是故行者存意思之。❺

在此引文中，所謂「解也如彼，語其行也如斯」，說明了解和行皆不離華嚴之「一即一切，一切即一」。若就「行」而言，呈現出「一中有一切時，即是一切中有一時。即一與一切，即入一時」，顯示「一與一切」相即相入的道理。於解上了知「一即一切，一切即一」之道理；而於行上，亦復如是。

　　而此典型之普賢行，其具體實踐，表現在《華嚴經》〈普賢

---

❹　《華嚴遊心法界記》卷1，CBETA, T45, no. 1877, p. 649b13。

❺　《華嚴遊心法界記》卷1，CBETA, T45, no. 1877, pp. 647c27-648a12。

行願品〉的十大願王中。❺若就十大願王之第一願「禮敬諸佛」來說，可看出普賢行所展現之無盡行，呈現出所禮對象、能禮者之重重無盡，乃至時間、空間等皆無盡，如〈普賢行願品〉云：

> 普賢菩薩告善財言：「善男子！言禮敬諸佛者：所有盡法界、虛空界十方三世一切佛剎極微塵數諸佛世尊，我以普賢行願力故，起深信解，如對目前，悉以清淨身、語、意業，常修禮敬。一一佛所，皆現不可說不可說佛剎極微塵數身，一一身遍禮不可說不可說佛剎極微塵數佛。虛空界盡，我禮乃盡，而虛空界不可盡故，我此禮敬，無有窮盡。如是乃至眾生界盡、眾生業盡、眾生煩惱盡，我禮乃盡。而眾生界乃至煩惱無有盡故，我此禮敬無有窮盡，念念相續，無有間斷，身、語、意業無有疲厭。❺

又如偈頌云：

> 所有十方世界中，三世一切人師子，
> 我以清淨身語意，一切遍禮盡無餘。

---

❺ 《大方廣佛華嚴經》卷40〈入不思議解脫境界普賢行願品〉：「爾時，普賢菩薩摩訶薩稱歎如來勝功德已，告諸菩薩及善財言：『善男子！如來功德，假使十方一切諸佛，經不可說不可說佛剎極微塵數劫，相續演說，不可窮盡。若欲成就此功德門，應修十種廣大行願。何等為十？一者、禮敬諸佛，二者、稱讚如來，三者、廣修供養，四者、懺悔業障，五者、隨喜功德，六者、請轉法輪，七者、請佛住世，八者、常隨佛學，九者、恒順眾生，十者、普皆迴向。』」（CBETA, T10, no. 293, p. 844b20-28）

❺ 《大方廣佛華嚴經》卷40〈入不思議解脫境界普賢行願品〉，CBETA, T10, no. 293, p. 844b29-c11。

　　普賢行願威神力，普現一切如來前，

　　一身復現剎塵身，一一遍禮剎塵佛。❸

此是以「起深信解」，來實踐禮敬諸佛。不僅於「禮敬諸佛」如
此無盡，於其餘九願亦皆如此，如於「稱歎如來」乃至「普皆回
向」，皆是如因陀羅網重重無盡的景象，如海印三昧同時頓現。

　　所謂「入圓滿證」，是指秉持「所信、所解、所行」之因地
行，而契入華藏世界之果地海。此如《華嚴經》〈入法界品〉善
財童子五十三參之所示。

（二）彌陀行

　　所謂「教宗賢首・行在彌陀」，於前面的論述中，已略知
其義。而「行在彌陀」具有兩層涵義：一方面指念佛法門，另
一方面是指以彌陀淨土為所歸趣。若就彌陀行而言，世親菩薩
於《往生論》中，已提出了五種法門，以身、口、意之修持來
入手，如身之禮拜，口之讚歎，意之止觀，且將功德回向於眾
生。❹此彌陀行，亦可專指念佛法門。而「念佛法門」本身又包
括了多種念佛，如稱名、觀像、觀想、實相念佛等。❺其中，又
以稱名念佛廣受中國佛教淨土宗之重視。

　　在《華嚴經》中，針對普賢行、彌陀行議題所展開的論
述，首推以十大願王最終導歸極樂世界，且以往生極樂世界圓

---

❸　《大方廣佛華嚴經》卷 40〈入不思議解脫境界普賢行願品〉，CBETA, T10,
　　no. 293, p. 847a2-6。

❹　《無量壽經優波提舍》卷 1：「云何禮拜？……云何迴向？不捨一切苦惱眾
　　生，心常作願迴向為首成就大悲心故。」（CBETA, T26, no. 1524, p. 231b13-
　　24）

❺　參考本書第九篇〈稱名念佛與稱性念佛〉。

滿普賢行。❺❻至於為何此十大願王導歸極樂世界，華嚴宗四祖澄觀針對此導歸西方極樂世界，提出四點加以說明，如《華嚴經行願品疏》卷 10：

> 今且依文，文則可知。不生華藏而生極樂，略有四意：一、有緣故。二、欲使眾生歸憑情一故。三、不離華藏故。四、即本師故。❺❼

澄觀認為不生華藏而生極樂之理由，略有四意：第一、西方極樂世界與娑婆眾生有緣。第二、為了讓眾生有所依憑。第三、西方極樂世界不離華藏世界海。第四、阿彌陀佛即毘盧遮那佛。而宗密對此四點，進而加以解釋之，如《華嚴經行願品疏鈔》卷 6：

---

❺❻ 《大方廣佛華嚴經》卷 40〈入不思議解脫境界普賢行願品〉：「又復，是人臨命終時，最後剎那一切諸根悉皆散壞，一切親屬悉皆捨離，一切威勢悉皆退失，輔相、大臣、宮城內外，象馬車乘，珍寶伏藏，如是一切無復相隨，唯此願王不相捨離，於一切時引導其前。一剎那中即得往生極樂世界，到已即見阿彌陀佛、文殊師利菩薩、普賢菩薩、觀自在菩薩、彌勒菩薩等，此諸菩薩色相端嚴，功德具足，所共圍遶。其人自見生蓮華中，蒙佛授記；得授記已，經於無數百千萬億那他劫，普於十方不可說不可說世界，以智慧力隨眾生心而為利益。不久當坐菩提道場，降伏魔軍，成等正覺，轉妙法輪。能令佛剎極微塵數世界眾生發菩提心，隨其根性，教化成熟，乃至盡於未來劫海，廣能利益一切眾生。」（CBETA, T10, no. 293, p. 846c8-22）又如頌「願我臨欲命終時，盡除一切諸障礙，面見彼佛阿彌陀，即得往生安樂剎。我既往生彼國已，現前成就此大願，一切圓滿盡無餘，利樂一切眾生界。」（CBETA, T10, no. 293, p. 848a9-12）

❺❼ 《華嚴經行願品疏》卷 10，CBETA, X05, no. 227, p. 198a16-18 // Z 1:7, p. 385c13-15 // R7, p. 770a13-15。

略有四意者，

一、彌陀願重偏接娑婆界人。

二、但聞十方皆妙，此彼融通，初心忙忙，無所依託，故方便引之。

三、極樂去此但有十萬億佛土，華藏中所有佛剎皆微塵數，故不離也。如《大疏》說華藏世界，……一一相當遞相連接成世界網，故知阿彌陀佛國不離華藏界中也。

四、即此第三十九〈偈讚品〉云：或有見佛無量壽觀自在等共圍繞，乃至賢首如來、阿閦、釋迦等。❸

由澄觀、宗密所做的解釋中，可得知基本上是從華嚴一乘之角度來說明，而連結了華藏世界、極樂世界的關係。諸佛國土彼此關係，既是如此；同理，也可推知普賢行、彌陀行之關係，亦復如此。以念佛法門來說，澄觀將前人的五種念佛加以更正，以避免與理事無礙相混淆，而改第五門為「重重無盡念佛門」，❸如《華嚴經行願品疏》云：

---

❸　《華嚴經行願品疏鈔》卷 6，CBETA, X05, no. 229, p. 322b17-c12 // Z 1:7, p. 499b11-c12 // R7, pp. 997b11-998, a12。

❸　對照隋‧智顗，《五方便念佛門》（T47, no. 1962），如下表所示：

《五方便念佛門》	《華嚴經行願品疏》
第一、稱名往生念佛三昧門	一、緣境念佛門
第二、觀相滅罪念佛三昧門	
第三、諸境唯心念佛三昧門	二、攝境唯心念佛門
第四、心境俱離念佛三昧門	三、心境俱泯念佛門
	四、心境無礙念佛門
第五、性起圓通念佛三昧門	五、重重無盡念佛門

第三、能念収束，略有五種：一、緣境正觀念佛門，若
真若應，若依若正，皆是境故。稱名屬口，非真念故，略
而不言。二、攝境唯心念佛門，是心是佛，是心作佛，諸
佛正遍知海從心想生，況心、佛、眾生三無差別。三、心
境俱泯念佛門，心即是佛，心則非心；佛即是心，佛亦非
佛，非心非佛遠離一切，故無所念，方為真念。四、心境
無導念佛門，雙照事理存亡無導，等真門之寂寂，何佛
何心；鑒事理之明明，常心常佛，雙亡正入，寂照雙流。
五、重重無盡念佛門，理既無盡，以理融事，事亦無盡。
故隨一門攝一切門，融斯五門，以為一致。即是此中能念之
心與前所念十佛境合，非合非散，涉入重重，難思境也。❻

此是從理上來說，顯示理既無盡，以理融事，事亦無盡，故隨一
門攝一切門，融攝五門念佛法門，而頓顯華嚴念佛是重重無盡
的念佛法門。又如《華嚴經行願品疏》云：

則十佛十身皆等虛空，並合法性，為莊嚴法界虛空界也。
是則隨門說異，舉一圓収，如是方為華嚴念佛。❻

---

❻　《華嚴經行願品疏》，CBETA, X05, no. 227, p. 99b17-c4 // Z 1:7, p. 287a8-b1
　　// R7, p. 573a8-b1。另在《大方廣佛華嚴經疏》，將此五種念佛配合〈入法界
　　品〉的二十一種念佛，如其云：「然約能念心，不出五種。一、緣境念佛
　　門，念眞念應若正若依，設但稱名亦是境故，故上諸門多是此門。二、攝境
　　唯心念佛門即，十八、十九二門，十八即總相唯心，是心是佛是心作佛故十
　　九雖隨我心，心業多種見佛優劣故。三、心境俱泯門，即前遠離念佛門，及
　　不可見門之一分，及如虛空門。四、心境無礙門，即如初門，雙照事理存泯
　　無礙，故云普照。五、重重無盡門，即稱前第十門而觀察故，如微細等門，
　　亦是此門中總意。」（CBETA, T35, no. 1735, p. 924b14-24）
❻　《華嚴經行願品疏》，CBETA, R7, p. 573a4-6。

此強調華嚴之念佛，是舉一即攝一切，是重重無盡事事無礙
法界之念佛。自唐宋以來，有關華嚴稱法界性的念佛法門，較
少受到重視，此從宋代義和的〈華嚴念佛三昧無盡燈序〉可得
知。❷雖然如此，但於後代明清諸大師、大德們對此則有進一步
之發揮，如雲棲袾宏、彭際清等人。雲棲袾宏在《阿彌陀經疏
鈔》中，將稱名念佛與華嚴稱法界性之念佛法門加以結合，如
《阿彌陀經疏鈔》卷 3 云：

　　【疏】又教分四種念佛，從淺至深，此居最始。雖後後深
　　　　　於前前，實前前徹於後後。以理一心，即實相故。

　　【鈔】四種，如前序中説。一稱名、二觀像、三觀想、四
　　　　　實相。……此之四者，同名念佛，前淺後深。持名
　　　　　雖在初門，其實意含無盡。事一心則淺，理一心則
　　　　　深。即事即理，則即淺即深，故曰徹前徹後。所以

---

❷ 此文收錄在：宋・宗曉編，《樂邦文類》，CBETA, T47, no. 1969A, pp.
169c5-170a12。如其云：「六道凡夫三乘賢聖，其根本悉是靈明清淨。一法
界心，性覺寶光，各各圓滿，本不名諸佛，亦不名眾生。但此心靈妙自在，
不守自性故隨迷悟之緣，作業受苦，名曰眾生；修道證真，遂名諸佛。佛憫
眾生顛倒妄想，執著而不證得。於是稱法界性，說《華嚴經》。……唯華嚴
觀行，得圓至功於頃刻。……（義和）晚年退席平江能仁，遍搜淨土傳錄與
諸論讚，未嘗有華嚴圓融念佛法門。蓋巴歌和眾，雪曲應稀，無足道者。嗚
呼！不思議法門散乎《大經》與疏記之中，無聞於世。離此別求，何異北轅
而之楚耶？於是備錄法門，著為一編。使見聞者不動步而歸淨土，安佚階
梯；非思量而證彌陀，豈存念念。諸佛則背塵合覺故明，眾生則背覺合塵故
昏。欲使冥者皆明，明終無盡。因目其篇，曰無盡燈。云爾。乾道元年九月
望，臨安府慧因院，華嚴教觀義和序。」（CBETA, T47, no. 1969A, pp.
169c6-170a12）從此序文中，可看出義和之感慨，感慨於當時對華嚴念佛法
門之疏忽，忽略了此殊勝之無礙圓融法門，故而撰寫《華嚴念佛三昧無盡
燈》，可惜此著作已失傳，只有序文而已。

> 者何？理一心者，一心即是實相，則最初即是最後
> 故。問：豈得稱名便成實相？答：實相云者，非必
> 滅除諸相，蓋即相而無相也。《經》云：治世語言皆
> 與實相不相違背。云何萬德洪名，不及治世一語。
> 一稱南無佛皆已成佛道，何況今名理一心也。又
> 《觀經》第九「佛相好」，《疏》直謂觀佛法身。相好
> 既即法身，名號何非實相。❻

此說明佛之名號，即是實相，且直就稱名念佛來明事一心、理一
心，顯示稱名念佛其意深遠無盡。而所謂的理一心，即是實相念
佛。換言之，並非捨稱名念佛而另有實相念佛，乃在稱名念佛的
當下，了知念佛心本不生不滅，亦無能所，如此即是實相念佛。
因此，稱名念佛不僅至簡至易，且其本身亦蘊含著實相深意。又
如《阿彌陀經疏鈔》卷1：

> 佛雖至極，惟心即是。今聞佛名，一心執持。可謂至簡至
> 易，功不繁施。而萬法惟心，心清淨故，何事不辦。剎那
> 運想，依正宛然，舉念欲生，便登彼國。是則難成之觀，
> 不習而成。故以持名念佛，所守尤為要約也。天如謂大聖
> 悲憐，直勸專持名號是也。❻

此說明佛雖至極殊勝，卻不離吾人當下之一念心，因此若能一
心執持佛名號，若至心淨，極樂淨土之正依報宛然現前。而更
深一層之涵義，是念而無念，無念而念，如其云：

---

❻ 《阿彌陀經疏鈔》，CBETA, X22, no. 424, p. 662a2-21。

❻ 《阿彌陀經疏鈔》，CBETA, X22, no. 424, pp. 605c24-606a5。

正繇念佛，至於一心，則念極而空，無念之念，謂之真
念：又念體本空，念實無念，名真念也。生無生者，達
生體不可得，則生而不生，不生而生。是名以念佛心入無
生忍，如後教起中辯。故知終日念佛，終日念心；熾然往
生，寂然無往矣。❻

又云：

今此《經》者，直指眾生以念佛心入佛知見故。❻

此等皆強調由稱名念佛入手，可通實相念佛，達無生法忍，以顯
示稱名念佛之殊勝甚深之意。為何稱名念佛有如此殊勝？實乃因
己力及彌陀願力所致，如《阿彌陀經疏鈔》云：

得出輪迴者，繇惑起業，繇業感報，往來六道，輪轉無
窮。依餘法修，直至惑盡，始得出離，而託質世間，升沈
未保。唯茲念佛，帶惑往生，以己念力及佛攝受大神力
故，一生彼國，即超三界，不受輪轉。《經》云：眾生生
者，皆是阿鞞跋致。是也。❻

此說明了眾生無始以來受惑業苦輪迴於六道中，依其它法門須
斷惑才能出離三界生死輪迴。若無力斷惑，則隨業力牽引於三界
六道輪迴不已。唯稱名念佛法門，可以帶業往生，超出三界，達

---

❻　《阿彌陀經疏鈔》，CBETA, X22, no. 424, p. 606b11-15。

❻　《阿彌陀經疏鈔》，CBETA, X22, no. 424, p. 608c20-21。

❻　《阿彌陀經疏鈔》，CBETA, X22, no. 424, p. 609c12-16。

不退轉地，證得無生法忍。爲何能如此？實乃因自己的念佛力量
及阿彌陀佛大願力攝受的緣故。稱名念佛雖從「有念」入手，而
其本身實是無念，因爲心本無念，爲對治眾生無始以來的煩惱
執取，故不得不採用此方式，如《阿彌陀經疏鈔》云：

> 八、的指即有念心得入無念者，心本無念，念起即乖。而
> 眾生無始以來，妄想慣習，未易辛遣。今教念佛，是乃以
> 毒攻毒，用兵止兵，病愈寇平。則捨病體更無自身，即寇
> 盜原吾赤子。❻

此無不顯示稱名念佛之切要，❻實乃因應眾生無始以來之妄想習
氣難以泯除，而特別使用的以毒攻毒之方法。以緣稱佛名號入

---

❻　《阿彌陀經疏鈔》，CBETA, X22, no. 424, p. 611c2-5。

❻　此亦可從雲棲袾宏對志磐的水陸儀軌，所做的補充得知，如《法界聖凡水陸
　　勝會修齋儀軌》卷6：「上來所說觀想念佛三昧已竟，今當更說持名念佛三
　　昧。竊惟淨土之爲教也，肇始於釋迦世尊，闡揚於歷代賢聖。於是以念佛一
　　門而分四種：曰持名念佛、曰觀像念佛、曰觀想念佛、曰實相念佛。雖有四
　　種之殊，究竟歸於實相而已。又以前三，約之爲二：一爲觀想，一爲持名。
　　觀想，則《十六觀經》言之詳矣。此論持名，則《阿彌陀經》云：聞說阿彌
　　陀佛，執持名號。若一日、二日，乃至七日，一心不亂。其人臨命終時，阿
　　彌陀佛與諸聖眾，見在其前。是人終時，心不顛倒，即得往生阿彌陀佛極樂
　　國土。此萬世持名念佛從出之大原，乃金口所親宣之妙法也。古德云：觀法
　　理微，眾生心雜，雜心修觀，觀想難成。大聖悲憐，直勸專持名號。良緣稱
　　名易故，相續即生。此闡揚持名念佛之功，最爲往生淨土之要。若其持名深
　　達實相，則與妙觀同功，上上品生，當不疑矣。」（CBETA, X74, no. 1497,
　　p. 820a2-17）此明念佛雖有四種之差別，而究竟皆歸於實相。且若能持名深
　　達實相，則所證與妙觀同功。由此可知，爲何雲棲袾宏於水陸儀軌所修之實
　　相、觀想方法之外，另補充稱名念佛法門之所在，此無非憐憫六道眾生難得
　　解脫之故。

手，了達無念無生。而所謂彌陀淨土，實不外吾人當下一念心，於此當下一念即是「自性彌陀，唯心淨土」。

另外，清代彭際清對於稱名念佛與華嚴念佛加以結合運用，其於《華嚴念佛三昧論》中，將華嚴念佛分為五種：❼

一、念佛法身：直指眾生自性門。

二、念佛功德：出生諸佛報化門。

三、念佛名字：成就最勝方便門。

四、念毘盧遮那佛：頓入華嚴法界門。

五、念極樂世界阿彌陀佛：圓滿普賢大願門。

此五種念佛法門，亦可簡化為三種，即將第四「念毘盧遮那佛」、第五「念極樂世界阿彌陀佛」歸入第三念佛名字內，如下圖表所示：

1. 念佛法身	
2. 念佛功德：報身、化身	
3. 念佛名字	4. 念毘盧遮那佛（普念）
	5. 念極樂世界阿彌陀佛（專念）

對彭際清來說，念毘盧遮那佛、念極樂世界阿彌陀佛皆屬於念佛名號，所不同者，一為普念，一為專念。而普念與專念的關係，是即普即專、即專即普，且於念佛名字即攝法身、功德身。換言之，名字即法身、法身即名字；乃至名字與功德身，亦復如此。若就此三門而說，第一、念佛法身，是指念自性佛，故言直指眾生自性門。第二、念佛功德，是指念佛之色身、報身，故言出生諸佛報化門。第三、念佛名字，是指念佛名號，以佛名

---

❼　《華嚴念佛三昧論》，CBETA, R104, pp. 168b18-169a3。

號爲所緣而專念不息，則能見無量佛，且能徹見法身。若能於
念佛名字中，了知念而無念，求念不可得，此即是念法身佛；若
無念而念，此一佛名遍攝一切佛，此即是念功德身，**❼**故言念佛
名字成就最勝方便門。而此一念佛名字法門，實已攝第四「念毘
盧遮那佛」及第五「念極樂世界阿彌陀佛」。且彭際清進而將此
等念佛法門，與華嚴三觀、四法界結合，認爲此念佛法門無法不
攝。**❼**

　　由此可知，彭際清是將一句佛號與法身、功德身做一緊密
結合。換言之，一句佛號當下即是法身；且法身不離名號，故名
號當下遍攝一切。名字即法身，法身即名字。乃至名字與功德
身，亦是如此。至於念毘盧遮那佛及念極樂世界阿彌陀佛，可視
爲念佛名字之開展，以念毘盧遮那佛爲前導，念極樂世界阿彌
陀佛爲所歸。**❼**至此，可得知彭際清所說的五種念佛門，其實可

---

❼　《華嚴念佛三昧論》卷 1：「如是念佛，名字即法身，名字性不可得故。法
　　身即名字，法身徧一切故。乃至報化不異名字，名字不異報化，亦復如是。
　　故〈如來名號品〉：謂一如來名號，與法界虛空界等，隨眾生心各別知見。
　　則知世間凡所有名，即是佛名。隨舉一名，諸世間名無不攝矣。……如是念
　　佛，持一佛名，全收法界。全法界名，全法界收。」（CBETA, X58, no.
　　1030, p. 716a7-15）

❼　《華嚴念佛三昧論》卷 1：「此念佛人亦復如是，以一念本無量故。且杜順
　　《法界觀》，特設三門，一、眞空門，簡妄情以顯理，即前念佛法身是。
　　二、理事無礙門，融理事以顯用，即前念佛功德是。三、周徧含容門，攝事
　　事以顯元，即前念佛名字是。又清涼《疏》分四法界：一心念佛，不雜餘
　　業，即入事法界。心佛雙泯，一眞獨脫，即入理法界。即心即佛，大用齊
　　彰，即入理事無礙法界。非佛非心，神妙不測，即入事事無礙法界。是知一
　　念佛門，無法不攝。」（CBETA, X58, no. 1030, p. 717c2-9）另可參考第九篇
　　附錄：念佛法門圖表。

❼　《華嚴念佛三昧論》卷 1：「故此《經》以毘盧爲導，以極樂爲歸，既觀彌
　　陀，不離華藏。家珍具足，力用無邊，不入此門，終非究竟。」（CBETA,

統攝於一句佛號中。**❼**

　　至此，可知由一句佛號中，不僅做爲彌陀行之法門，且由一句佛號展現普賢行。換言之，一句佛號是專修，其實也是普行。此普賢行、彌陀行，於形式上，有專、普之別；而實際上，彼此融通無礙。

六、結語

　　華嚴之觀行法門，其實指的即是普賢行，尤其指一乘普賢行，可就任何一法來切入。換言之，法法皆可修普賢行，法法皆是普賢行。因此，簡稱爲普行。彌陀行，或稱之爲念佛行，是專就淨土念佛法門入手，尤其特別強調以信願行往生西方極樂世界。其實往生西方極樂世界，並不局限於念佛法門，亦可修普賢行來達之，且於往生西方極樂世界圓滿普賢大願，入華藏莊嚴世界海。世親菩薩之發願往生西方極樂世界，而入華藏莊嚴世界海，可說非常典型地連結了西方極樂世界與華藏莊嚴世界海。於華嚴宗諸祖師中，智儼大師亦即是一典型之例證。

　　普賢行、彌陀行，乃普行、專行之差別而已，並非決然之對立。歷來之大師大德們之所以特別強調「教宗賢首‧行在彌

X58, no. 1030, p. 717c9-11）

❼ 是指一句佛號本身，即是法身，即是功德身。一句佛號可淺可深，此可搭配所感四土來說，如《華嚴念佛三昧論》卷1：「此土行人，以專念力，修諸功德，回向西方。惑業未斷，生同居土。欣厭既切，粗漏漸除，聞法增進，生有餘土。若修圓教爲因，深達實相，以普賢行願，回向往生，便感得實報土，親承佛記，分證寂光。是故，住權乘者，一切皆權；如法華化城，不外自心故。明實相者，一切皆實，如此經極樂，全具華藏故。」（CBETA，X58, no. 1030, p. 717c15-20）

陀」，乃別有其用意，憐憫眾生雖知當體即是之道理，卻奈何眾生總是任隨己意及無始習性，載沉載浮流轉於三界中。因此，特別針對此問題，就念佛法門來入手，尤其以稱名念佛，令眾生心有所繫、心有所憑。

　　若就華嚴「一即一切，一切即一」來說，彌陀行即一切行，一切行即彌陀行。換言之，彌陀行攝一切行，一切行不離彌陀行。普賢行、彌陀行，非一非異，圓融無礙。

　　若能確切明白華嚴「一即一切，一切即一」之道理，落實在實踐上，則一行即是一切行，彌陀行即是普賢行。反之，若未能如實明白「一即一切，一切即一」之道理，而以世間之「一」、「一切」來了解華嚴，如此則與華嚴法界緣起不相應，不相應之解，則無法稱解起行，如此則無法落實在「一行即一切行」普賢行之實踐上。因此，不得言「彌陀行即是普賢行」，否則流於妄言、妄解，此乃壞了華嚴法界緣起大法也。不得不慎哉！

　　「教宗賢首・行在彌陀」，實乃頗具深意，可以是彌陀行即是普賢行，亦可以就彌陀行一門深入實踐普賢行，亦可以普賢行導歸極樂世界而圓滿普賢大願。

---

* 本文原名為〈教宗賢首・行在彌陀〉，收錄於 2015 年《華嚴專宗國際學術研討會論文集》（上），頁 205-234。

參考書目

本文佛典引用主要是採用「中華電子佛典協會」（Chinese Buddhist Electronic Text Association，簡稱 CBETA）的電子佛典集成光碟，2016 年。

佛教藏經或古籍

《十住毘婆沙論》，T26, no. 1521。

《三聖圓融觀門》，T45, no. 1882。

《大方廣佛華嚴經》，T09, no. 278。

《大方廣佛華嚴經》，T10, no. 279。

《大方廣佛華嚴經疏》，T35, no. 1735。

《大方廣佛華嚴經隨疏演義鈔》，T36, no. 1736。

《大智度論》，T25, no. 1509。

《五方便念佛門》，T47, no. 1962。

《佛祖統紀》，T49, no. 2035。

《宋高僧傳》，T50, no. 2061。

《宗鏡錄》，T48, no. 2016。

《法界宗五祖略記》，X77, no. 1530 // R134。

《法界聖凡水陸勝會修齋儀軌》，X74, no. 1497。

《阿彌陀經要解》，T37, no. 1762 。

《阿彌陀經疏鈔》，X22, no. 424。

《無量壽經優波提舍》，T26, no. 1524。

《華嚴念佛三昧論》，X58, no. 1030 // R104。

《華嚴發菩提心章》，T45, no. 1878。

《華嚴經內章門等雜孔目章》，T45, no. 1870。

《華嚴經行願品疏》，X05, no. 227。

《華嚴經行願品疏鈔》，X05, no. 229。

《華嚴經探玄記》，T35, no. 1733。

《華嚴經普賢觀行法門》，X58, no. 991 // R103。

《華嚴經傳記》，T51, no. 2073。

《華嚴遊心法界記》，T45, no. 1877。

《樂邦文類》，T47, no. 1969A。

《釋門正統》，X75, no. 1513。

《楊仁山居士遺著》冊 5，金陵刻經處彙編，南京：金陵刻經處，
　　　1981 年。

中日文專書、論文或網路資源等

陳英善 2012〈稱名念佛與稱性念佛〉，《佛教禪坐傳統研討會論文
　　　集》，臺北：法鼓文化。

附錄一：法藏大師《華嚴經普賢觀行法門》──普賢觀法

《華嚴發菩提心章》	《華嚴經普賢觀行法門》
第四、色空章，十門止觀者。 第一、會相歸性門，於中有二種： 一、於所緣境，會事歸理。 二、於能緣心，攝將入正也。	依《華嚴經》普賢觀行法，初明普賢觀，……有十門： 第一、會相歸性門。 謂觀一切法自性皆空，分別解了一念行心，稱理而觀，攝散入靜，名止。
第二、依理起事門者，亦有二種： 一者所歸理，非斷空故，不礙事相宛然。 二者所入止，不滯寂故，復有隨事起修妙覺觀。	第二、依理起行門。 謂以所觀真理，非斷空故，不礙事法宛然顯現；是故令止不滯寂，寂不礙事，於事無念起照名觀。
第三、理事無礙門者，亦有二種： 一、由習前理事，能通交徹，故今無礙也。 二、雙現前故，遂使止觀同於一念頓照故。	第三、理事無礙門。 謂由性實之理，必徹事表而自現，不壞於事；相虛之事，必該真性而自立，不翳於理。理事混融，二而不二。是故菩薩於一念中，止觀雙運無礙同觀。
第四、理事雙絕門者，由事、理雙觀互相形奪故，遂使而雙俱盡，非理非事，寂然雙絕，是故令止觀雙泯，迥然無寄也。	第四、理事俱泯門。 謂由理事交徹形奪兩亡，則非事非理，超然迥絕，行心順此，非觀非止，迥絕無寄。經云：法離一切觀行。
第五、心境融通門者，即彼絕理事之無礙境，與彼泯止觀之無礙心，二而不二，故不礙心境；而冥然一味，不二而二，故不壞一味，而心、境兩分也。	第五、心境融通門。 謂彼絕理事之無礙境與彼泯止觀之無礙心，二而不二，冥然一味；不二而二，心境宛然。

第六、事事相在門者，由理帶諸事全遍一事，是故以即止之觀，於一事中現一切法，而心無散動。如一事，一切亦爾。	第六、事融相在門。 謂以多事全依於一理，一理帶多事而全偏於一事。是故菩薩以即止之觀，於一事中見一切事，而心無散動。如一事，一切亦爾。
第七、彼此相是門者，由諸事悉不異於理，理復不異於事，即是一切而念不亂。如一事，一切亦爾。	第七、諸法相是門。 謂由諸法皆不異於真理，真理復不異於事。是故菩薩以不異止之觀，見一法即一切法而全不動。如一，一切亦爾。
第八、即入無礙門者，由交參非一與相含非異，體無二故，是故以止觀無二之智，頓現即入二門同一法界，即心無散動也。	第八、即入無礙門。 謂由以一多相入而非一，一多相即而非異，此二俱由融通一法界。是故菩薩以無念之智，頓見於此無障礙之法
第九、帝網重現門者，由於一事中具一切，復各具一切，如是重重不可窮盡。如一事既爾，餘一切事亦然。以止觀心境不異之目，頓現一切，各各重重悉無窮盡，普眼所矚，朗然現前而無分別，亦無散動也。	第九、帝網重現門。 謂於一事中所現一切，彼一切內復各現一切，如是重重不可窮盡，如帝釋網，於一珠中現一切珠影，一切珠影中復現珠影重重無盡。是故菩薩以普賢眼，頓見如此法界圓融自在無有限量。
第十、主伴圓備門者，菩薩以普門之智，頓照於此普門法界。然舉一為主，一切為伴，主伴、伴主皆悉無盡，不可稱說，菩薩三昧海門皆悉安立自在無礙，然無異念也。 （CBETA, T45, no. 1878, p. 654b1-29）	第十、主伴圓備門。 謂菩薩以普賢之智，頓見於此普賢法界。是故凡舉一門為主，必攝一切為伴，如是無盡無盡不可稱說，思之可見。此略說顯《華嚴經》中菩薩止觀，廣如別記說。 （CBETA, X58, no. 991, pp. 159b24-160a2）

附錄二：法藏大師《華嚴經普賢觀行法門》——普賢行法

第一、先起信心	一、自信己身有如來藏性，修行可得成佛。
	二、信三寶功德殊勝難量，離此更無可歸依處。
	三、信因果決定業報必然，是故捨惡修善不離自心。
第二、歸依三寶	一、歸依徧法界三寶。
	二、歸依慇重至極不惜身命。
	三、遠歸依盡未來際誓不斷絕。
第三、懺悔宿罪	一、啓告十方三世一切諸佛菩薩賢聖。
	二、對現尊像及眾僧等前。
	三、慇重心慚愧心自述無始罪障。
第四、發菩提心立大誓願	一、發直心，正念真如法故。
	二、深心，樂修一切諸善行故。
	三、大悲心，救拔一切苦眾生故。
第五、受菩薩三聚淨戒	一、攝律儀戒，誓願斷一切惡。
	二、攝善法戒，誓願修一切善。
	三、攝眾生戒，救度一切眾生，故盡未來際而無休息。
第六、修離過行	一、調伏煩惱，離貪瞋邪見。
	二、止諸不善，離殺等十惡道故
	三、於菩薩十重四十八輕戒，一一護持不令有犯，犯者即當懺悔還使清淨。
第七、修善行	一、日日供養三寶，身、口禮讚，意業觀察。
	二、於萬行六度，乃至諸波羅蜜，一一修學無有厭足。
	三、以此善根誓願迴向，普共眾生趣大菩提。

第八、修忍辱行	一、內生慈心,若為愚癡眾生背恩侵惱,終不瞋之。
	二、見瞋過患,《經》云:瞋如猛火燒滅一切諸善根故。又起一瞋心成百種障礙,一切惡中無過此惡。
	三、見忍利益,《經》云:若能忍者,即得名為有力大人,持戒苦行所不能及。
第九、救攝眾生行	一、救其現苦,乃至於死,先當救護。
	二、更以佛法饒益,令當來免三惡道苦。
	三、化令修菩薩行,要當於我先成最正覺。
第十、修平等行	一、於所救眾生平等,不揀怨親,不求恩報。
	二、不見自他,無人、無能、無所,畢竟平等。
	三、興無緣大悲、無念大智,攝化眾生廣修萬行,盡未來際而無休息故。(CBETA, X58, no. 991, p. 160a3-b9)

第七篇

華嚴法界三昧之觀行
——以「行起解絕」為主

▍摘要

　　「法界」一詞，雖具諸多含意，但就華嚴一乘圓教核心思想而言，乃指諸法實相，亦是諸法相即相入重重無盡緣起，華嚴擅長以「一即一切，一切即一」來表達之。而此法界三昧亦有諸多名稱，如：法界無礙、法界無礙三昧、法界究竟三昧等，或以華嚴三昧、海印三昧稱之。

　　有關法界三昧之觀行，就華嚴宗而言，不外乎解與行（或信、解、行、證）。此解、行之關係，乃是彼此相資的，如《法界觀》所說：「行由解成，行起解絕」。藉由顯解、絕解，構成了法界三昧觀行之特色，亦即藉由「顯解」，而依解起行；藉由「絕解」，反顯正解正行。而此「行起解絕」，亦可說是禪宗之入手處。

　　因此，本論文試圖以解、行兩方面來切入，探討法界三昧之修學，進而探討教禪「行起解絕」之關係。

關鍵字：法界三昧、華嚴三昧、海印三昧、解、行、禪宗

一、前言

　　法界三昧，有諸多異名，如：法界無礙、法界無礙三昧、法界究竟三昧等，或以華嚴三昧、海印三昧稱之，如《華嚴遊心法界記》卷 1：

> 此解行為言，名為華嚴三昧。如其據果，亦名海印三昧。……按此義邊故，名法界無礙也。❶

此說明了華嚴三昧是就解行上來立名，海印三昧是從果位上立名，而法界無礙三昧是就法義上立名。此三者名稱之差別，乃在於所著眼點不同所致，實皆指法界三昧。

　　在《華嚴經》，有〈入法界品〉內容；在華嚴宗，有《法界觀》、《華嚴遊心法界記》等著作，此等皆顯示了修行證入法界之要門。

　　而如何修學法界三昧？《華嚴經》〈入法界品〉藉善財童子經由文殊菩薩智慧之啟發，❷歷經一百一十城參訪善知識而證入法界，以「信、解、行、證」貫穿修學歷程，另從《華嚴經》整個結構來看，亦具備了信、解、行、證之架構。❸《法界觀》以

---

❶　《華嚴遊心法界記》卷 1，CBETA, T45, no. 1877, p. 646b23-c15。

❷　參見《大方廣佛華嚴經》卷 45-60〈入法界品〉，CBETA, T09, no. 278, pp. 688b2-788。《大方廣佛華嚴經》卷 62-80〈入法界品〉，CBETA, T10, no. 279, pp. 332b7-444。《大方廣佛華嚴經》卷 1-40，CBETA, T10, no. 293, pp. 661a4-851c12。

❸　如《華嚴綱要》卷 60：「初、辨分來者，名依人證入成德分。由前兩番研窮六位因果，以依信發解，行起解絕。苟無證入之人，則前解行俱為虛設。夫

「行依解起、行起解絕」❹來表達解行相資之觀行。同樣地，《華嚴遊心法界記》以強調信解不二、解行不二來說明法界三昧之修持。❺

　　因此，本論文主要以解、行來探討法界三昧之修學，用以說明「行由解成，行起解絕」，以顯示解、行彼此相資。於解方面，若無信之解，即非正解；而行起解絕，方為眞解。於行方面，仍須藉「解」來說明之，而以「解」所顯示之行，其實亦只是「解」而已，否則此不僅非行，亦非解也。不論「行由解成」或「行起解絕」，基本上，皆與「解」有著密切之關係。而此「解」，可藉由揀情來顯示之，所謂「揀情顯解」，❻亦即是遮情顯理，❼以破執方式來顯解，所顯之解，有三乘之解、一乘之解，而不論三乘之解或一乘之解，皆屬於聖解。三乘之解，偏重

行因證立，證藉行深。」（CBETA, X09, no. 240, p. 126c3-5 // Z 1:13, p. 432a7-9 // R13, p. 863a7-9）

❹ 由於後代未有《法界觀》單行本流通，故此中引文，間接引自《華嚴法界玄鏡》，CBETA, T45, no. 1883, p. 675c24-27，以下亦同。

❺ 如《華嚴遊心法界記》卷1：「若無如是信者，雖有眾解，悉皆顛倒。何以故？無信之解，不應行故；顛倒之解，即非解故。」（CBETA, T45, no. 1877, p. 646a16-17）《大方廣佛華嚴經疏》卷5〈世主妙嚴品〉：「德中，先修正解，後勤正行。有信無解，增長無明；有解無信，還生邪見。信因解淨，解藉信深。」（CBETA, T35, no. 1735, p. 538c14-16）《華嚴經探玄記》卷6〈十無盡藏品〉：「又有慧之信，名有根。無慧而信，長無明；無信而慧，長邪見。信、慧具足，方得入法故。」（CBETA, T35, no. 1733, p. 233a26-28）

❻ 《華嚴法界玄鏡》卷1：「觀曰：又前四句中，初二句八門，皆揀情顯解。第三句一門，解終趣行。此第四句一門，正成行體。」（CBETA, T45, no. 1883, p. 675c22-24）

❼ 如《華嚴一乘教義分齊章》卷4：「問：此六義與八不分齊云何？答：八不據遮，六義約表。又八不約反情理自顯，六義據顯理情自亡，有斯左右耳。」（CBETA, T45, no. 1866, p. 502c4-6）

以「破」入手，以空有不二顯之；一乘之解，則著眼於「立」，以一多緣起表之。基本上，就華嚴一乘圓教而言，破、立彼此無障無礙，如《華嚴五教止觀》於論述「華嚴三昧」，說道：

> 法離言絕解，就此門中，亦為二：一、遮情。二、表德。……。遮、表圓融無礙，皆由緣起自在故也。若能如是者，方得見緣起法也。❽

有了如實之解，而後「依解成行」，進而「行起解絕」，此之解絕，乃是對聖解之泯絕。因此，可得知「顯解」、「絕解」於法界三昧之觀行，扮演著極重要之角色，或可言法界三昧之觀行，不離「解」。藉由「解」，以便認清吾人本身所存在種種知見問題，進而調伏之；藉由「行」，用以說明「解不等於行」，如此才能斷除吾人的知見問題。若無如實之正解，則難以啓動正行；反之，若不明白「解不等於行」，則無法斷除知見。若以「解」說「行」，其實亦只是解而已，此為華嚴宗修學法界三昧一再所強調的，解、行彼此有別，不能混淆。且解行彼此相資，當落實於實踐時，以「絕解」來顯示之，如《法界觀》所說：「行由解成，行起解絕」。而此「行起解絕」，即是禪宗所強調的「言語道斷，心行處滅」。

有關行起解絕，對禪宗而言，即是言語道斷，心行處滅，❾乃

---

❽ 《華嚴五教止觀》卷 1，CBETA, T45, no. 1867, p. 512c9-28。

❾ 《宗鏡錄》卷 3：「問：以心為宗，如何是宗通之相？答：內證自心第一義理，住自覺地，入聖智門，以此相應，名宗通相。此是行時，非是解時。因解成行，行成解絕，則言說道斷，心行處滅。」（CBETA, T48, no. 2016, p. 428b3-7）

屬見性之修行。❿由此可知，華嚴宗、禪宗對「行」之重視，彼
此是共通的，差別在於入手處，華嚴宗著眼於「行由解成，行起
解絕」，禪宗直就「行起解絕」入手。

　　總而言之，教、禪之修行，不外乎顯解、絕解。藉由揀情
顯解，破除眾生種種顛倒知見，以彰顯正解，而此正解不外乎
三乘、一乘之教法。進而藉由依解起行，行起解絕，泯除三乘、
一乘諸聖解，以此顯示正解乃是絕於解，如此才堪稱爲眞解，
入於正行。

二、從「行起解絕」論解行之運作

　　有關法界三昧之修持，總而言之，不外乎「解」和「行」，
如《華嚴遊心法界記》卷1：

> 將欲入此三昧，方便非一，總而言之，不過二門：一者
> 解、二者行。⓫

又如《華嚴經明法品內立三寶章》卷1〈流轉章〉：

> 成觀中二：先解，後行。⓬

此說明了法界三昧之修學，不外乎解與行。就佛法之修行來說，

---

❿　如《宗鏡錄》卷36：「因解成行，行成解絕。不可一向執解，背道迷宗。行
　　解相應，方明宗鏡。如《首楞嚴經》所明，全爲見性修行，不取多聞知
　　解⋯⋯。」（CBETA, T48, no. 2016, p. 624c20-23）
⓫　《華嚴遊心法界記》卷1，CBETA, T45, no. 1877, p. 646c15-16。
⓬　《華嚴經明法品內立三寶章》卷1，CBETA, T45, no. 1874, p. 619c2。

基本上，藉由如實之解，才能生起正解；有了正解之後，還須進
一步了知解與行之差別，如此之解，才堪稱為正解。又如《華嚴
經明法品內立三寶章》卷2〈入道方便門〉：

> 作入道緣起，要有三義：一、識病。二、揀境。三、定
> 智。……三、定智中，亦二：一、解，謂能生正解，仍解
> 知解、行別者是也。二、行，謂不如所解，以解不能至
> 故，無分別心行順法妄情等。又此行依解成，亦行現前，
> 其解必絕。❸

此說明了定慧之修持，不外乎解、行二種，而當行起之時，其
解必絕，所謂「行依解成，亦行現前，其解必絕」。又如《法
界觀》：

> 若不洞明前解，無以躡成此行。
> 若不解此行法絕於前解，無以成其正解。
> 若守解不捨，無以入茲正行。
> 是故行由解成，行起解絕也。❹

此在在說明了「行由解成，行起解絕」，顯示解、行相資，其彼
此關係之不可分割，由此而構成了修學法界三昧之特色——顯
解、絕解。由顯解，而依解起行；由絕解，而行起解絕。不論顯
解、絕解，實皆不離「解」，且此之解，乃是華嚴一乘教之解，
而非三乘教之解。如《華嚴經明法品內立三寶章》卷2〈入道方

---

❸　《華嚴經明法品內立三寶章》卷2，CBETA, T45, no. 1874, p. 625c20-29。
❹　《華嚴法界玄鏡》卷1，CBETA, T45, no. 1883, p. 675c24-27。

便門〉：

> 揀境中二：一、對境，謂情謂之境，在邊等。二、真境，
> 有二：一、三乘境，謂空有不二融通等。二、一乘境，謂
> 共盡緣起具德圓融等。……又此行依解成，亦行現前其解
> 必絕。❶

此於「揀境」中，首先辨別了對境（指相對之境，亦即是顛倒
之境）、真境之不同，而有關真境方面，則以三乘境、一乘境來
表達之，三乘境著重於空有不二，一乘境則著眼於一多無盡緣
起上。有關一乘教之「解」，約有二種：緣起相由門、理性融通
門，而此二種乃建立在諸法緣起無自性上。❶

---

❶　《華嚴經明法品內立三寶章》卷 2，CBETA, T45, no. 1874, p. 625c20-29。引
　　文中「共盡緣起」應作「無盡緣起」。有關華嚴無盡法界緣起之論述，詳請
　　參見拙著《華嚴無盡法界緣起論》第 1 章〈無盡法界緣起理論之建構〉。

❶　如《華嚴遊心法界記》卷 1：「將欲入此三昧，方便非一，總而言之，不過
　　二門：一者解、二者行。就前門（指解門）中，復有二門：一者緣起相由
　　門、二者理性融通門。所以有此二門者？以諸有法無自性故。無自性者，空
　　有圓融成幻有也，是故於此開作二門。」（CBETA, T45, no. 1877, p. 646c15-
　　19）對於緣起相由，分開說、合說明之，且以有力、無力來顯示諸法彼此之
　　關係，如《華嚴遊心法界記》卷 1：「就初門中，復有二說：一者開說，二
　　者合說。初者，一切諸法有力無力也。言有力無力者，且如緣起之法，若無
　　此，彼不成。何者？以彼有力能成此也。既彼能成此，以能成他故是有力，
　　此不自有故依他是無力。以彼有力故能攝此，以此無力故能入彼。是故一切
　　皆在彼中隱，復彼有一切，一切不即彼。何以故？此但是力用互無，非空有
　　互奪故。是故一成即一切成，一壞即一切壞。故下文云：「以一佛土滿十
　　方，十方入一亦無餘，世界本相亦不壞，無比功德故能爾」等。又云：「一
　　一微塵中，各示那由他無數億諸佛於中而說法」等，云云。廣如經辨。良以
　　方〔有〕力無力故然。是故得一即得一切者，由此門也。如是自在法爾，如
　　斯亦非神力變化故爾。此云何知？按《華嚴經》云：法自爾故。又云：「一

　　於法界三昧修學中，為何強調「解」？此乃針對種種知見問題而來，以及如何藉由正解而生起對佛法之正信，具備如此信解，方能修持法界三昧，即是所謂「行依解成」。

　　之所以強調「解」，乃在於對佛法生起決定心及降伏諸見，且須明白解、行有別。若不知解、行有別，則吾人無始以來所執的種種知見無法伏斷。所以，藉由解、行，來伏、斷眾生無始知見之執著，如《華嚴經明法品內立三寶章》卷1：

> 成觀中二：先解，後行。
>
> 初、解，中二：一、始，謂解知如前所說諸義，令心決定。二、終，謂知解是解非行，亦解知正行不如所解，是故方堪為行方便。
>
> 二、行，中亦二：一、始，謂思惟彼法至無念處，諸見皆絕，絕亦絕。言說不及，念慮不到。若於乃至作「無念」等解，並是妄念，非是實行，何況餘念。二、終，謂以念智照無相境，亦非照非境，亦無觀無不觀。故云：法離一切觀行。久作純熟，心不失念。四威儀中，常作一切而無所作。雙行無礙，難思議也。❼

又如《華嚴經明法品內立三寶章》卷1：

> 問：若爾，則此一門無念便足，何須如上廣分別耶？

中解無量，無量中解一，展轉生非實，智者無所畏」等，即其事也。第二、合說者，彼有力能攝此時，即是此有力能攝彼時……。」（CBETA, T45, no. 1877, pp. 646c20-647a9）

❼　《華嚴經明法品內立三寶章》卷1，CBETA, T45, no. 1874, p. 619c2-11。

答：若不如前尋思彼義者，即見不伏生；若不解知解、行
別者，即妄以解為行，情謂不破也。設總無知但強伏
心而作諸觀，並是謂中作，非是真行，究竟增惡見，
入於魔網，不能成益故。《經》頌云：百千痙羊僧，
無慧修靜慮，設於百千劫，無一得涅槃。聰敏智慧
人，能聽法說法，斂念須臾頃，能速至涅槃。其觀中
魔事及餘行相觀利益等，並如別說。❸

上述引文中，以解之「始」、解之「終」兩方面，來說明「解」
之義涵。藉由眞正之解，可生起對佛法之決定心，以及降伏種
種不當之知見，尤其須了知「解」與「行」之不同，若妄以解爲
行，則仍陷於知見中，無法斷破知見，所謂「妄以解爲行，情謂
不破也」，此極爲關鍵重要，絲毫不可混淆解、行之差別。具備
了如此之解，才勘做爲修行之方便。同樣地，行亦以始、終來論
之，於行之始，其解皆絕，甚至連所謂的「絕」本身亦絕，因爲
言語道斷、心行處滅，如其言：「言說不及，念慮不到」。至此，
若還有所謂的「無念」，那還是妄念而已，並非是實行。因此，
可知於行之始，已將所有的解皆泯絕，以至於無念，連所謂的
「無念」亦絕，至此一切皆絕，此即所謂「行起解絕」。若進入
行之終，則以念智照無相境，此時亦無所謂的智、境，如其云：
「亦非照非境，亦無觀無不觀」，顯示法離一切觀行。❹或許吾人

---

❸　《華嚴經明法品內立三寶章》卷 1，CBETA, T45, no. 1874, p. 619c11-20。

❹　此如《華嚴五教止觀》「第四、語觀雙絕門」，如其云：「夫語觀雙絕者，
《經》云：『言語道斷，心行處滅』者，是也。即於上來空、有兩門，離諸
言論、心行之境，唯有眞如及眞如智。何以故？圓融相奪離諸相故，隨所動
念即皆如故，竟無能所爲彼此此故，獨奪顯示染不物故。《經》云：唯如如及
如如智獨存等。又《經》云：諸法寂滅相，不可以言宜。又《經》云：法離

認為：何不直接從「無念」入手，又何必大費周章於解中？有關
此問題，在於若不藉由種種解之剖析，則吾人知見難以降伏，若
以妄解為正解，以妄解為正行，如此一來，則仍陷於顛倒中。若
縱有心修行，而以此顛倒見來修，究竟增惡見而已，入於魔網，
不能成益。由此可知，具正知正見之解，於修行上之重要性。

　　華嚴宗對「解」之重視，同樣地，可從《法界觀》之「真
空觀」進一步得知。基本上，「真空觀」藉由四句模式，來泯除
種種知見執著，此不僅泯絕凡夫之知見，且泯絕聖者之知解，
尤其於「泯絕無寄觀」所說的「行起解絕」，至此絕解，才是真
解，如其云：

> 第四、泯絕無寄觀者，謂此所觀真空，不可言即色、不
> 即色，亦不可言即空、不即空，一切法皆不可，不可亦不
> 可，此語亦不受，迥絕無寄。非言所及，非解所到，是謂
> 行境。何以故？以生心動念，即乖法體失正念故。[20]

又云：

> 又前四句中，初二句〔會色歸空觀、明空即色觀〕八門，
> 皆揀情顯解。第三句一門，解終趣行。此第四句一門，正
> 成行體。若不洞明前解，無以躡成此行。若不解此行法絕
> 於前解，無以成其正解。若守解不捨，無以入茲正行。是

一切觀行。又《經》云：若解真實者無菩提。」（CBETA, T45, no. 1867, p.
511c19-27）

[20] 《華嚴法界玄鏡》卷1，CBETA, T45, no. 1883, p. 675a24-28。

　　故行由解成，行起解絕也。❷

此即藉由揀情顯解、絕解、捨解，來顯示正解、正行，若非絕
解，則非正解；若非捨解，則非正行，如下圖表所示：

真空觀				備註
1. 會色歸空觀	揀情顯解	顯解	正解	藉由色即空、空即色，破除眾生種種不當情見（知見）。
2. 明空即色觀				
3. 空色無礙觀	解終趣行			以空、有不二，爲解之終。
4. 泯絕無寄觀	行起解絕	絕解		對聖解之泯除，由此絕解而顯正解。

　　對真空觀之絕解，澄觀於《華嚴法界玄鏡》以「以解成
行」、「絕解成解」、「捨解成行」來說明解、行之關係，如其云：

　　「若不洞明」下，反顯相資，如目足相資。於中，
　　初、以解成行。
　　次、「若不解」下，絕解成解。
　　後、「若守」下，捨解成行。❷

---

❷　《華嚴法界玄鏡》卷1，CBETA, T45, no. 1883, p. 675c22-27。

❷　《華嚴法界玄鏡》卷1，CBETA, T45, no. 1883, p. 676a4-6。有關顯解、絕
解、捨解，另可參考宗密之解釋，如《註華嚴法界觀門》卷1：「若不解此
行法絕於前解，無以成其正解。絕解爲真解也，由此成前。若守解不捨，無
以入茲正行，捨解成行。是故行由解成，行起解絕。」（CBETA, T45, no.
1884, p. 687a29-b3）又如《圓覺經大疏釋義鈔》卷7：「然初云顯解，但是
聞思信解也。行者，定也。正成解體者，從定發慧也。解絕者，聞思信解不
存也，亦始覺合本之意矣。又此四句中：一、簡情顯解至色即空，是空觀，
觀真諦。二、簡情顯解至空即色，是假觀，觀俗諦。第三、雙照；第四、雙

此說明了真空觀是「行由解成，行起解絕」。所以，絕解方成正
解，捨解方為正行。對於《法界觀》之「真空觀」，《宗鏡錄》
對此亦相當重視，加以引用之，如其云：

> 如上空有二門。
>
> 約廣其義用，遂說存泯開合。
>
> 若破其情執，乃說即離有無。
>
> 設當見性證會之時，智、解俱絕。如泯絕無寄觀云：「謂
> 此所觀真空，不可言即色、不即色，……」，乃至「若不
> 洞明前解，無以躡成此行。若不解此行法絕於前解，無以
> 成其正解。若守解不捨，無以入茲正行。是故行由解成，
> 行起解絕。」❷

此引《法界觀》「真空觀」，用以說明禪宗見性證會之時，智、解
俱絕。《法界觀》所說之「解」，不僅是揀情之解，更是絕解之
解，且是具信之解、如實之解。須具如此之正解，才能入正行。

另外，值得注意的，此「解」須具有信之解，具「信」之
解，才是正解，否則將成顛倒之解，如《華嚴遊心法界記》
卷1：

> 今欲入法界無礙者，要先發得徹到信心。何者？以信為初
> 基，眾行之本，一切諸行皆藉信生，是故最初舉信為始

遮，皆明中觀，觀第一義諦。以義取意，撮略顯示。觀門已竟。」（CBETA,
X09, no. 245, p. 613c4-10 // Z 1:14, pp. 358d15-359a3 // R14, pp. 716b15-
717a3）

❷ 《宗鏡錄》卷8，CBETA, T48, no. 2016, p. 460a5-15。

也。此云何知？按《華嚴經》云：「信為道元功德母，增長一切諸善法」，乃至「信為寶藏第一法、為清淨手受眾行」等也。是故欲入法界無礙，要須發此徹到信心。若不發得如是之信心，無以入於法界無礙也。何以故？器不堪受無礙法故。若得此心現前，能堪受無礙法也。❷

又如《華嚴遊心法界記》卷1：

> 若無如是信者，雖有眾解，悉皆顛倒。何以故？無信之解，不應行故；顛倒之解，即非解故。此云何知？按《華嚴經》云：「譬如水所漂，懼溺而渴死，不能如說行，多聞亦如是」，又云：「譬如貧窮人，日夜數他寶，自無半錢分，多聞亦如是」等，即其事也。若能具上堅信現前，方可入於法界三昧。何者？以機感所宜性相應也。❷

於引文中，說明了「信」為一切之基礎，眾行之根本。所以，若欲入法界三昧，須發「徹到信心」；反之，若不發得如是之信心，則無以入法界三昧。若得此信心現前，如此才能堪受法界無

---

❷　《華嚴遊心法界記》卷1，CBETA, T45, no. 1877, p. 645b22-c1。

❷　《華嚴遊心法界記》卷1，CBETA, T45, no. 1877, p. 646a16-22。如《三聖圓融觀門》卷1：「文殊必因於信，方能成解。有解無信，增邪見故；有信無解，長無明故。信解真正，方了本原，成其極智。極智反照，不異初心。故初發心時，便成正覺。」（CBETA, T45, no. 1882, p. 671b18-22）《三聖圓融觀門》卷1：「理若無行，理終不顯；依體起行，行必稱體。由行證理，理無行外之理；由理顯行，無理外之行故。隨所證理，無不具一證一切證，故見普賢一毛所得法門，過前不可說倍，又是即體之用故。『毛』、『孔』法門，緣起無盡，由是普賢三事，涉入重重。」（CBETA, T45, no. 1882, p. 671b25-c1）

礙法而修法界三昧。若無如是之信，雖有種種之解，也只是顛倒而已。因此，務必堅信現前，方可入於法界三昧。若無此信，則不能堪受法界無礙法修法界三昧。所以，《華嚴遊心法界記》云：「是故行者將欲求入法界無礙者，先自撿知信虛實，不可妄說即以為真。」❷又如《華嚴遊心法界記》云：「若能如是，佛說此人皆堪受法界究竟三昧。何以故？於法苦行，不怯怖故；如說能行，教相應故。」❷換言之，無信之解，則不能與行相應。而「行」乃由解而成，若以「解」說行，其畢竟仍只是解而已。若執解為行，仍是妄解，非但不是行，亦非解也。如《華嚴遊心法界記》卷 1：

> 第二、別明「行」者，即於上「解」中，審諦取之。❷

又如《華嚴遊心法界記》卷 1：

> 問：如上所言教義文，即解行俱陳，云何就解為言而得不言其行耶？
> 答：行法，離見亡言。言、見俱為方便，隨言、見而入證。入證，言即無言。不了無見非真，妄執將正行，是故妄解不稱行心也。❷

又如《華嚴遊心法界記》云：

---

❷ 《華嚴遊心法界記》卷 1，CBETA, T45, no. 1877, p. 646a25-26。
❷ 《華嚴遊心法界記》卷 1，CBETA, T45, no. 1877, p. 646a6-8。
❷ 《華嚴遊心法界記》卷 1，CBETA, T45, no. 1877, p. 647c27。
❷ 《華嚴遊心法界記》卷 1，CBETA, T45, no. 1877, p. 648a12-16。

問：既言行法離見亡言，言、見莫之能入。今既知行亡言
　　離見，此見豈非見耶？

答：若知此見是解，此解即為解。若即以此見為行，非但
　　不是行，亦復不是解也。何以故？妄見之解，即非解
　　故。此云何知？按《維摩經》云：無以生滅心行，說
　　實相法等。❸

諸如此類，皆顯示了言說、知見，與行不相應，因為行法離見
亡言，而一切念慮情見皆與行法不相應，如《華嚴遊心法界
記》云：

行離念亡言者，與法相應，絕情見也。何以故？無念之
見，性融通故；理智交徹，見無見故；任放自在，念不
動故。此云何知？如說「不動是法印，動則魔羅網」。解
云：若動，見此之見，看彼，即彼此俱不見。而言見彼此
者，即是妄緣，非是正見也，故名魔羅網也。不動，見此
之見，即見彼者，即彼此俱見，故名為法印也。❸

此顯示「行」，乃離念亡言、離言絕解，❸泯絕一切知見，乃至無

---

❸　《華嚴遊心法界記》卷1，CBETA, T45, no. 1877, p. 648a18-23。
❸　《華嚴遊心法界記》卷1，CBETA, T45, no. 1877, p. 648b1-8。
❸　《華嚴五教止觀》卷1：「三者、顯法離言絕解。就此門中亦為二：一、遮
　　情。二、表德。言遮情者，問：緣起是有耶？答：不也。即空故，緣起之
　　法，無性即空。問：是無耶？答：不也。即有故，以緣起之法，即由無始得
　　有故。問也：亦有亦無耶？答：不也。空有圓融，一無二故。緣起之法，空
　　有一際，無二相故也，如金與莊嚴具思之。問：非有非無耶？答：不也。不
　　礙兩存故，以緣起之法，空有互奪，同時成也。問：定是無耶？答：不也。

念。此無念之見，則法性融通。如《華嚴遊心法界記》卷1：

> 此大緣起法，法爾具足，必須心中證。彼知不可說得向人
> 者，方見緣起之氣分也。若作可說得解，是即不見也。終
> 日言由，妄為言也。必須絕解寰修，是即順為正見。若也
> 解心為得，是即一世虛行。深信之耳。❸

此顯示了緣起之法，雖言「一即一切，一切即一」，但實無
「一」，亦無「一切」，「一」與「一切」乃彼此相互依存而立，而
「一」與「一切」實皆不可得。至此，方了知緣起諸法乃是說不
得，如此才稍有「緣起之氣分」，才能稍稍對緣起有所了解。若
明白此道理，則能得知法界緣起法爾具足，而此道理必須如實
而修，所謂「法爾具足，必須心中證」，否則一世虛行。所以，
離念亡言，絕解寰修，方為順法。破、立之施設，其實亦只是方
便而已。❸

空有互融，兩不存故。緣起之法，空奪有盡，唯空而非有；有奪空盡，唯有
而非空。相奪同時，兩相雙泯。二、表德者，問：緣起是有耶？答：是也，
幻有不無故。問：是無耶？答：是也，無性即空故也。問：亦有亦無耶？
答：是也，不礙兩存故。問：非有非無耶？答：是也，互奪雙泯故。又以緣
起故，是有；以緣起，故是無；以緣起故，是亦有亦無；以緣起故，是非有
非無。乃至一，不一，亦一亦不一，非一非不一；多，不多，亦多亦不多，
非多非多。如是是多，是一，亦是多亦是一，非是一非是多。即、不即四
句，準之。如是遮、表圓融無礙，皆由緣起自在故也。若能如是者，方得見
緣起法也。」（CBETA, T45, no. 1867, p. 512c9-28）

❸ 《華嚴遊心法界記》卷1，CBETA, T45, no. 1877, p. 650c6-11。

❸ 《十二門論宗致義記》卷1：「初、汎明經論立破儀軌者，佛法大綱，有其
二種：一、為上品純機，直示教義，不立不破。二、為中下雜機，方便顯
示，有立有破。佛在世時，多明初義，兼明後義，如諸經中所辨。佛滅度
後，多明後義，兼明初義，如諸論中所辨。」（CBETA, T42, no. 1826, p.

雖然絕解實修，而實際上乃是解行雙融，解行無礙，如
《華嚴法界玄鏡》卷2：

> 第三、結勸修學，謂若圓明在心，依解生行，行起解絕。
> 雖絕而現，解行雙融，修而無修。非唯周遍一門，實亦三
> 觀齊致。無心體極，無間常行，何障不消？何法能礙？斯
> 觀顯現，聖遠乎哉！體之，則神矣。體非權小，聖亦難思
> 矣。❸

此說明了解、行彼此相資，所謂「依解生行，行起解絕。雖絕而
現，解行雙融」。另外，有關解、行之關係，亦可從解境、行境
之六句模式來論述之。❸

　　由前述之探討中，得知法界三昧之實踐，須具備徹到之
信、如實之解、稱法之行。而此「行」乃是「依解起行」、「行
起解絕」，亦即是絕解實修。「行起解絕」，實乃修持法界三昧之
關鍵。

214a21-26）

❸　《華嚴法界玄鏡》卷2，CBETA, T45, no. 1883, p. 683a14-19。

❸　解境、行境之六句模式，在華嚴宗運用頗廣，基本上，有四句、五句、六句
　　模式的運用，用以表達解、行。藉由空、有之四句模式，乃至六句模式，來
　　顯示解、行。有關空、有之四句模式論述，乃至對此四句之通達無礙，基本
　　上，皆屬於「解」。而將此四句、五句加以泯除，則屬於「行」。四句模
　　式：「有、無、亦有亦無、非有非無」。若加上「俱是」，則成五句模式。
　　再加上「俱非」，則為六句模式。以五句模式表「解」，而以六句模式顯
　　「行」，用以遮除前五句之解。如《華嚴經探玄記》卷1：「是故或唯廣無
　　際；或分限歷然；或即廣即狹；或廣狹俱泯；或具前四，以是解境故；或絕
　　前五，以是行境故。」（CBETA, T35, no. 1733, p. 123c1-3）

三、從「行起解絕」論教禪之關係

接著，以「行起解絕」來探討教禪之關係。一般吾人較熟悉禪宗對教說之泯絕，所謂「教外別傳，不立文字」。然從前述之探討中，可得知華嚴宗於「行」之所強調，在於「行起解絕」，如所謂的「行起解絕」、「絕解實修」、「離言絕解」、「亡言絕解」、「亡言慮絕」、「超情離見」、「超情離念」、「語觀雙絕」等，❸而此等與禪宗所強調的「言說道斷，心行處滅」，實有異曲同工之妙。

諸法本寂滅，言說道斷，心行處滅，此乃佛教一貫所要面對的問題，如《大般若波羅蜜多經》卷 571〈無所得品〉：

> 善思又問：「何者是法？」
>
> 最勝答曰：「法無文字，亦離語言。」
>
> 善思又問：「離文言中，何者是法？」
>
> 最勝答曰：「性離文言，心行處滅，是名為法。一切法性皆不可說，其不可說亦不可說。若有所說，即是虛妄；虛妄法中，都無實法。」
>
> 善思又問：「諸佛菩薩常有言說，皆虛妄耶？」
>
> 最勝答曰：「諸佛菩薩從始至終不說一字，云何虛妄？」

---

❸ 如《華嚴五教止觀》卷 1：「夫語觀雙絕者，《經》云：『言語道斷，心行處滅』者，是也。即於上來空、有兩門，離諸言論心行之境，唯有真如及真如智。何以故？圓融相奪，離諸相故；隨所動念，即皆如故。竟無能所，為彼此故，獨奪顯示染不物故。《經》云：唯如及如如智獨存等。又《經》云：諸法寂滅相，不可以言宜。又《經》云：法離一切觀行。又《經》云：若解真實者無菩提。」（CBETA, T45, no. 1867, p. 511c20-27）

善思又問：「若有所説，當有何咎？」

最勝答曰：「有語言咎。」

善思又問：「語言何咎？」

最勝答曰：「有思議咎。」

善思又問：「何法無咎？」

最勝答曰：「有説、無説，不見二相，是則無咎。」

善思又問：「咎何為本？」

最勝答曰：「能執為本。」

善思又問：「執何為本？」

最勝答曰：「著心為本。」

善思又問：「著何為本？」

最勝答曰：「虛妄分別為本。」

善思又問：「虛妄分別以何為本？」

最勝答曰：「攀緣為本。」

善思又問：「何所攀緣？」

最勝答曰：「攀緣色、聲、香、味、觸、法。」

善思又問：「云何無緣？」

最勝答曰：「若離愛取，則無所緣。以是義故，如來常説
諸法平等，不可攀緣。」❸

又如《大智度論》卷 32〈序品〉：

是法非有非無、非生非滅，滅諸觀法，究竟清淨，是名
「上如」。❸

---

❸　《大般若波羅蜜多經》卷 571〈無所得品〉，CBETA, T07, no. 220, p. 948a3-19。

❸　《大智度論》卷 32〈序品〉，CBETA, T25, no. 1509, p. 298c17-18。

由於諸法非有非無、非生非滅，無有諸法可言說，亦無諸法可觀行，所以「言說道斷，心行處滅」。同樣地，於禪宗面對此問題，其所強調的，在於「行起解絕」，如《禪宗永嘉集》卷1：

> 夫悟心之士，寧執觀而迷旨；達教之人，豈滯言而惑理。理明，則言語道斷，何言之能議；旨會，則心行處滅，何觀之能思心。言不能思議者，可謂妙契寰中矣！❹

此以理明、旨會，來顯示言語道斷、心行處滅，所謂「理明，則言語道斷」、「旨會，則心行處滅」，以此顯示教、禪彼此所共通。又如《憨山老人夢遊集》卷6：

> 參禪頓破無明，是絕凡情也；悟亦吐却，是絕聖解也。斯則禪呵知解，而教未常不呵也。❹

---

❹ 《禪宗永嘉集》卷1，CBETA, T48, no. 2013, pp. 391c27-392a1。

❹ 《憨山老人夢遊集》卷6，CBETA, X73, no. 1456, p. 500c19-20 // Z 2:32, p. 144b9-10 // R127, p. 287b9-10。又如《憨山老人夢遊集》卷6：「今參禪人，從教迴心者，不能忘知絕解；提話頭，不能忘情絕跡，皆在所呵。何其毀教謂不足取耶？今棄教參禪者，果能先解本無凡聖，不屬迷悟，是爲見地，依此參究。當人一念，若存絲毫情見，及幺妙知解，總是未透，皆生死邊事，豈可便以爲得耶？今無明眼知識印證，若不以教印心，終落邪魔外道。但不可把佛說的語言文字，及祖師幺妙語句，當作自己知見。必要參究做到相應處。如《經》〔案：指《楞嚴經》〕云：一切煩惱，應念化成無上知覺。如此便是頓悟的樣子。不得將煩惱習氣，夾襍知見，當作妙悟也。亦不是別有，只是消盡煩惱習氣，露出本來面目耳。故云：悟了還同未悟時，依然只是舊時人，不改舊時行履處。」（CBETA, X73, no. 1456, pp. 500c20-501a8 // Z 2:32, p. 144b10-c4 // R127, pp. 287b10-288a4）

此說明絕凡情、絕聖解，實乃禪教之所共同的。甚至有以「行起解絕」，來表達禪宗見性之修行，如《萬善同歸集》卷3：

> 故欲顯性，先須破執；破執方便，須凡聖俱泯，功業齊祛，使心無所著，方可修禪。❷

如《宗鏡錄》卷8：

> 設當見性證會之時，智、解俱絕，如泯絕無寄觀云：謂此所觀真空，不可言即色、不即色，亦不可言即空、不即空，一切法皆不可，不可亦不可，此語亦不受，迥絕無寄。非言所及，非解所到，是謂行境。❸

又如《宗鏡錄》卷36：

> 《輔行記》問云：四句推檢，貪欲泯然，但有妙觀，無復貪欲，何得復云而起而照？答：防於起時，理須照。起、不起俱照，照、不照俱亡，亡、不亡咸泯，泯、不泯湛然，如是方成入空之觀。故云不見起、照，起、照宛然。如上所說諸觀門，一心之旨，義理昭彰。解雖分明，行須冥合。因解成行，行成解絕。不可一向執解，背道述宗。行解相應，方明宗鏡。如《首楞嚴經》所明，全為見性修行，不取多聞知解。❹

---

❷　《萬善同歸集》卷3，CBETA, T48, no. 2017, p. 987a11-12。
❸　《宗鏡錄》卷8，CBETA, T48, no. 2016, p. 460a6-11。
❹　《宗鏡錄》卷36，CBETA, T48, no. 2016, p. 624c14-23。《輔行記》，即是

又如《宗鏡錄》卷3：

> 問：以心為宗，如何是宗通之相？
> 答：內證自心第一義理，住自覺地，入聖智門，以此相
> 應，名宗通相。此是行時，非是解時。因解成行，行
> 成解絕，則言說道斷，心行處滅。❹

諸如此類，皆說明了「行成解絕」，乃屬見性之修行。又如《佛
果圜悟禪師碧巖錄》卷4：

> 還知雪竇以本分事為人麼，誰共澄潭照影寒，為復自照？
> 為復共人照？須是絕機絕解，方到這境界。❹

如《無異元來禪師廣錄》卷34：

> 見相非相，即見如來。此破相入理之談，自非行起解絕，
> 不能親到。❹

如《永覺元賢禪師廣錄》卷10：

> 蓋參禪祇要你忘情絕解，死盡偷心，得箇無念心體而

《摩訶止觀輔行傳弘決》。
❹　《宗鏡錄》卷3，CBETA, T48, no. 2016, p. 428b3-7。
❹　《佛果圜悟禪師碧巖錄》卷4，CBETA, T48, no. 2003, p. 178c2-4。
❹　《無異元來禪師廣錄》卷34，CBETA, X72, no. 1435, p. 377a2 // Z 2:30, p.
193b2-4 // R125, p. 385b2-4。

已。❹

如《永覺元賢禪師廣錄》〈示漢章禪人〉卷 10：

> 我法本無語，我語不是法。但知法無法，便是真實法。何
> 以故？纔涉語言，反成染汙。須知「解絕情忘」一句，自
> 然鑑地輝天。若祇在言句上，逐一揣摩，正如螢火欲燒須
> 彌山，無有是處。今汝發心參究，但將一句無義味話，常
> 常提撕。久之，自然雲開日現。又何患虛空之不朗照哉！❹

此等在在無不顯示禪宗之實踐，在於「行起解絕」。而此「行起
解絕」，即是「言說道斷，心行處滅」，亦即是見性親證。

　　對芸芸大多數修行者而言，基本上，宜由解入手，以至行
起解絕，只有極少數者直接由斷除知解入手，如《楊仁山居士
遺書》卷 16：

> 然則學佛者當若之何？曰：隨人根器，各有不同耳。利根
> 上智之士，直下斷知解，徹見本源性地，體用全彰，不涉

---

❹　《永覺元賢禪師廣錄》卷 10，CBETA, X72, no. 1437, p. 442a5-6 // Z 2:30, p.
　　258a3-4 // R125, p. 515a3-4)。又《永覺元賢禪師廣錄》卷 10：「今轉向外
　　邊，搬入許多骨董。正所謂祇名運糞入，不名運糞出也，如何了得大事？上
　　人若肯相信，但將從前所得、所學底，一坐坐斷。單單向一句死話頭上究，
　　將去這死話頭不可知解處，正與本分事相近。要你向這裏，磨來磨去，忽然
　　解心銷盡，則本有光明自然輝天鑑地去也。今人卻在不可知解處商量，討箇
　　路走，豈非大錯乎！」（CBETA, X72, no. 1437, p. 442a7-13 // Z 2:30, p. 258
　　a5-11 // R125, p. 515a5-11）

❹　《永覺元賢禪師廣錄》卷 10，CBETA, X72, no. 1437, p. 444a9-14 // Z 2:30, p.
　　260a7-12 // R125, p. 519a7-12。

修證，生死涅槃平等一如。此種根器，唐宋時有之，近世罕見矣！

其次者，從解路入。先讀《大乘起信論》，研究明了；再閱《楞嚴》、《圓覺》、《楞伽》、《維摩》等經，漸及《金剛》、《法華》、《華嚴》、《涅槃》諸部，以至《瑜伽》、《智度》等論，然後依解起行，行起解絕，證入一真法界，仍須回向淨土面覲彌陀，方能永斷生死成無上道。此乃由約而博，由博而約之法也。❺

此顯示了對大多數人來說，藉由揀情顯解，而「依解起行」，實乃必經之過程。表面上，禪宗雖強調絕解，而實亦不廢教，如《靈峰蕅益大師宗論》卷6：

達磨承佛教盛行之後，特來指示心要，如畫龍點睛，令其飛去，乃至六祖，無不皆然。雖藉《楞伽》、《金剛》印心，未嘗廢教，而貴行起解絕，不許坐在知解窠臼。❺

此說明了禪宗雖貴行起解絕，但未嘗廢教，而禪宗所破斥者在於對教之執著。「行起解絕」，非但為禪宗之所貴，同樣地，亦為華嚴宗之所重視。由此可知，教、禪彼此有異曲同工之妙。

四、結語

若將華嚴與禪宗做一對比，就一般說來，華嚴著眼於「解」，

---

❺　《楊仁山居士遺書》卷16，CBETA, B28, no. 157, p. 603a4-12。

❺　《靈峰蕅益大師宗論》卷6，CBETA, J36, no. B348, p. 370a4-7。

禪宗著重於「行」；然若就實際而論，乃解行相資。對於種種知見的泯除，乃是禪宗所極重視的，此不僅破除凡情知見，亦破除聖解，其與華嚴宗所說的「揀情」、「絕解」有異曲同工之妙。

　　就華嚴宗而言，若由解說行，此仍只是解而已，而當落實在實踐時，則一切言說皆已泯除，此即所謂的「行起解絕」。以此顯示真正之行，是絕解；真正之解，亦是絕解。由此可知，「行起解絕」為禪教所共通的。然而對云云大眾來說，須藉由「解」的引導，以解決其內心之困惑，而建立如實之知見，進而依解起行、行起解絕。

　　總而言之，華嚴宗所提的顯解、絕解，乃實踐法界三昧之所在。若就「行」而言，「絕解」乃教禪之所共同的，而「顯解」實乃華嚴宗所特重的。

＊本文原名〈法界三昧之觀行〉，發表於 2018 年「第四屆華嚴論壇」國際學術研討會，江蘇省常熟興福禪寺法界學院。（2018.09.12）

參考書目

本文佛典引用主要是採用「中華電子佛典協會」（Chinese Buddhist Electronic Text Association，簡稱 CBETA）的電子佛典集成光碟，2016 年。

佛教藏經或古籍

《十二門論宗致義記》，T42, no. 1826。

《三聖圓融觀門》，T45, no. 1882。

《大方廣佛華嚴經》，T09, no. 278。

《大方廣佛華嚴經》，T10, no. 279。

《大方廣佛華嚴經疏》，T35, no. 1735。

《大般若波羅蜜多經》，T07, no. 220。

《大智度論》，T25, no. 1509。

《永覺元賢禪師廣錄》，X72, no. 1437 // Z 2:30 // R125。

《佛果圜悟禪師碧巖錄》，T48, no. 2003。

《宗鏡錄》，T48, no. 2016。

《華嚴一乘教義分齊章》，T45, no. 1866。

《華嚴五教止觀》，T45, no. 1867。

《華嚴法界玄鏡》，T45, no. 1883。

《華嚴經明法品內立三寶章》，T45, no. 1874。

《華嚴經探玄記》，T35, no. 1733。

《華嚴遊心法界記》，T45, no. 1877。

《註華嚴法界觀門》，T45, no. 1884。

《雲棲法彙》，J33, no. B277。

《楊仁山居士遺書》，B28, no. 157。

《憨山老人夢遊集》，X73, no. 1456。

《禪宗永嘉集》，T48, no. 2013。

《靈峰蕅益大師宗論》，J36, no. B348。

第八篇

華嚴・禪之關係
——深明法界觀，好喫趙州茶

▌摘要

　　隋唐時代，有華嚴宗初祖杜順和尚（557-640）的《華嚴法界觀門》（簡稱《法界觀》），北宋・夷門山廣智本嵩禪師於《華嚴七字經題法界觀三十門頌》（簡稱《法界觀門頌》）說到：「深明杜順旨，何必趙州茶。」而後代對此偈頌有著不同之看法，有認為「會得法界觀，參禪了一半」，但金代（或南宋）・琮湛禪師於《註華嚴經題法界觀門頌》（簡稱《註法界觀門頌》）中，則認為「深明杜順旨，好喫趙州茶」。由此看來，反映了禪師們對華嚴法界觀有著不同看法。然不論如何，皆在在顯示了華嚴法界觀與禪宗彼此之間有著密切關係。

　　本論文試圖藉由《法界觀》來切入，探討華嚴與禪宗之關係。首先，對《法界觀》做一簡單說明，此乃針對法界觀之三觀，來說明三觀各具十門，因此而成三觀三十門之特色，以呈現華嚴溥融無礙重重無盡法界。其次，則藉用廣智禪師《法界觀門頌》及琮湛禪師《註法界觀門頌》來說明法界觀與禪之關係。最後，主要列舉臨濟宗歷代禪師（如南嶽懷讓、馬祖道一、黃檗希運、臨濟義玄，乃至大慧宗杲等）來做說明，以顯示其如何活用禪觀。

關鍵字：法界觀、禪、眞空觀、理事無礙觀、周遍含容觀

一、前言

於隋唐時代，有華嚴宗初祖杜順禪師（557-640）《華嚴法界觀門》（以下簡稱《法界觀》），北宋‧夷門山廣智本嵩禪師於《華嚴經題法界觀門頌》（簡稱《法界觀門頌》）提到：

> 深明杜順旨，何必趙州茶。❶

金代（或南宋）‧❷琮湛禪師《註華嚴經題法界觀門頌》（以下簡稱《註法界觀門頌》）對此頌加以解釋云：

> 通明妙觀玄網，何必參禪問道？此頌帝心禪師〔案：指杜順和尚〕集斯觀旨〔案：指《法界觀》〕，攝華嚴之玄要，束為三重；設法界之妙門，通為一觀。諸經詮量不到，禪宗提唱莫及。雖言諗老〔案：指趙州禪師〕直截，難比溥融無礙也。❸

又如琮湛於《註法界觀門頌》〈序〉所說：

> 疑根截斷，南泉謾指庭花；觀智孤明，諗老休言啜茗。❹

---

❶　《註華嚴經題法界觀門頌》卷 2，CBETA, T45, no. 1885, p. 707b11。

❷　如《註華嚴經題法界觀門頌》〈序〉：「時正大元年歲次甲申仲冬望日記。」（CBETA, T45, no. 1885, p. 692c8），正大元年，即公元 1224 年，是金代大哀宗年號。亦是宋寧宗嘉慶十七年。

❸　《註華嚴經題法界觀門頌》卷 2，CBETA, T45, no. 1885, p. 707b11-15。

❹　《註華嚴經題法界觀門頌》卷 1，CBETA, T45, no. 1885, p. 692c2-3。

從上述的引文，由廣智禪師的拈頌及琮湛禪師的解釋中，透顯了杜順和尚的《法界觀》之特色，乃是「諸經詮量不到，禪宗提唱莫及」的，而此反襯了趙州和尚的「趙州茶」（指「趙州禪」）雖然直接了當，以一杯茶來接引三種根機（上、中、下根），但卻難以跟華嚴法界觀之溥融無礙媲美。何以如此？乃因《法界觀》攝華嚴之玄要，以眞空、理事無礙、周遍含容等三重來表達之；而此三觀（眞空觀、理事無礙觀、周遍含容觀）實乃一觀也，稱之爲法界觀，亦即是從三種不同面向來表達法界觀。❺

由上述略可知，《法界觀》之三觀含攝了整部《華嚴經》的教理及觀法，尤其是周遍含容觀之溥融無礙門，且是「諸經詮量不到，禪宗提唱莫及」的。基於此，而言「深明杜順旨，何必趙州茶」，或言「觀智孤明，誵老休言啜茗」，此在在顯示了趙州禪難與法界觀媲美。但若從另一角度來看，正好也呈現出「深明杜順旨，好喫趙州茶」，誠如琮湛禪師評述當時對法界觀的看法，而感慨地說道：

> 噫！嘗聞有語云：若人會得法界觀，參禪了一半。宗湛以此評之，應云：深明杜順旨，好喫趙州茶。❻

藉由琮湛的評述，顯示了深明法界觀，非只是參禪了一半而已，

---

❺ 《脩大方廣佛華嚴法界觀》卷 1：「夷門云：观心无二，法界无三，就义淺深，說有前後，如一明珠初見珠体絕相，喻眞空观也，直观理体故。次观珠隨緣現像非一非異，喻理事无閡观也。後見珠中所現異像青靑黃处，珠体无二，妍醜亦然。珠体无彼此，色像即珠，何曾有異。一即一切，一切即一，互遍互容，喻事〃无礙観也三觀一心爛然可見。」（CBETA, D38, no. 8898, p. 5a10-11）

❻ 《註華嚴經題法界觀門頌》卷 2，CBETA, T45, no. 1885, p. 707b15-17。

而是好喫趙州茶。由此也顯示了禪宗與法界觀之密切關係。本論文即是呼應此話題而來，將琮湛禪師所說的「深明杜順旨，好喫趙州茶」，稍做調整爲「深明法界觀，好喫趙州茶」，因爲所謂「杜順旨」，實乃指《法界觀》之意。因此，本論文嘗試藉由《法界觀》之三觀與禪宗做一連結，探討其彼此之關係。

　　本論文所要處理的，是華嚴法界觀與禪宗之關係，而副標題雖言：「深明法界觀　好喫趙州茶」，主要是藉由趙州茶來象徵禪宗，重點不在於討論趙州茶（趙州禪）。依筆者之研究，華嚴法界觀之三觀與禪宗有極密切之關係，或可說禪宗只要能用語言所表達出來的，可說實不外乎法界觀之三觀，且此在歷代諸禪師語錄中，也常可以看到其對法界觀之運用。

　　若就禪宗所破斥執著而言，可說不外乎《法界觀》之眞空觀，尤其是眞空觀的「泯絕無寄觀」；若就禪宗所要表顯意境或妙用而言，可說不外乎《法界觀》之理事無礙觀（理事無礙法界）、周遍含容觀（事事無礙法界）。

二、法界觀簡介

　　有關《法界觀》，據說爲華嚴初祖杜順和尚之作，❼目前此文獻主要保留在法藏《華嚴勸發菩提心章》中，及澄觀《華嚴法界玄鏡》、宗密《註華嚴法界觀門》等註疏中，並未有單獨行本。法藏《華嚴勸發菩提心章》乃是對《法界觀》內容之引述，❽澄觀《華嚴法界玄鏡》及宗密《註華嚴法界觀門》，是對

---

❼　在學術界中，亦有學者懷疑《法界觀》非杜順之作品，而可能是法藏所撰寫的。

❽　本論文對華嚴三觀之論述，僅做一簡要之說明，詳參《華嚴無盡法界緣起

《法界觀》所做的註疏。

《法界觀》主要是以眞空觀、理事無礙觀、周遍含容觀等三觀來切入。有關《法界觀》之第一「眞空觀」，是以四句十門方式來論述眞空觀。所謂的四句，是指會色歸空觀、明空即色觀、空色無礙觀、泯絕無寄觀。❾亦可以「空、有、亦空亦有、非空非有」模式表達之，如下所示：

眞空觀	四句
會色歸空觀	空
明空即色觀	有
空色無礙觀	亦空亦有
泯絕無寄觀	非空非有

於《法界觀》之「眞空觀」中，首先，以「會色歸空觀」來顯示「色即空」之道理，遮除對空、色之不當的理解；其次，以「明空即色觀」顯示「空即色」之道理，遮除對空、色之不當的理解；然後，再以「空色無礙觀」雙破對空、色之執著，顯示「解終趣行」；最後，以「泯絕無寄觀」破除一切所有施設之執著，顯示「行起解絕」，而以「行境」表達之。藉由「眞空觀」之四句模式運用，可看出施設眞空觀，主要在於遍破所有一切之執取，由此而襯托出「言語道斷，心行處滅」之行境。

《法界觀》之第二「理事無礙觀」，基本上，可說在「眞空

論》第 1 章第 1 節，及第 3 章第 1 節。另，參本書第五篇〈華嚴與天台觀行的對話〉，或參考〈天台三觀與華嚴三觀〉（《華梵人文學報‧天台學專刊》，頁 169-199）。

❾　《華嚴發菩提心章》卷 1，CBETA, T45, no. 1878, p. 652b14-c22。本文爲引文之方便，直就法藏《華嚴發菩提心章》來引述之，以下亦同。

「觀」的基礎上，進而來論述理與事之關係，彼此是圓融無礙的。
換言之，若從修學循序漸進的角度來看，藉由真空觀之遮情顯
理，以泯除種種顛倒妄想執著，唯當妄盡理顯，方能了知「超情
離見」之理事關係，乃是彼此相遍、相成、相奪、相即、相非之
圓融無礙的。此理事無礙觀亦以十門來論述，如下所述 ❿：

一、理遍於事門 二、事遍於理門	相遍	鎔融
三、依理成事門 四、事能顯理門	相成	順
五、以理奪事門 六、事能隱理門	相奪	逆
七、真理即事門 八、事法即理門	相即	亡
九、真理非事門 十、事法非理門	相非	存

而此十門之關係，是理事彼此鎔融存亡逆順無礙的，且彼此同
時頓起，如其云：

> 此上十義，同一緣起，約理望事，則有成有壞，有即有
> 離；事望於理，有顯有隱，有一有異。逆順自在，無障無
> 礙，同時頓起。深思，令觀明現。是謂理事圓融無礙觀

❿ 如《華嚴發菩提心章》卷1：「第二、理事無礙觀者，謂理事鎔融存亡逆
順，通有十門。一、理遍於事門，……十、事法非理門，謂全理之事，事恒
非理，性、相異故，能依非所依故，是故舉體全理而事相宛然。如全水之
波，波恒非水，以動義，非濕故。」（CBETA, T45, no. 1878, pp. 652c28-
653c12）

也。⓫

此以十門對理事關係之論述，可說發揮至極致，且以「逆順自在，無障無礙，同時頓起」來表達之，隨舉一門，餘九門與之同時相應。

最後，有關《法界觀》之第三「周遍含容觀」，以十門來論述，如下所述⓬：

一、理如事門
二、事如理門
三、事含理事門
四、通局無礙門
五、廣狹無礙門
六、遍容無礙門
七、攝入無礙門
八、交涉無礙門
九、相在無礙門
十、普融無礙門

而此十門，可說是以循序漸進方式來進入觀法，以顯示諸法互遍互攝重重無盡。首先，以前三門（理如事門、事如理門、事含理事門）為基礎，來說明事如理之遍一切、攝一切。進而以第四通局無礙門、第五廣狹無礙門，來說明一法之遍一切、攝一切，

⓫　《華嚴發菩提心章》卷1，CBETA, T45, no. 1878, p. 653c12-15。

⓬　如《華嚴發菩提心章》卷1：「第三、周遍含容觀者，謂事如理融，遍攝無礙，交參自在。略辨十門：一、理如事門，……十、普融無礙門，謂一切及一，普皆同時。更互相望，一一具前兩重四句，普融無礙，準前思之。令圓明顯現，稱行境界，無障無礙。深思之，令現在前也。」（CBETA, T45, no. 1878, pp. 653c16-654a28）

而不動、不壞自身。接著，以第六「遍容無礙門」、第七「攝入無礙門」，來說明一對一切之「遍與容」，或一切對一之「攝與入」，是同時的。再以第八「交涉無礙門」，來顯示一對一切及一切對一之遍容、攝入是同時的。且以第九「相在無礙門」，說明一法攝一切又入另一法之關係。最後的第十「普融無礙門」，則是將交涉無礙門、相在無礙門結合一起觀之，以彰顯諸法互遍互攝重重無盡，如其云：

> 十、普融無礙門，謂一切及一，普皆同時，更互相望，一一具前兩重四句。普融無礙，準前思之。令圓明顯現，稱行境界，無障無礙。深思之，令現在前也。❸

此是以普融無礙來說明一與一切之間的關係，是同時頓顯的，且彼此圓融無礙；一法如此，一切法亦復如此。彼此同時互遍互攝，形成重重無盡之法界。

　　因此，藉由《法界觀》之三觀，可得知「真空觀」著眼於破斥上；而「理事無礙觀」、「周遍含容觀」，可說著重於表顯上。

三、法界觀與禪

　　有關本節所論述的法界觀與禪之關係，主要藉用廣智禪師《法界觀門頌》及琮湛禪師《註法界觀門頌》來說明之，因為此兩部著作是以禪宗拈頌方式來註解《法界觀》，頗具有其代表性。廣智禪師除了《法界觀門頌》外，亦撰有《華嚴法界觀門

---

❸　《華嚴發菩提心章》卷 1，CBETA, T45, no. 1878, p. 654a25-28。

通玄記》，⓮而此著作乃是對宗密《註華嚴法界觀門》之註疏，本論文亦列入參考之。

對於《法界觀》之三觀，廣智禪師認爲三觀實乃一觀，如《華嚴法界觀門通玄記》云：

> 觀心無二，法界無三，就義淺深，說有前後。如一明珠，初見珠體絕相，喻真空觀也，直觀理體故。次觀珠隨緣現像，非一非異，喻理事無閡觀也。後見珠中所現異像，青熒黃處，珠體無二，妍醜亦然，珠體無彼此，色像即珠，何曾有異，一即一切，一切即一，互遍互容，喻事〃無礙觀也。三觀一心，爛然可見。⓯

此說明了雖就「義」之淺深，將《法界觀》分成三觀，似有前後淺深之差別，而實乃三觀一心，因「觀心無二，法界無三」。只因爲切入角度之不同，而呈現三觀，若直觀理體，則稱爲真空觀；若觀理與事之關係，則稱爲理事無礙觀；若就事事觀之，則稱爲事事無礙觀（周遍含容觀）。

⓮ 有關《華嚴法界觀通玄記》，收錄於臺灣國圖本《華嚴法界觀門通玄記》（CBETA, D38, no. 8898），而此份資料並不完整。另可參考日本立正大學藏明刻本《華嚴法界觀門通玄記》。王頌《華嚴法界觀校釋研究》中，已有校正本。（《華嚴法界觀校釋研究》，頁 103-195）

⓯ 《脩大方廣佛華嚴法界觀》卷 1，CBETA, D38, no. 8898, p. 5a10-11。另可參王頌，〈法界觀通玄記〉校釋，《華嚴法界觀校釋研究》，頁 138-139。此外，廣智亦以一心來說明法界觀，如《脩大方廣佛華嚴法界觀》卷 1：「夷門云：言法界者，所觀三重妙境，但是一心。問：既是一心何名法界觀？此有二意：一者，一心有軌、持故，名之爲法。二者，有性、分故，復立界名。謂此真心不變自體曰持，隨緣成德曰軌，成事差別曰分，体空同一曰性。故知法界即是心之義用。」（CBETA, D38, no. 8898, p. 5a4-5）

　　而《法界觀》之三觀實含攝了整部《華嚴經》的教理及觀法，如《註法界觀門頌》云：

> 深明杜順旨，何必趙州茶？通明妙觀玄網，何必參禪問
> 道。此頌帝心禪師集斯觀旨，撮華嚴之玄要，束為三重；
> 設法界之妙門，通為一觀。諸經詮量不到，禪宗提唱莫
> 及。雖言諗老直截，難比溥融無礙也。❶

此說明了「撮華嚴之玄要，束爲三重；設法界之妙門，通爲一觀」，以此顯示華嚴之特色，實乃「諸經詮量不到，禪宗提唱莫及」，所謂「深明杜順旨，何必趙州茶」、「通明妙觀玄網，何必參禪問道」，甚至認爲「雖言諗老直截，難比溥融無礙也」，若由此來看，似乎說明了趙州禪（象徵禪法）難以和法界觀媲美。但若從另一角度來看，正好也呈現了「深明杜順旨，好喫趙州茶」，誠如琮湛禪師評述當時對法界觀的看法，而感慨地說道：

> 噫！嘗聞有語云：若人會得法界觀，參禪了一半。宗湛以
> 此評之，應云：深明杜順旨，好喫趙州茶。❷

　　但無論對法界觀和參禪的評價如何，此在在皆顯示了禪與法界觀之間的關係。本論文藉用廣智禪師《法界觀門頌》及琮湛禪師《註法界觀門頌》來說明法界觀與禪之關係。先將其關係，略表如下：

---

❶　《註華嚴經題法界觀門頌》卷 2，CBETA, T45, no. 1885, p. 707b11-15。

❷　《註華嚴經題法界觀門頌》卷 2，CBETA, T45, no. 1885, p. 707b15-17。

《法界觀》	《法界觀門頌》
眞空觀	題目分明， 好箇入路。
理事無礙觀	山高不礙雲舒卷， 天靜何妨鶴往來。
周遍含容觀	幢網珠光無向背，自他光影一時周。

此是廣智對《法界觀》三觀所做的拈頌，頗能貼近法界觀所要表達之涵義。顯示眞空觀是「題目分明，好箇入路」，而理事無礙觀是「山高不礙雲舒卷，天靜何妨鶴往來」，周遍含容觀乃是「幢網珠光無向背，自他光影一時周」。此外，其對於三觀一一再細說之，如下表所示：

眞空觀	《法界觀門頌》	《註法界觀門頌》❶
一、會色歸空觀	鎔瓶盆釵釧為一金， 變乳酪酥醍作一味。	融會緣生幻色，歸於真空矣。
二、明空即色觀	密移一步， 大地逢春。	此辨真空不異幻色也。
三、空色無礙觀	大海從魚躍， 長空任鳥飛。 色空同一味， 笑殺杜禪和。	空是真空，不礙幻色； 色是幻色，不礙真空。 我衲僧門下，佛魔並掃，光影齊亡，纔有少分相應。況更說色說空、說一說異，是好笑也。❷
四、泯絕無寄觀	混然寂照寒宵永， 明暗圓融未兆前。 心若死灰， 口宜掛壁。	到此，聖凡情盡，境智俱冥。如死灰遇煩惱薪而不能然，豈可言思而能到也。……令解心如灰，不可以心思也。非言所及，使辨口似壁，不可以口議也。❸

　　有關廣智與琮湛對《法界觀》真空觀之拈頌及說明，有諸多精彩之處，由於篇幅之關係，以「泯絕無寄觀」來做說明。

　　廣智對真空觀「泯絕無寄觀」所做之著語，如《法界觀門頌》云：

　　　心若死灰，口宜掛壁。❷

　　又拈頌云：

　　　境空智亦寂，照體露堂堂，
　　　熱即普天熱，涼時匝地涼。
　　　無心未徹在，有意轉乖張，
　　　要會終南旨，春來日漸長。❷

琮湛對「心若死灰，口宜掛壁」之解釋，如《註法界觀門頌》卷2：

　　　「心若死灰，口宜掛壁」，欲言言不及，林下好商量。心

────────────────

❶　有關琮湛之說明，由於文長，只摘錄其中部分，其出處不另標示，以下亦同。

❶　《註華嚴經題法界觀門頌》卷2：「色空同一味，笑殺杜禪和　當局者迷，傍觀者哂。此頌空色無礙，蹤跡未亡，無寄人前，堪悲堪笑，達士可耳。只如杜撰禪和笑箇甚麼？乃云：我衲僧門下，佛魔並掃，光影齊亡，纔有少分相應。況更說色說空、說一說異，是好笑也。」（CBETA, T45, no. 1885, p. 700b25-c1）

❷　《註華嚴經題法界觀門頌》卷2，CBETA, T45, no. 1885, p. 700c12-16。

❷　《註華嚴經題法界觀門頌》卷2，CBETA, T45, no. 1885, p. 700c11。

❷　《註華嚴經題法界觀門頌》卷2，CBETA, T45, no. 1885, pp. 700c17-701a10。

者，無寄觀心也。到此，聖凡情盡，境智俱冥；如死灰
遇煩惱薪而不能然，豈可言思而能到也。《觀》中拂跡，
文云：「非言所及，非解所到」，令解心如灰，不可以心思
也；非言所及，使辨口似壁，不可以口議也。❷

又如《註法界觀門頌》對「境空智亦寂」之解釋：

「境空智亦寂」，不居明暗室，懶坐正偏床。此頌妙絕能所
對待，正顯無寄也。❷

此等在在說明了真空觀乃泯除能所之對待，臻於境空、智寂，
無論是以「心若死灰」、「口宜掛壁」所做之形容，無非是對能
所之泯除，而達到所謂的「泯絕無寄」。如《華嚴法界觀門通玄
記》：「迥絕无寄者，令观心孤朗，絕其蹤跡，都无寄托，冥合真
界也。此則境智兩亡，一味方顯」。❷此即以境、智雙亡之「泯絕
無寄觀」，來顯示真空。

有關理事無礙觀之義涵，廣智以「山高不礙雲舒卷，天靜
何妨鶴往來」來表達理事無礙，且針對理事無礙觀之十門，一
一加以頌之。如下所示：

理事無礙觀	《法界觀門頌》	《註法界觀門頌》
一、理遍於事門	功盡忘依處，轉身覺路玄。	一真不變之理，妙能隨緣遍於千差事法。

---

❷ 《註華嚴經題法界觀門頌》卷 2，CBETA, T45, no. 1885, p. 700c11-16。

❷ 《註華嚴經題法界觀門頌》卷 2，CBETA, T45, no. 1885, p. 700c17-18。

❷ 《脩大方廣佛華嚴法界觀》卷 1，CBETA, D38, no. 8898, p. 21b5。

二、事遍於理門	影現建化門頭， 身遊實際理地。	以千差事法，各各全遍一真之理。
三、依理成事門	隨緣成妙有， 大用獨全彰。 披毛戴角者， 方是箇中人。	此頌隨緣人也。謂自古賢聖了證真理，由悲故迴入塵勞，由智故方便利物。宗門中，喚作異類中人也。丹霞云：戴角披毛異類身。是此意也。❷⑥
四、事能顯理門	乾坤盡是黃金骨， 萬有全彰淨妙身。 青嶂白雲， 誰人分上。	然宗門中，以青山為體，白雲為用，即此體用阿誰分上。要會麼，萬里江山無異路，一天風月盡吾家。❷⑦
五、以理奪事門	實際理地，不受一塵。 摩竭掩室， 毘耶杜口。	以一真不變之理，奪盡千差事法也。
六、事能隱理門	佛事門中，不捨一法。	事為能隱，理為所隱
七、眞理即事門	隨流雖得妙， 入海水波潛。	成此門不變即隨緣義也。
八、事法即理門	元從恁麼來， 却須恁麼去。	成此門成事即體空義。
九、眞理非事門	水底金烏天上日， 眼中童子面前人。	於非異處，辨非一也。隨緣非有之法身，恒不異事而全理。顯示自他俱存理事雙全矣。
十、事法非理門	月篩松影高低樹， 日照池心上下天。	舉體全理，即事相宛然。此則寂滅非有之眾生，恒不異理而全事。

---

❷⑥　《註華嚴經題法界觀門頌》卷2，CBETA, T45, no. 1885, p. 702a9-12。

❷⑦　《註華嚴經題法界觀門頌》卷2，CBETA, T45, no. 1885, p. 702a18-20。

　　同樣地，有關廣智與琮湛對《法界觀》理事無礙觀之拈頌及說明，有諸多精彩之處，亦由於篇幅之關係，以第三「依理成事門」來做說明。

　　理事無礙觀之「依理成事門」中，主要在於說明聖者證悟後，再入世間之情形，所謂：

> 披毛戴角者，方是箇中人。斫倒那邊無影樹，却來火裏又抽枝。㉘

又如《註法界觀門頌》云：

> 此頌隨緣人也。謂自古賢聖了證真理，由悲故迴入塵勞，由智故方便利物。宗門中，喚作異類中人也。丹霞云：戴角披毛異類身。是此意也。㉙

諸如此類，就禪宗來說，以「異類中人」來顯示「依理成事門」，如以「披毛戴角者，方是箇中人」來表達之，或如丹霞禪師所說：「戴角披毛異類身」，而禪師也往往以水牯牛暗示之。㉚此與廣智對周遍含容觀所拈頌的「窮得根源妙，隨流任算

㉘　《註華嚴經題法界觀門頌》卷2，CBETA, T45, no. 1885, p. 702a8-9。

㉙　《註華嚴經題法界觀門頌》卷2，CBETA, T45, no. 1885, p. 702a9-12。

㉚　如《佛果圜悟禪師碧巖錄》卷3：「如擊石火，似閃電光，擬議則喪身失命。禪道若到緊要處，那裏有許多事。他作家相見，如隔牆見牛角便知是牛，隔山見煙便知是火。拶著便動，捺著便轉。溈山道：老僧百年後，向山下檀越家，作一頭水牯牛，左脇下書五字云：溈山僧某甲，且正當恁麼時，喚作溈山僧即是，喚作水牯牛即是。如今人問著，管取分疎不下。」（CBETA, T48, no. 2003, p. 165a9-16）

沙」❸，有異曲同工之妙。

　　有關周遍含容觀，廣智禪師頌云：「幢網珠光無向背，自他光影一時周」，❷以因陀羅網來顯示華嚴重重無盡法界，且對周遍含容觀之十門，亦一一加以拈頌之，如下所示：

又如《廣福山勝覺寺密印禪師語錄》卷4：「復舉南泉巡堂，次牽頭水牯入堂，首座以手捋牛臂一下，泉便休。少頃，趙州將艸二束放於首座面前，座無對。師云：南泉異類中人，要渠頭角完備。趙州重添艸料，圖佗氣概驚群，父子首尾相扶，可惜散不著處。若是通方首座，何不對眾表明，且道表箇甚麼？滿堂雲水俱有分，將來此處作私情。」（CBETA, J35, no. B343, p. 828a14-19）

又如《撫州曹山元證禪師語錄》卷1：「三種墮……所以南泉道：智不到處，切忌道著。道著則頭角生，喚作如如，早是變也，直須向異中行。如今須向異中，道取異中事。夫語中無語，始得若是。南泉病時，有人問：和尚百年後向甚麼處去？泉曰：我向山下檀越家，作一頭水牯牛去。某甲擬隨和尚去，還得麼？泉曰：若隨我，含一莖草來。揀曰：這箇是沙門轉身語。所以道：汝擬近衒一莖草來親近渠，是呼為無漏始堪供養渠。」（CBETA, T47, no. 1987A, p. 533c5-24）

又如《宏智禪師廣錄》卷3：「舉南泉垂語云：王老師牧一頭水牯牛，擬向溪東去，不免官家苗稅。擬向溪西去，不免官家苗稅。爭如隨分納些些，總不見得。師云：南泉牧牛，可謂奇特，直得一切處關防不得。為什麼如此？是他隨分納些些。」（CBETA, T48, no. 2001, p. 32a1-5）

❸　《註華嚴經題法界觀門頌》卷2，CBETA, T45, no. 1885, p. 707b3-10。

❷　如《註華嚴經題法界觀門頌》卷2：「周遍含容觀第三　幢網珠光無向背，自他光影一時周。義曰：一一事法如理融通，包遍自在。約差別事法，論其體用而顯玄也。」（CBETA, T45, no. 1885, p. 704a16-18）

周遍含容觀	《法界觀門頌》	《註法界觀門頌》
一、理如事門	心隨萬境轉，轉處實能幽。	此頌所如千差事法。
二、事如理門	法依圓成，還同圓遍。	諸事法與理非異，故能隨理而圓遍也。
三、事含理事門	網珠千影相， 盡在一珠中。	前所遍之一事，到此便為能含。
四、通局無礙門	法界華嚴大道場， 纖毫不動一齊彰。	不動一位而遍在一切位中也。
五、廣狹無礙門	華藏世界所有塵， 一一塵中見法界。	此頌帝心禪師廣狹相參之妙句。
六、遍容無礙門	唯一堅密身， 一切塵中見。	遍即容，容即遍。故曰無礙。
七、攝入無礙門	十方所有佛， 盡入一毛孔。	正攝即入，正入即攝，故曰無礙也。
八、交涉無礙門	諸佛法身入我性， 我性還共如來合。	交互關涉無有罣礙，成一多兩重主法。
九、相在無礙門	一聲遍入諸人耳， 諸人耳在一聲中。	故得凡聖混融因果交徹，全主為伴，互各相在矣。
十、溥融無礙門	混然無內外， 和融上下平。 主伴兩無差，聖凡共一家， 虛空用有際，纖芥體無涯。 窮得根源妙，隨流任算沙， 深明杜順旨，何必趙州茶。	此頌主伴難分，凡聖體一，唯顯混融無礙玄寂獨存。

於此十門中，主要舉第十「溥融無礙門」說明之，所謂：

主伴兩無差，聖凡共一家，

虛空用有際，纖芥體無涯。

　　窮得根源妙，隨流任算沙，
　　深明杜順旨，何必趙州茶。❸

此用以說明主伴無別，聖凡共一家，如琮湛所釋「此頌主伴難分，凡聖體一，唯顯混融無礙玄寂獨存」。另以「纖芥體無涯」來說明一塵稱理無有邊涯，或毛孔容受彼諸剎等。又如「窮得根源妙，隨流任算沙」、「隨流方得妙，住岸却迷人」，無不在說明隨緣度眾生，如琮湛所釋：

　　此頌窮究觀門，精妙解達，理事圓通，似枝枝而得本，如
　　派派而逢源，何妨演教度生?!豈礙分別名相?!或逢上士，
　　直指圓融之心；遇中下流，曲示行布之教。隨流得妙，從
　　他入海算沙；徹法深根，就彼尋枝摘葉。運三觀無礙之
　　智，盡算群機；與同體一極之悲，皆歸溥融之玄道。❸

　　從上述之探討，藉由廣智禪師對《法界觀》之拈頌，以及琮湛之解釋，可看出禪與華嚴法界觀之密切關係。

四、禪觀之活用

　　有關法界觀、禪法等之運用，於歷代禪師身上處處可見，本論文主要列舉臨濟宗來做說明，分述如下。
　　南嶽懷讓禪師於面見慧能大師時，師徒之間，❸有如下之問

---

❸　《註華嚴經題法界觀門頌》卷 2，CBETA, T45, no. 1885, p. 707a23-b11。
❸　《註華嚴經題法界觀門頌》卷 2，CBETA, T45, no. 1885, p. 707a28-b10。
❸　《景德傳燈錄》卷 5：「南嶽懷讓禪師者，姓杜氏，金州人也。年十五，往

答，如《景德傳燈錄》〈南嶽懷讓禪師傳〉云：

> 祖問：什麼處來？
> 曰：嵩山來。
> 祖曰：什麼物恁麼來？
> 曰：說似一物即不中。
> 祖曰：還可修證否？
> 曰：修證即不無，污染即不得。
> 祖曰：只此不污染，諸佛之所護念。汝既如是，吾亦如
> 是。❸

此中的「說似一物即不中」，類似《法界觀》之真空觀的「泯絕
無寄觀」，所謂：

> 第四、泯絕無寄觀者，謂此所觀真空，不可言即色不即
> 色，亦不可言即空不即空，一切法皆不可，不可亦不可，
> 此語亦不受，逈絕無寄。非言所及，非解所到，是謂行

荊州玉泉寺，依弘景律師出家。受具之後，習毘尼藏。一日自歎曰：夫出家
者，爲無爲法時。同學坦然知師志高邁，勸師謁嵩山安和尙。安啓發之，乃
直詣曹谿參六祖。」（CBETA, T51, no. 2076, p. 240c7-11）

❸ 《景德傳燈錄》卷 5，CBETA, T51, no. 2076, p. 240c11-15。
又如《古尊宿語錄》卷 1：「六祖問：什麼處來？師云：嵩山安和尙處來。
祖云：什麼物與麼來？師無語。遂經八載，忽然有省。乃白祖云：某甲有箇
會處。祖云：作麼生？師云：說似一物即不中。祖云：還假修證也無。師
云：修證即不無，污染即不得。祖云：只此不污染，是諸佛之護念。汝既如
是，吾亦如是。」（CBETA, X68, no. 1315, p. 3 a7-12 // Z 2:23, p. 79 c18-d5 //
R118, p. 158a18-b5）

境。何以故？以生心動念，即乖法體，失正念故。**㊲**

為何「說似一物即不中」？乃因為「非言所及，非解所到」之故，而所有的生心動念皆乖法體，失其正念。所以，《法界觀》稱此為「行境」。一切雖空，但並非空無一物，所以云：

> 心地含諸種，遇澤悉皆萌，
> 三昧華無相，何壞復何成。**㊳**

又云：

> 一切法皆從心生，心無所生，法無能住；若達心地，所作無礙。非遇上根，宜慎辭哉。**㊴**

此說明了隨順因緣而有種種法，如「心地含諸種，遇澤悉皆萌」，雖有種種，但並非世間之生滅相，所謂「三昧華無相，何壞復何成」。亦即強調一切法雖從心生，但實無所生，且法亦無所住；若能如是通達心地，則所作無礙。此所呈現，猶如《法界觀》之理事無礙觀、周遍含容觀。

馬祖道一禪師認為於法無所求、不可得，則能理事無礙，如《景德傳燈錄》〈馬祖道一禪師傳〉卷6：

> 夫求法者，應無所求。心外無別佛，佛外無別心。不取

㊲　《華嚴法界玄鏡》卷1，CBETA, T45, no. 1883, p. 675a24-28。

㊳　《景德傳燈錄》卷5，CBETA, T51, no. 2076, p. 241a6-7。

㊴　《景德傳燈錄》卷5，CBETA, T51, no. 2076, p. 241a13-15。

善，不捨惡，淨穢兩邊俱不依怙。達罪性空，念念不可
得，無自性故。故三界唯心，森羅萬象一法之所印。凡所
見色，皆是見心；心不自心，因色故有。汝但隨時言說，
即事即理都無所礙，菩提道果亦復如是。於心所生，即
名為色；知色空故，生即不生。若了此心，乃可隨時著衣
喫飯，長養聖胎任運過時。更有何事，汝受吾教。聽吾
偈曰：心地隨時說，菩提亦只寧，事理俱無礙，當生即不
生。**❹**

此顯示一切皆空，所以說一切唯心。雖言唯心，而實「心不自
心，因色故有」。由此可知，心與色之關係，乃是彼此相互依
存，生即不生。若能如是了解，則心色無礙，即事即理都無所
礙，所謂「心地隨時說，菩提亦只寧，事理俱無礙，當生即不
生」。而所謂的「即心即佛」，亦不可執取之，因為只是黃葉止啼
而已，如《景德傳燈錄》卷6：

僧問：和尚為什麼說即心即佛？
師云：為止小兒啼。
僧云：啼止時如何？
師云：非心非佛。**❹**

此顯示即心即佛、非心非佛，乃彼此無障無礙。若能如是通達，
則一切無礙，如《景德傳燈錄》卷6：

---

❹　《景德傳燈錄》卷6，CBETA, T51, no. 2076, p. 246a9-20。
❹　《景德傳燈錄》卷6，CBETA, T51, no. 2076, p. 246a21-22。

僧問：如何是大乘頓悟法門？

師曰：汝等先歇諸緣，休息萬事。善與不善世出世間一切
諸法，莫記憶，莫緣念。放捨身心，令其自在。心如木
石，無所辯別。心無所行，心地若空，慧日自現，如雲開
日出。……是非好醜，是理非理，諸知見總盡。不被繫
縛，處心自在，名初發心菩薩便登佛地。一切諸法本不自
空，不自言色。……迥然無寄，一切不拘，去留無礙。❷

此明若能泯除一切種種情見，達到迥絕無寄，則智慧自然現前，
具足妙用。泯除一切情見，迥絕無寄，此如《法界觀》之真空
觀，而智慧現前具足妙用，則如理事無礙、事事無礙。其他類似
於真空之運用，不勝枚舉，如《景德傳燈錄》卷6：

於生死中，廣學知解，求福求智，於理無益。却被解境風
漂，却歸生死海裏。佛是無求人，求之即乖理。是無求
理，求之即失。若取於無求，復同於有求。此法無實無
虛，若能一生心如木石相似，不為陰界五欲八風之所漂
溺。即生死因斷，去住自由。不為一切有為因果所縛，他
時還與無縛身同利物，以無縛心應一切心，以無縛慧解一
切縛，亦能應病與藥。❸

又如《景德傳燈錄》卷6：

讀經看教，若准世間是好善事；若向明理人邊數，此是壅

---

❷　《景德傳燈錄》卷6，CBETA, T51, no. 2076, p. 250a17-b10。
❸　《景德傳燈錄》卷6，CBETA, T51, no. 2076, p. 250b10-18。

塞人。十地之人，脫不去流入生死河。但不用求覓知解
語義句，知解屬貪，貪變成病。只如今但離一切有無諸
法。……臨時作得，捉土為金，變海水為酥酪，破須彌山
為微塵。於一義作無量義，於無量義作一義。❹

若能離一切有、無等之執著，則能去住無礙，於一義作無量義，
於無量義作一義。而以無縛心應一切心，以無縛慧解一切縛，且
亦能應病與藥。

　　同樣地，黃檗希運禪師本身亦強調動念即乖法體，因為此
即是違背真空無礙之理，如《黃檗山斷際禪師傳心法要》卷1：

師謂休曰：諸佛與一切眾生，唯是一心，更無別法。此心
無始已來，不曾生，不曾滅，不青不黃，無形無相，不屬
有無，不計新舊，非長非短，非大非小，超過一切限量名
言縱跡對待。當體便是，動念即乖。❺

此真空之理，亦即是離相無盡之行，如《黃檗山斷際禪師傳心法
要》卷1：

文殊當理，普賢當行。理者，真空無礙之理；行者，離相
無盡之行。觀音當大慈，勢至當大智。維摩者淨名也，淨
者性也，名者相也，性相不異，故號淨名。諸大菩薩所表
者，人皆有之，不離一心，悟之即是。今學道人，不向自

---

❹　《景德傳燈錄》卷6，CBETA, T51, no. 2076, p. 250c13-23。
❺　《黃檗山斷際禪師傳心法要》卷1，CBETA, T48, no. 2012A, p. 379c18-22。

心中悟，乃於心外著相取境，皆與道背。❹

由此可知，眞空之理與無盡之行有著密切之關係，互爲表裡，若就表法而言，象徵著文殊與普賢。而此眞空之理、無盡之行，乃至諸菩薩的大慈大智等，皆人人本具足，皆不離一心。又如《黃檗山斷際禪師傳心法要》云：

> 此心即無心之心，離一切相，眾生諸佛更無差別。但能無心，便是究竟。學道人若不直下無心，累劫修行終不成道，被三乘功行拘繫不得解脫。然證此心有遲疾，有聞法一念，便得無心者；有至十信、十住、十行、十迴向，乃得無心者。長、短，得無心乃住，更無可修可證，實無所得，真實不虛。一念而得，與十地而得者，功用恰齊，更無深淺，祇是歷劫枉受辛勤耳。造惡造善，皆是著相。著相造惡，枉受輪迴；著相造善，枉受勞苦。總不如言下便自認取本法，此法即心，心外無法；此心即法，法外無心。心自無心，亦無無心者，將心無心，心却成有，默契而已，絕諸思議。故曰：言語道斷，心行處滅。❹

由引文可知，一心即是眞空無礙之理，亦是離相無盡之行，且眾生諸佛無差別，言語道斷，心行處滅，絕諸思議，默契而已。故言：「此心即無心之心，離一切相，但能無心，便是究竟。」由此可知，黃檗對一心、無心之強調，類似於《法界觀》之眞空觀，且亦含理事無礙觀、周遍含容觀。同樣地，《黃檗山斷際禪

---

❹　《黃檗山斷際禪師傳心法要》卷 1，CBETA, T48, no. 2012A, p. 380a22-27。
❹　《黃檗山斷際禪師傳心法要》卷 1，CBETA, T48, no. 2012A, p. 380b1-14。

師傳心法要》也說道：「如來所說皆爲化人，如將黃葉爲金，止小兒啼。」❹

　　禪宗到了黃檗的弟子臨濟義玄時，開創了臨濟宗，其不僅繼承乃師之禪法，且可說更上一層，強調於法須具眞正見解，有此正知正見，則能於法起深信心，而於法自在無礙，如《鎭州臨濟慧照禪師語錄》卷 1：

> 今時學佛法者，且要求真正見解。若得真正見解，生死不染，去住自由，不要求殊勝，殊勝自至。道流！祇如自古先德，皆有出人底路。如山僧指示人處，祇要爾不受人惑，要用便用，更莫遲疑。如今學者不得，病在甚處？病在不自信處。爾若自信不及，即便忙忙地徇一切境轉，被他萬境回換，不得自由。爾若能歇得念念馳求心，便與祖佛不別。❹

又如《鎭州臨濟慧照禪師語錄》云：

> 若是真正學道人，不求世間過，切急要求真正見解。若達真正見解，圓明方始了畢。❺

又云：

> 爾欲得識祖佛麼？祇爾面前聽法底。是學人信不及，便

---

❹　《黃檗山斷際禪師傳心法要》卷 1，CBETA, T48, no. 2012A, p. 383c4-15。

❹　《鎭州臨濟慧照禪師語錄》卷 1，CBETA, T47, no. 1985, p. 497a29-b8。

❺　《鎭州臨濟慧照禪師語錄》卷 1，CBETA, T47, no. 1985, p. 498b22-24。

向外馳求。設求得者，皆是文字勝相，終不得他活祖意。
莫錯！諸禪德，此時不遇，萬劫千生輪迴三界，徇好境掇
去，驢牛肚裏生。❺

又云：

> 爾要與祖佛不別，但莫外求。爾一念心上清淨光，是爾屋
> 裏法身佛；爾一念心上無分別光，是爾屋裏報身佛；爾一
> 念心上無差別光，是爾屋裏化身佛。此三種身是爾即今目
> 前聽法底人，祇為不向外馳求，有此功用。❺

此等在在強調學道須有眞正見解，若具此眞正見解，則能歇得
念念馳求之心，便與祖佛不別，具足法、報、化身，隨處解脫，
如《鎮州臨濟慧照禪師語錄》云：

> 若如是見得，便與祖佛不別。但一切時中，更莫間斷，
> 觸目皆是，祇為情生智隔想變體殊，所以輪迴三界受種種
> 苦。若約山僧見處，無不甚深，無不解脫。道流！心法無
> 形，通貫十方，在眼曰見、在耳曰聞、在鼻嗅香、在口談
> 論、在手執捉、在足運奔。本是一精明，分為六和合。一
> 心既無，隨處解脫。❺

又如《鎮州臨濟慧照禪師語錄》云：

---

❺　《鎮州臨濟慧照禪師語錄》卷1，CBETA, T47, no. 1985, p. 497b7-12。
❺　《鎮州臨濟慧照禪師語錄》卷1，CBETA, T47, no. 1985, p. 497b16-21。
❺　《鎮州臨濟慧照禪師語錄》卷1，CBETA, T47, no. 1985, p. 497b29-c7。

問：如何是真正見解？

師云：爾但一切入凡、入聖，入染、入淨，入諸佛國土、
　　　入彌勒樓閣、入毘盧遮那法界，處處皆現國土成、
　　　住、壞、空，佛出于世，轉大法輪，却入涅槃，不
　　　見有去來相貌，求其生死了不可得，便入無生法
　　　界，處處游履國土，入華藏世界。盡見諸法空相，
　　　皆無實法，唯有聽法無依道人，是諸佛之母，所以
　　　佛從無依生。若悟無依，佛亦無得。若如是見得
　　　者，是真正見解。❺

又如《鎮州臨濟慧照禪師語錄》云：

道流！一剎那間便入華藏世界、入毘盧遮那國土、入解脫
國土、入神通國土、入清淨國土、入法界、入穢入淨、入
凡入聖、入餓鬼畜生，處處討覓尋，皆不見有生有死，唯
有空名。幻化空花，不勞把捉；得失是非，一時放却。❺

此說明若具眞正見解，便能入無生法界，遊華藏世界海，入毘
盧遮那國土。由此可知，空無生與華藏世界之關係，乃是一法兩
面，因空無生，所以入華藏；雖入華藏，亦是空無生。具如此眞
正見解，乃能不爲一切所惑。如《鎮州臨濟慧照禪師語錄》云：

道流！切要求取真正見解，向天下橫行，免被這一般精魅

---

❺　《鎮州臨濟慧照禪師語錄》卷 1，CBETA, T47, no. 1985, p. 498b25-c4。

❺　《鎮州臨濟慧照禪師語錄》卷 1，CBETA, T47, no. 1985, p. 501b14-19。

惑亂。無事是貴人，但莫造作，秖是平常。❺

也正因爲如此，所以在手段方法上，臨濟禪師顯得較爲激烈，如
《鎭州臨濟慧照禪師語錄》云：

> 問：如何是心心不異處？
>
> 師云：爾擬問早異了也，性相各分。道流莫錯！世、出
> 　　　世諸法，皆無自性，亦無生性，但有空名，名字亦
> 　　　空。爾秖麼認他閑名爲實，大錯了也。設有，皆是
> 　　　依變之境。有箇菩提依、涅槃依、解脫依、三身
> 　　　依、境智依、菩薩依、佛依。爾向依變國土中覓什
> 　　　麼物？乃至三乘十二分教，皆是拭不淨故紙。❼

又云：

> 道流！取山僧見處，坐斷報、化佛頭，十地滿心，猶如客
> 作兒；等、妙二覺，擔枷鎖漢；羅漢、辟支，猶如廁穢；
> 菩提、涅槃，如繫驢橛。何以如此？秖爲道流不達三祇劫
> 空，所以有此障礙。若是眞正道人，終不如是，但能隨緣
> 消舊業，任運著衣裳，要行即行，要坐即坐，無一念心希
> 求佛果。❽

又云：

---

❺　《鎭州臨濟慧照禪師語錄》卷 1，CBETA, T47, no. 1985, p. 497c26-28。
❼　《鎭州臨濟慧照禪師語錄》卷 1，CBETA, T47, no. 1985, p. 499c14-20。
❽　《鎭州臨濟慧照禪師語錄》卷 1，CBETA, T47, no. 1985, p. 497c9-15。

法性身、法性土，明知是建立之法依通國土，空拳黃葉用
誑小兒，蒺藜㚥刺枯骨上覓什麼汁？心外無法，內亦不可
得，求什麼物？爾諸方言道：「有修有證」。莫錯！設有修
得者，皆是生死業。爾言六度萬行齊修，我見皆是造業。
求佛、求法，即是造地獄業；求菩薩，亦是造業；看經、
看教，亦是造業。❺❾

如此等方法之運用，亦是一種善巧方便，破其種種之執著，而臨
濟禪師於所接引之眾生，實乃觀其根機而接引之，如《鎮州臨濟
慧照禪師語錄》云：

師晚參示眾云：有時奪人不奪境，有時奪境不奪人，有時
人境俱奪，有時人境俱不奪。❻⓪

又如《鎮州臨濟慧照禪師語錄》卷1：

如諸方學人來，山僧此間作三種根器斷：
如中下根器來，我便奪其境，而不除其法；
或中上根器來，我便境法俱奪；
如上上根器來，我便境法人俱不奪。
如有出格見解人來，山僧此間便全體作用，不歷根器。❻①

有關奪境，或境法俱奪，或境法俱不奪，或顯示全體大用，皆視

---

❺❾　《鎮州臨濟慧照禪師語錄》卷1，CBETA, T47, no. 1985, p. 499b5-11。

❻⓪　《鎮州臨濟慧照禪師語錄》卷1，CBETA, T47, no. 1985, p. 497a22-23。

❻①　《鎮州臨濟慧照禪師語錄》卷1，CBETA, T47, no. 1985, p. 501b3-8。

眾生之根機而定，此也顯示了臨濟禪法之靈活性。不論於奪或顯上，與《法界觀》之眞空觀、理事無礙觀、周遍含容觀，有異曲同工之妙。

　　至於大慧宗杲禪師，其與華嚴之關係頗密切，如《大慧普覺禪師普說》卷 3：「山僧於此忽然打失布袋，方入華嚴境界」❷，此說明了華嚴境界乃是禪師所證悟之境界。又如《大慧普覺禪師語錄》卷 15 云：

　　……老漢❸當時理會不得，後因在虎丘，看《華嚴經》，至菩薩登第七地證無生法忍，云：佛子！菩薩成就此忍，即時得入菩薩第八不動地，為深行菩薩。難可知無差別，離一切相一切想一切執著。……既至此，以一切功用靡不皆息，二行相行皆不現前。此菩薩摩訶薩，菩薩心、佛心、菩提心、涅槃心尚不現起，況復起於世間之心？師❹云：「到這裏打失布袋，湛堂❺為我說底方便，忽然現前。方知真善知識不欺我，真箇是金剛圈，須是藏識明，方能透

---

❷　《大慧普覺禪師普說》卷 3，CBETA, M059, no. 1540, p. 918a20-b1。又如《大慧普覺禪師普說》卷 3：「妙喜立僧數年後，因來虎丘度夏，看《華嚴經》，一日至金剛藏說菩薩住第八不動地，即捨一切功用行，得無功用法，身口意業，念務皆息。譬如有人夢中，見身墮在大河，為欲渡故，發大勇猛施大方便，以大勇猛施方便故，即便覺寤。既覺寤已，所作皆息。菩薩亦爾，見眾生身在四流中，為欲度故，發大勇猛施大精進。以勇猛精進故，至不動地。既至此已，一切功用靡不皆息，山僧於此忽然打失布袋，方入華嚴境界。自此舌本瀾飜橫說豎說，更不依倚一箇元字脚。」（CBETA, M059, no. 1540, p. 918a13-b1）

❸　指大慧宗杲本人。

❹　指大慧宗杲。

❺　指大慧宗杲之師。

得。」❻

大慧宗杲所謂的「打失布袋」，乃是《華嚴經‧十地品》第八地菩薩所達之心意識皆不現前，❼亦類似於《法界觀》之真空觀。其自述（約四十歲）於虎丘閱讀《華嚴經》，而領悟了其師湛堂文準曾為他所說之法。由此可知，《華嚴經》對大慧宗杲有著深

---

❻ 《大慧普覺禪師語錄》卷 15，CBETA, T47, no. 1998A, p. 875b26-c17。此約宗杲四十歲時，如《大慧普覺禪師年譜》卷 1：「二年戊申，師四十歲居虎丘，按：為錢子虛普說，曰：余昔請益湛堂映崛摩羅持佛語救產難因緣，湛堂雖設方便，余實不曉，後因在虎丘看《華嚴經》，至菩薩登第七地證無生法忍，云：佛子菩薩成就此忍，即時得入菩薩第八不動地，為深行菩薩，難可知，無差別離一切相、一切想、一切執著，無量無邊一切聲聞辟支佛所不能及。離諸喧諍，寂滅現前。譬如比丘具足神通得心自在，次第乃至入滅盡定，一切動心憶想分別悉皆止息。此菩薩摩訶薩亦復如是，住不動地即捨一切功用行，得無功用法，身口意業，念務皆息，住於報行。譬如有人夢中，見身墮在大河，為欲渡故，發大勇猛施大方便。以大勇猛施方便故，即便寤寐。既寤寐已，所作皆息。菩薩亦尒，見眾生身在四流中，為救度故，發大勇猛起大精進。以勇猛精進故，至此不動地。既至此已，一切功用靡不皆息，二行相行皆不現前。此菩薩摩訶薩，菩薩心、佛心、菩提心、涅槃心，尚不現起，況復起於世間之心。師云：到這裏打失布袋，湛堂為我說底方便忽然現。」（CBETA, J01, no. A042, p. 797c3-22）

❼ 《大方廣佛華嚴經》卷 26〈十地品〉：「入不動地，名為深行菩薩，一切世間所不能測，離一切相，離一切想、一切貪著，一切聲聞辟支佛所不能壞，深大遠離現在前。譬如比丘，得於神通，心得自在，次第乃入滅盡定，一切動心，憶想分別，皆悉盡滅。菩薩亦如是，菩薩住是地，諸勤方便身口意行，皆悉息滅，住大遠離。如人夢中欲渡深水，發大精進，施大方便，未渡之間，忽然便覺，諸方便事，皆悉放捨。菩薩亦如是，從初已來，發大精進，廣修道行，至不動地，一切皆捨，不行二心，諸所憶想，不復現前。譬如生梵世者，欲界煩惱不現在前。菩薩亦如是，住不動地，一切心、意、識，不現在前，乃至佛心、菩提心、涅槃心尚不現前，何況當生諸世間心？」（CBETA, T09, no. 278, p. 564b16-c1）

切之啟發。❻若從證悟所做的表法上來看，實亦不外乎華嚴，如《大慧普覺禪師語錄》卷 15：

> 毘盧遮那及諸大菩薩，七處九會，咸集其所，互為主伴，一一交參，現大神變。乃至善財不離自所住處入普賢毛孔剎中，行一步過不可說不可說佛剎微塵數世界。……當是之時，善財童子則次第得普賢菩薩諸行願海，與普賢等，與諸佛等。……。上來講讚無限勝因，一切智智清淨，無二無二分，無別無斷故。夜來州前石師子，無端踉跳撞入陳四公酒樓，咬破湘山祖師鼻孔。杜順和尚忍痛不禁，出來道：懷州牛喫禾，益州馬腹脹，天下覓醫人，灸猪左膊上。❻

又如《大慧普覺禪師語錄》云：

> 久云：插一枝草建梵剎，破妄想塵出經卷，饒益廣大諸有情，成就無邊希有事。驀拈拄杖卓一下，云：梵剎已建，妄想塵已破，大經卷已出。頓漸偏圓權實半滿，一一分明。種種法門、種種方便、種種智慧、種種因果、種種殊勝、種種行願、種種莊嚴，只在檀越給事一毛端上，以妙明心印，一印印定。還信得及麼？若信得及，即今成佛不假修治。非但檀越給事如是，乃至過現未來微塵諸佛諸代祖師、古往今來一切知識天下老和尚舌頭，亦以此印印定，無異無同。一一妙明，一一具足。修如是行，成如是

---

❻　有關大慧宗杲與華嚴之關係，另以專文撰寫之。

❻　《大慧普覺禪師語錄》卷 15，CBETA, T47, no. 1998A, pp. 877c7-878a20。

事，滿如是願，獲如是福。無古無今，無終無始，無成無
壞，無悟無迷。如是了達，如是證入，如是究竟，亦只在
檀越給事一毛端上。不異善財入彌勒樓閣，塵沙法門一時
頓證，無量功德遍處莊嚴，如帝網交光，互相融通，互相
攝入，互為主伴。❼⓿

諸如此類，不勝枚舉。無非以帝網交光互為主伴來顯示之，此
乃華嚴之所擅長也。若能於此信得及，則成佛不假修治。因此，
不論對於破執或表法上，在在可以看出大慧宗杲與華嚴之密切
關係。

雖然如此，大慧宗杲亦相當強調，於法不能執取之，乃至
泯絕一切言說，如《大慧普覺禪師語錄》卷 2：

直得心心不觸物，念念絕攀緣，觀法界於一微塵之中，見
一微塵遍法界之內。塵塵爾，念念爾，法法爾。猶是教乘
極則，未是衲僧放身命處。❼❶

又如《大慧普覺禪師語錄》卷 8：

恁麼恁麼，理隨事變；
不恁麼不恁麼，事得理融；
恁麼中不恁麼，寬廓非外；
不恁麼中却恁麼，寂寥非內。
寂寥非內也，觀法界於一塵之中；

---

❼⓿　《大慧普覺禪師語錄》卷 8，CBETA, T47, no. 1998A, p. 842b9-25。
❼❶　《大慧普覺禪師語錄》卷 2，CBETA, T47, no. 1998A, p. 818a20-23。

寬廓非外也，見一塵遍法界之內。無始無終，無前無後，無古無今，一時清淨。便恁麼去，止宿草菴，且在門外。何故？猶是教乘極則，未是衲僧本分事。直須恁麼中不恁麼，不恁麼中却恁麼。直下便揑到這裏，直得三世諸佛諸代祖師天下老和尚無摸搩處。更說甚麼內，說甚麼外，說甚麼理，說甚麼事，說甚麼法界，說甚麼一塵。❼

雖以理、事、內、外，乃至以法界、微塵等來說明，大慧宗杲認為這只是教乘極則而已，若住於此，也只是住草庵罷了。甚至談論心性，實乃不得已之事，有時反成了障礙，如《大慧普覺禪師語錄》卷16：

妙喜盡力說，只說得到這裏，此事決定不在言語上。所以從上諸聖次第出世，各各以善巧方便切切怛怛，唯恐人泥在言語上。若在言語上，……因甚麼達磨西來却言單傳心印不立文字語言，直指人心見性成佛。因何不說傳玄傳妙、傳言傳語？只要當人各各直下明自本心、見自本性，事不獲已，說箇心，說箇性，已大段狼藉了也。若要拔得生死根株盡，切不得記我說底。縱饒念得一大藏教，如瓶瀉水，喚作運糞入，不名運糞出。却被這些子障却，自己正知見不得現前，自己神通不能發現，只管弄目前光影，理會禪，理會道，理會心，理會性，理會奇特，理會玄妙。大似掉棒打月枉費心神，如來說為可憐愍者。❽

---

❼　《大慧普覺禪師語錄》卷8，CBETA, T47, no. 1998A, p. 841b11-21。

❽　《大慧普覺禪師語錄》卷16，CBETA, T47, no. 1998A, p. 880b10-25。引文中「妙喜」指大慧宗杲。

又如《大慧普覺禪師語錄》卷 16：

> 古人凡有一言半句，設一箇金剛圈、栗棘蓬，教伊吞，教
> 伊透。若是箇英靈獨脫出情塵超理性者，金剛圈、栗棘蓬
> 是甚麼？弄猢猻家具，察鬼神茶飯。蓋爾不能一念緣起無
> 生，只管一向在心意識邊作活計，纔見宗師動口，便向宗
> 師口裏討玄討妙，却被宗師倒翻筋斗。自家本命元辰依舊
> 不知落處，脚跟下黑漫漫，依前只是箇漆桶。❼

由此可知，大慧宗杲所強調的，在於「明自本心、見自本性」，
而於事不得已之下，才道心性什麼的。同樣地，面對業力、道
力，亦皆須一起放下，如《大慧普覺禪師語錄》云：

> 蓋無始時來，熟處太熟，生處太生，雖暫識得破，終是道
> 力不能勝他業力。且那箇是業力熟處是？那箇是道力生處
> 是？然道力、業力本無定度，但看日用現行處，只有一箇
> 昧與不昧耳。昧却道力，則被業力勝却，……。釋迦老子
> 又曰：我以妙明不滅不生合如來藏，而如來藏唯妙覺明圓
> 照法界……這箇是現行處不昧道力而勝業力者。然兩處皆
> 歸虛妄，若捨業力而執著道力，則我說是人不會諸佛方便
> 隨宜說法。……知無心自然境界不可思議。❼

此以道力、業力本無定度，來說明只有迷悟之別，所謂「道力、
業力本無定度，但看日用現行處，只有一箇昧與不昧耳」。若

---

❼ 《大慧普覺禪師語錄》卷 16，CBETA, T47, no. 1998A, p. 880b25-c2。
❼ 《大慧普覺禪師語錄》卷 21，CBETA, T47, no. 1998A, p. 901a28-c6。

迷，則業力勝，觸途成滯，處處染著。若不迷，則道力勝，一為無量，無量為一，不動道場遍十方界，於一毛端現寶王剎，坐微塵裡轉大法輪。然不論業力或道力，亦不可分別取著，因為業力、道力，皆是假名施設而已。如《大慧普覺禪師語錄》云：

> 我宗無語句，亦無一法與人。……（咄）有也不可得，無也不可得。冬寒夏熱也不可得，內外中間也不可得，作如是說者亦不可得，受如是說者亦不可得，一絲毫亦不可得，舜元亦不可得，妙喜亦不可得，不可得亦不可得，不可得中只麼得。……。然後此語亦不受。此語既不受，妙喜決定無說，舜元決定無聞。無說處是真說，無聞處是真聞。如是則妙喜即是舜元，舜元即是妙喜。妙喜、舜元無二無二分，無別無斷故。嘉州大像喫黃連，陝府鐵牛滿口苦。❼❻

又如《大慧普覺禪師語錄》云：

> 常以生不知來處、死不知去處二事，貼在鼻孔尖上。茶裏飯裏，靜處鬧處，念念孜孜，常似欠卻人萬百貫錢債，無所從出，心胸煩悶，回避無門。求生不得，求死不得。當恁麼時，善惡路頭，相次絕也。覺得如此時，正好著力。只就這裏看箇話頭。僧問趙州，狗子還有佛性也無？州云無。看時不用搏量，不用註解，不用要得分曉，不用向開口處承當，不用向舉起處作道理，不用墮在空寂處，不用將心等悟，不用向宗師說處領略，不用掉在無事甲裏。但

行住坐臥時時提撕，狗子還有佛性也無。無提撕得熟，口
議心思不及。方寸裏七上八下，如咬生鐵橛沒滋味時，切
莫退志。得如此時，却是箇好底消息。⓱

此中所顯示的種種「不可得」，乃是破斥種種之執著，類似於法
界觀之眞空觀的泯絕無寄觀，但若執著空寂反又成病。⓲

面對教、禪之破立問題，對大慧宗杲禪師而言，乃破立無
礙，如此之態度，無非要禪者具慧眼，能透金剛圈，又能吞栗
棘蓬。而顯示見性之人，說「是」亦得，說「不是」亦得，隨用
而說，不滯於是非，至於「破」或「立」，也不過是因緣如此而
已。由於眾生惡業障重心識紛飛妄想顚倒，從旦至暮，如鉤鎖連
環相續不斷，而有種種取著，所以施設種種對治。諸如此類，不
可勝數。⓳

⓱ 《大慧普覺禪師語錄》卷 21，CBETA, T47, no. 1998A, pp. 901c21-902a6。

⓲ 《大慧普覺禪師語錄》卷 21：「近世叢林有一種邪禪，執病爲藥，自不曾有
證悟處，而以悟爲建立，以悟爲接引之詞，以悟爲落第二頭，以悟爲枝葉邊
事。自己既不曾有證悟之處，亦不信他人有證悟者，一味以空寂頑然無知，
喚作威音那畔空劫已前事。逐日噇却兩頓飯事，事不理會，一向嘴盧都地打
坐。謂之休去歇去，纔涉語言，便喚作落今時，亦謂之兒孫邊事，將這黑山
下鬼窟裏底爲極則，亦謂之祖父從來不出門，以己之愚，返愚他人。釋迦老
子所謂：譬如有人自塞其耳，高聲大叫求人不聞。此輩名爲可憐愍者。有一
種士大夫，末上被這般雜毒入在心識中，縱遇眞正善知識，與說本分話，返
以爲非。此輩正如世之所謂虎鬼者，不獨被伊害却性命，又返爲之用，殊不
知覺，除非有願力。」（CBETA, T47, no. 1998A, p. 901c6-21）

⓳ 如《大慧普覺禪師語錄》卷 21：「若向意根下思量卜度，則轉疎轉遠矣。所
以釋迦老子在法華會上，只度得箇八歲底女人；華嚴會上，只度得箇童子；
涅槃會上，只度得箇屠兒。看他這三箇成佛底樣子，又何曾向外取證，辛勤
修學來。佛亦只言：我今爲汝保任此事終不虛也。只說爲他保任而已，且不
說有法可傳令汝向外馳求然後成佛。幸有如此體格，何故不信。苟能直下信

　　大慧宗杲所強調的，在於能透金剛圈、吞栗棘蓬，而金剛圈、栗棘蓬，乃至機鋒等，也只不過是手段之運用而已，❽重點在於須親證親悟始得，如此才能通透生死大事，敵得了生死業力。

　　至於曹洞宗之禪法，與華嚴亦有密切關係，由於篇幅所限，不再申論，僅舉宏智正覺禪師略明之。如宏智正覺禪師所提倡默照禪，以強調靜坐默究爲入手處，用以對治垢染，而其所要彰顯的，無非是華嚴法界之理事無礙、事事無礙，如《宏智禪師廣錄》卷6：

　　　　真實做處，唯靜坐默究，深有所詣。外不被因緣流轉，其心虛則容，其照妙則準；內無攀緣之思，廓然獨存而不

　　得及，不向外馳求，亦不於心內取證，則二六時中隨處解脫。何以故？既不向外馳求，則內心寂靜；既不於心內取證，則外境幽閑。故祖師云：境緣無好醜，好醜起於心，心若不彊名，妄情從何起。妄情既不起，眞心任遍知。當知內心外境，只是一事，切忌作兩般看。」（CBETA, T47, no. 1998A, pp. 900c24-901a9）

❽　教理、機鋒之運用，猶如國之兵器，不得已而用之，如《大慧普覺禪師語錄》卷1：「師乃約住，云：假使大地草木盡末爲塵，一塵有一口，一一口具無礙廣長舌相，一一舌相出無量差別音聲，一一音聲發無量差別言詞，一一言詞有無量差別妙義。如上塵數衲僧各各具如是口、如是舌、如是音聲、如是言詞、如是妙義，同時致百千問難，問問各別，不消徑山長老咳嗽一聲一時答了，乘時於其中間作無量無邊廣大佛事，一一佛事周遍法界。所謂一毛現神變，一切佛同說經，於無量劫不得其邊際。便恁麼去，鬧熱門庭即得。若以正眼觀之，正是業識茫茫無本可據，祖師門下一點也用不著，況復鈎章棘句展露言鋒。非唯埋沒從上宗乘，亦乃笑破衲僧鼻孔。所以道：毫氂繫念三塗業因，瞥爾情生萬劫羈鎖，聖名凡號盡是虛聲，殊相劣形皆爲幻色。汝欲求之，得無累乎。及其厭之，又成大患。看他先德恁麼告報，如國家兵器不得已而用之。本分事上亦無這箇消息，山僧今日如斯舉唱，大似無夢說夢，好肉剜瘡。」（CBETA, T47, no. 1998A, pp. 811c18-812a8）

昏，靈然絕待而自得。得處不屬情，須豁蕩了無依倚。卓
卓自神，始得不隨垢相。箇處歇得，淨淨而明。明而通，
便能順應，還來對事，事事無礙。……似白牯貍奴恁麼
去，喚作十成底漢。所以道：無心道者能如此，未得無心
也大難。❽

藉由靜坐默究而不為內外所牽動，於得處不屬情，須豁蕩了無
依倚，始得不隨垢相，能淨明而通，便能順應而事事無礙。又如
《宏智禪師廣錄》云：

田地虛曠，是從來本所有者。當在淨治揩磨，去諸妄緣
幻習。自到清白圓明之處，空空無像，卓卓不倚。唯廓照
本真，遺外境界。所以道：了了見，無一物。箇田地是生
滅不到。……古人道：無心體得無心道，體得無心道也
休。……是須恁麼參究。❽

又云：

衲僧家，枯寒心念，休歇餘緣，一味揩磨此一片田地。直
是誅鉏盡草莽，四至界畔，了無一毫許污染。靈而明，廓
而瑩，照徹體前。直得光滑淨潔，著不得一塵。便與牽轉
牛鼻來，自然頭角崢嶸地。異類中行履，了不犯人苗稼。
騰騰任運，任運騰騰，無收繫安排處，便是耕破劫空田地
底。却恁麼來，歷歷不昧，處處現成，一念萬年，初無住

---

❽　《宏智禪師廣錄》卷 6，CBETA, T48, no. 2001, p. 73c14-24。

❽　《宏智禪師廣錄》卷 6，CBETA, T48, no. 2001, p. 73c5-12。

相。所以道：心地含諸種，普雨悉皆萌，既悟花情已，菩
提果自成。❽

又云：

> 田地穩密密處，活計冷湫湫時。便見劫空無毫髮許作緣
> 累，無絲糝許作障翳。虛極而光，淨圓而耀。歷歷有亙萬
> 古不昏昧底一段事，若點頭知有，不隨生滅，不住斷常。
> 要變應，則與萬象森羅同其化；要寂住，則與二儀蓋載同
> 其道。出沒卷舒，一切在我，本色漢須恁麼收放始得。❽

諸如此類，不勝枚舉。而其所用功夫，在於靜坐默究；其所要彰
顯的，不外乎《法界觀》之理事無礙、周遍含容，如《宏智禪
師廣錄》：

> 入寺上堂云：古人道盡十方世界，是箇解脫門，把手拽
> 不入。今日覺上座，意要普請諸人入門。還有得入者麼？
> 若也入得，便向普光法堂上相見，可謂尊賓和合，理事圓
> 融。且作麼生相見，還會麼？幢網寶珠無向背，自他光影
> 一時周。❽

此引文中，所言「尊賓和合，理事圓融」、「幢網寶珠無向背，自

---

❽　《宏智禪師廣錄》卷 6，CBETA, T48, no. 2001, p. 74a5-13。

❽　《宏智禪師廣錄》卷 6，CBETA, T48, no. 2001, p. 76a20-26。

❽　《宏智禪師廣錄》卷 1 ，CBETA, T48, no. 2001, p. 2, a3-8。

他光影一時周」等，⑧無不是顯示華嚴法界。

五、結語

　　若以破除執著而言，種種的破執而至迥絕無寄，此可以
「眞空觀」來表達之；若就種種呈現而言，此可對應理事無礙
觀、周遍含容觀。因此，可以看出禪師們不論在破執或施設上，
可說不外乎《法界觀》之三觀。於破種種知見之執著後，禪
師們似較著眼以「心」來表達之，而《法界觀》則以理事無礙
觀、周遍含容觀來呈現之。

　　若從教、禪之相對上來看，雖然禪宗對經教有種種之破
斥，但此乃在於破除對經教之執著，破除落於心意識等知見，
破除於心外求法，破除逞機鋒口舌，破除談玄說妙，破除傳玄傳
妙，破除探玄探妙，而強調親證親悟始得。⑧如此之破斥，皆可
視爲眞空觀之運用。

　　禪宗對教理（解）的破斥而強調親證親悟始得，可對應於
《法界觀》「眞空觀」之迥絕無寄觀，所謂「行起解絕」。而禪宗
所要表達的悟境妙用不思議等，可對應於《法界觀》之理事無
礙觀、周遍含容觀。因此，禪宗不論在破斥或表顯上，可嘗試與
《法界觀》做一連結。

---

⑧　宏智正覺所言「幢網寶珠無向背，自他光影一時周」，此乃是引自廣智禪師
　　對《法界觀》「周遍含容觀」之拈頌，如《註華嚴經題法界觀門頌》卷2：
　　「周遍含容觀第三　幢網珠光無向背，自他光影一時周。」（CBETA, T45,
　　no. 1885, p. 704, a16-17）

⑧　《大慧普覺禪師語錄》卷13：「祖師西來，只是作得箇證明底人，亦無禪道
　　傳與人。……既無可傳，須是當人自悟始得。爾擬心求悟，早錯了也。豈況
　　多知多解，恣意亂統。」（CBETA, T47, no. 1998A, pp. 864c29-865a4）

* 本文收錄於 2017 年《華嚴專宗國際學術研討會論文集》（下），頁
259-286。

參考書目

本文佛典引用主要是採用「中華電子佛典協會」（Chinese Buddhist Electronic Text Association，簡稱 CBETA）的電子佛典集成光碟，2016 年。

佛教藏經或古籍

《大方廣佛華嚴經》，T09, no. 278。

《大方廣佛華嚴經疏》，T35, no. 1735。

《大方廣佛華嚴經隨疏演義鈔》，T36, no. 1736。

《大慧普覺禪師語錄》，T47, no. 1998A。

《古尊宿語錄》，X68, no. 1315 // Z 2:23 // R118。

《佛果圓悟禪師碧巖錄》，T48, no. 2003。

《宏智禪師廣錄》，T48, no. 2001。

《脩大方廣佛華嚴法界觀》，D38, no. 8898。

《景德傳燈錄》，T51, no. 2076。

《華嚴一乘十玄門》，T45, no. 1868。

《華嚴法界玄鏡》，T45, no. 1883。

《華嚴發菩提心章》，T45, no. 1878。

《華嚴經探玄記》，T35, no. 1733。

《華嚴遊心法界記》，T45, no. 1877。

《註華嚴法界觀門》，T45, no. 1884。

《註華嚴經題法界觀門頌》，T45, no. 1885。

《黃檗山斷際禪師傳心法要》，T48, no. 2012A。

《圓悟佛果禪師語錄》，T47, no. 1997。

《鎮州臨濟慧照禪師語錄》，T47, no. 1985。

中日文專書、論文或網路資源等
王頌　2016《華嚴法界觀校釋研究》，北京：宗教文化出版社。
陳英善　1996《華嚴無盡法界緣起論》，臺北：華嚴蓮社。
陳英善　2013〈天台三觀與華嚴三觀〉，《華梵人文學報‧天台專
　　　刊》，頁 169-199。

第九篇

稱名念佛與稱性念佛

▌摘要

　　念佛法門，是佛教修行上的重要法門。從初期佛教以來，就已有此念佛法門，到了大乘佛教，更重視此修行法門。而所謂的念佛，從初期佛教的念生身佛、五分功德法身佛，漸漸地發展成大乘佛教的念應身佛、報身佛、法身佛等，至於稱名念佛也受到相當的關注，尤其到了中國佛教的淨土宗，稱名念佛成了主要的修行法門。乃至宋、元、明、清的佛教，不僅淨土宗大力提倡稱名念佛，其他的宗派（如天台、華嚴、禪宗）也紛紛地加入了念佛的行列，且以稱性念佛來詮釋念佛，將稱名念佛的一句佛號發揮至極點。換言之，簡單的一句佛號，不僅是稱名念佛，且是稱性念佛（如天台的實相念佛、華嚴的法界念佛、禪宗的參究念佛）。

　　有關念佛法門的如此發展演變，到底透露了什麼樣的訊息，為何大乘佛教會如此重視念佛法門？為何在種種的念佛法門中，稱名念佛成了中國佛教的修行主流？因此之故，本論文試著從兩方面來切入：首先，探討稱名念佛在大乘菩薩道所扮演的角色。其次，探討稱名念佛所面對的問題，以及如何將稱名念佛與稱性念佛結合運用。

關鍵字：稱名念佛、稱性念佛、實相念佛、菩薩道、不退轉地

一、前言

　　對一位修菩薩道之行者而言，若未能達到不退轉地（阿惟越致地、阿鞞跋致地）未能證無生法忍，此又如何能堪受世間一切逆順境？若遇順境生貪，遇逆境生瞋，處平平境生愚癡，如此所造所做所相應的，皆是世間貪、瞋、癡之生死業。若是如此，又如何能以此生死業廣利濟於眾生呢？其本身自度都難，更遑論救度眾生？❶

　　有關此問題，在大乘佛法初期已備受矚目，如龍樹菩薩於《十住毘婆沙論》及《大智度論》等論著中，針對菩薩道不退轉地問題展開加以探討，認為未證無生法忍的菩薩是難以度化眾生的，而處於退轉地的菩薩須經累劫精勤修行，才能達到不退轉地，否則往往成為敗壞菩薩（破敗菩薩）。也正因為如此，而針對此問題提出稱名往生淨土的易行道。此易行道的提出，可說

---

❶　如《淨土十疑論》卷1：「問曰：『諸佛、菩薩以大悲為業，若欲救度眾生，祇應願生三界，於五濁三塗中救苦眾生。因何求生淨土自安其身，捨離眾生則是無大慈悲，專為自利，障菩提道。』答曰：『菩薩有二種：一者、久修行菩薩道得無生忍者，實當所責。二者、未得已還及初發心凡夫，凡夫菩薩者，要須常不離佛，忍力成就方堪處三界內，於惡世中救苦眾生。故《智度論》云：具縛凡夫，有大悲心願生惡世救苦眾生者，無有是處。何以故？惡世界煩惱強，自無忍力，心隨境轉，聲、色所縛，自墮三塗，焉能救眾生？……故《維摩經》云：『自疾不能救，而能救諸疾人？……新發意菩薩，亦復如是。如是未得忍力，不能救眾生。為此常須近佛，得無生忍已，方能救眾生，如得船者。……以是因緣，求生淨土，願識其教。故《十住婆沙論》，名易行道也。』」（CBETA, T47, no. 1961, p. 77b24-c29）此《淨土十疑論》廣引諸經論，說明菩薩若未證無生法忍，無法度化眾生，且心隨境轉，流轉於六道生死中。凡夫菩薩者，要須常不離佛，於無生法忍力成就，方堪處三界惡世中救苦眾生。

備受到中國佛教之重視（如曇鸞、道綽等），且廣加以弘揚，形成淨土宗。而龍樹菩薩此易行道的提出，也往往成為稱名往生淨土的重要理論依據。有關龍樹菩薩此易行道的思想，有其諸多經典（如《阿彌陀經》、《般舟三昧經》等）做為依據佐證。至於念佛往生，亦有諸多法門（色身、功德法身、實相念佛），為何龍樹菩薩要特別提出稱名念佛？依龍樹菩薩的看法，此乃因稱名念佛易得三昧見佛，且得菩薩不退轉地。因此，稱此法門為易行道。

由此可知，稱名往生之由來，乃至淨土宗之形成，可說無不因應菩薩道的退轉問題而來。此顯示大乘菩薩道不僅是一句口號或一個理想而已，而更說明了若要落實於菩薩道的實踐，首當其衝的，必須面對菩薩道退轉的問題，而稱名往生淨土的提出，可說是針對此問題所提出的因應解決之道。

在眾多的念佛法門中，特別重視稱名念佛，實乃因其易行之故。雖然如此，但此稱名往生念佛法門卻也常常受到諸多質疑。此之質疑，主要來自於佛教所崇尚的空無生之道理，認為既是無生，為何還要往生？歷來中國佛教之大師大德又如何來面對此問題？又如何提出因應解決之道？

基於上述等諸問題，本論文擬從兩方面來做探討：首先，探討大乘菩薩道所面對的問題；其次，探討稱名念佛所面對的問題，以及如何將稱名念佛與稱性念佛結合運用。

二、大乘菩薩道所面對的挑戰

有關菩薩道的思想，在印度佛教初期，是非常不明顯的。❷直

---

❷ 如《大智度論》卷 1〈序品〉：「問曰：佛以何因緣故，說《摩訶般若波羅

至大乘佛教才特別重視此議題，且成了大乘佛教的特色。換言之，所謂大乘佛教，指的就是菩薩道，且在於強調菩薩道的實踐。然而於菩薩道之實踐上，卻有其所要面對的相關問題，如對一位初發心者或未證無生忍者而言，首先面臨的是退轉地問題。若欲達不退轉地，❸則須久經難行才能證得無生法忍，否則難免流轉於生死輪迴中。然而對奉行菩薩道的行者而言，欲達不退轉地又談何容易，此須經由累劫不斷地精勤努力才能成就之。

　　因此，針對此問題，在龍樹的《十住毘婆沙論》中，則提出來加以探討，以「難行道」來說明達不退轉地之不容易，而另提出「易行道」來解決此問題，如《十住毘婆沙論》云：

　　問曰：是阿惟越致菩薩初事，如先說。至阿惟越致地者，

蜜經》？諸佛法不以無事及小因緣而自發言；譬如須彌山王不以無事及小因緣而動。今有何等大因緣故，佛說《摩訶般若波羅蜜經》？答曰：佛於三藏中，廣引種種諸喻，為聲聞說法，不說菩薩道。唯《中阿含·本末經》中，佛記彌勒菩薩：汝當來世，當得作佛，號字彌勒；亦不說種種菩薩行。佛今欲為彌勒等廣說諸菩薩行，是故說《摩訶般若波羅蜜經》。」（CBETA, T25, no. 1509, pp. 57c23-58a3）由此段的問答中，可得知在《阿含經》等三藏有關菩薩道是不明顯的，而所提到的菩薩，也僅只有彌勒菩薩之名而已，至於有關菩薩道之實踐內容，亦是闕如。

❸　此不退轉，是指位不退。依蕅益智旭《阿彌陀經要解》分有三種不退：位不退、行不退、念不退。如其云：「又舍利弗！極樂國土眾生生者，皆是阿鞞跋致。其中多有一生補處，其數甚多，非是算數所能知之，但可以無量無邊阿僧祇說。阿鞞跋致，此云不退，而有三義：一、位不退，證入聖流不墮凡地故。二、行不退，恒欲度生不墮二乘地故。三、念不退，心心流入薩婆若故。若約此土，則藏初果、通見地、別七信、圓初信，名位不退。通菩薩、別十行、圓十信，名行不退。別初地、圓初住，名念不退。今淨土中，則雖五逆十惡十念，成就帶業往生居下下品者，例皆得三不退。」（CBETA, T37, no. 1762, p. 370c3-12）

行諸難行,久乃可得。或墮聲聞、辟支佛地,若爾者,是大衰患。……是故若諸佛所說有易行道疾得至阿惟越致地方便者,願為說之。

答曰:……汝若必欲聞此方便,今當說之。佛法有無量門,如世間道有難有易。陸道步行則苦,水道乘船則樂。菩薩道亦如是,或有勤行精進,或有以信方便易行疾至阿惟越致者。……若人疾欲至不退轉地者,應以恭敬心執持稱名號。若菩薩欲於此身得至阿惟越致地成就阿耨多羅三藐三菩提者,應當念是十方諸佛稱其名號。……若人一心稱其名號,即得不退於阿耨多羅三藐三菩提。……

問曰:但聞是十佛名號執持在心便得不退阿耨多羅藐三菩提,為更有餘佛、餘菩薩名得至阿惟越致耶?

答曰:阿彌陀等佛及諸大菩薩,稱名一心念,亦得不退轉。更有阿彌陀等諸佛,亦應恭敬禮拜稱其名號。❹

由上述引文可得知,菩薩欲達不退轉地,須「行諸難行,久乃可得」。而在行菩薩道的過程中,卻有可能墮入聲聞、辟支佛地,而成為敗壞菩薩。❺也正因為如此,而特別提出了疾至阿惟越致地的「易行道」。所謂「易行道」,是以稱名往生而得不退轉地,且能疾成就阿耨多羅三藐三菩提。

---

❹ 《十住毘婆沙論》,CBETA, T26, no. 1521, pp. 40c29-42c14。

❺ 指退轉地菩薩(惟越致地),如《十住毘婆沙論》卷 4〈阿惟越致相品〉云:「是惟越致菩薩,有二種:或敗壞者、或漸漸轉進得阿惟越致。問曰:所說敗壞者其相云何?答曰:若無有志幹,好樂下劣法,深著名利養,其心不端直,恪護於他家,不信樂空法,但貴諸言說,是名敗壞相。」(CBETA, T26, no. 1521, p. 38b18-24)

　　因此，可看出在龍樹菩薩時代，已面臨了菩薩道之退轉地
與不退轉地的問題。而稱名念佛疾得不退轉地之易行道，可說
是因應此問題而誕生的。《十住毘婆沙論》所引用有關稱名念佛
法門所根據主要經典，有《寶月童子所問經‧阿惟越致品》、《阿
彌陀經》、《般舟三昧經》等。❻在淨土的相關經典中，特別強調
稱名往生且達不退轉，如《佛說無量壽經》云：

　　　設我得佛，他方國土諸菩薩眾聞我名字，不即得至不退轉
　　　者，不取正覺。❼

又云：

---

❻　《十住毘婆沙論》卷 5：「若菩薩欲於此身得至阿惟越致地成就阿耨多羅三
　　藐三菩提者，應當念是十方諸佛稱其名號，如《寶月童子所問經‧阿惟越致
　　品》中說。」（CBETA, T26, no. 1521, p. 41b15-18）又云：「更有阿彌陀等
　　諸佛，亦應恭敬禮拜稱其名號，今當具說。……是諸佛世尊現在十方清淨世
　　界，皆稱名憶念，阿彌陀佛本願如是。若人念我，稱名自歸，即入必定得阿
　　耨多羅三藐三菩提。是故常應憶念以偈稱讚。」（CBETA, T26, no. 1521, pp.
　　42c13-43a12）
　　又《十住毘婆沙論》卷 9〈念佛品〉：「跋陀婆羅是在家菩薩，能行頭陀，
　　佛為是菩薩說《般舟三昧經》。般舟三昧，名見諸佛現前，菩薩得是大寶三
　　昧，雖未得天眼天耳而能得見十方諸佛，亦聞諸佛所說經法。」（CBETA,
　　T26, no. 1521, p. 68c16-19）
　　又《十住毘婆沙論》卷 12〈助念佛三昧品〉：「十號妙相者，所謂如來、應
　　供、正遍知、明行足、善逝、世間解、無上士、調御丈夫、天人師、佛、世
　　尊。無毀失者，所觀事空如虛空，於法無所失。何以故？諸法本來無生寂滅
　　故。如是一切諸法，皆亦如是。是人以緣名號，增長禪法，則能緣相。是人
　　爾時，即於禪法得相，所謂身得殊異快樂，當知得成般舟三昧。三昧成故，
　　得見諸佛。」（CBETA, T26, no. 1521, p. 86a26-b4）
❼　《佛說無量壽經》卷 1，CBETA, T12, no. 360, p. 269b2-3。

設我得佛，他方國土諸菩薩眾聞我名字，不即得至第一、第二、第三法忍，於諸佛法不能即得不退轉者，不取正覺。❽

又云：

佛告阿難，其有眾生生彼國者，皆悉住於正定之聚。所以者何？彼佛國中無諸邪聚及不定之聚。十方恒沙諸佛如來，皆共讚歎無量壽佛威神功德不可思議。諸有眾生聞其名號，信心歡喜，乃至一念，至心迴向願生彼國，即得往生，住不退轉。唯除五逆誹謗正法。❾

又云：

其佛本願力，聞名欲往生，皆悉到彼國，自致不退轉。❿

又如《佛說阿彌陀經》云：

舍利弗！若有人已發願、今發願、當發願，欲生阿彌陀佛國者，是諸人等，皆得不退轉於阿耨多羅三藐三菩提，於彼國土若已生、若今生、若當生。是故舍利弗！諸善男子、善女人若有信者，應當發願生彼國土。⓫

---

❽　《佛說無量壽經》卷 1，CBETA, T12, no. 360, p. 269b4-6。

❾　《佛說無量壽經》卷 1，CBETA, T12, no. 360, p. 272b8-14。

❿　《佛說無量壽經》卷 1，CBETA, T12, no. 360, p. 273a22-23。

⓫　《佛說阿彌陀經》卷 1，CBETA, T12, no. 366, p. 348a13-17。

諸如此類，可說不勝枚舉，皆在強調稱名往生得不退轉地。由此
也可看出，當此類淨土經典產生時，實已面對了不退轉的問題。
因此，於此等經典中，特別強調稱名往生得不退轉之修法，以便
解決菩薩道所面對的問題。而龍樹於《十住毘婆沙論》中，所
提及的稱名念佛得不退轉地，可說與此有密切之關係。

　　另外，有關念佛法門眾多，在龍樹的《十住毘婆沙論》
中，所論及之念佛法門，可歸納爲四種（稱名、色身、功德法
身、實相念佛），而後代所說之念佛，實不外乎此四種（另參附
錄：念佛法門圖表）。**⓬**但在此諸多念佛法門中，又何以特別強調
稱名念佛呢？實乃因其它念佛法門不易修故，如《十住毘婆沙
論》卷 12〈助念佛三昧品〉云：

> 是故行者，先念色身佛，次念法身佛。何以故？新發意菩
> 薩應以三十二相、八十種好念佛，如先說。轉深入得中勢
> 力，應以法身念佛。心轉深入得上勢力，應以實相念佛，
> 而不貪著。……是菩薩得上勢力，不以色身、法身深貪著

⓬ 如《五方便念佛門》卷 1：「敘開念佛五門：第一稱名往生念佛三昧門、第
二觀相滅罪念佛三昧門、第三諸境唯心念佛三昧門、第四心境俱離念佛三昧
門、第五性起圓通念佛三昧門。」（CBETA, T47, no. 1962, p. 82a9-12）如澄
觀《華嚴經行願品疏》卷 4：「第三能念收束，略有五種：一、緣境正觀念
佛門……五、重重無盡念佛門，理既無盡，以理融事，事亦無盡。故隨一門
攝一切門，融斯五門，以爲一致。即是此中能念之心與前所念十佛境合，非
合非散，涉入重重，難思境也。」（CBETA, R7, p. 573a8-b1）如宗密《華嚴
經行願品疏鈔》卷 4：「然念佛不同，總有四種：一稱名念、二觀像念、三
觀想念、四實相念。」（CBETA, R7, p. 914a11-12）如雲棲袾宏《法界聖凡
水陸勝會修齋儀軌》卷 6：「今當更說持名念佛三昧，竊惟淨土之爲教也，
肇始於釋迦世尊，闡揚於歷代賢聖。於是以念佛一門而分四種：曰持名念
佛、曰觀像念佛、曰觀想念佛、曰實相念佛。雖有四種之殊，究竟歸於實相
而已。」（CBETA, R129, p. 598b6-10）

佛。何以故？信樂空法故。知諸法如虛空，虛空者無障礙
故。障礙因緣者，諸須彌山由乾陀等十寶山，鐵圍山、黑
山、石山等，如是無量障礙因緣。何以故？是人未得天眼
故，念他方世界佛，則有諸山障礙。是故新發意菩薩，應
以十號妙相念佛。……是人以緣名號，增長禪法，則能緣
相。是人爾時即於禪法得相，所謂身得殊異快樂。當知得
成般舟三昧，三昧成故得見諸佛。❸

在此引文中，首先提及了三種念佛法門（色身、功德法身、實相
念佛），且依其修行順序，先念色身佛，次念功德法身佛，後念
實相佛。然在此三種念佛法門中，對新發意菩薩而言，仍是困難
重重的，因為有諸多障礙的緣故。因此，針對此問題而提出稱名
念佛法門，因為透過繫緣佛名號來修，則能增長禪法，成就般
舟三昧，且依此三昧則能見佛。換言之，藉由稱名念佛法門來修
行，則易得定見佛。❹因此，可歸納出在《十住毘婆沙論》中，

---

❸ 《十住毘婆沙論》卷 12，CBETA, T26, no. 1521, p. 86a9-b4。

❹ 此在《鳩摩羅什法師大義》一文中，亦加以探討之，如其云：「遠問曰：念
佛三昧，《般舟經》〈念佛章〉中說……什答：見佛三昧有三種。一者、菩
薩或得天眼天耳，或飛到十方佛所，見佛難問，斷諸疑網。二者、雖無神
通，常修念阿彌陀等現在諸佛，心住一處，即得見佛，請問所疑。三者、學
習念佛，或以離欲，或未離欲，或見佛像，或見生身，或見過去未來現在諸
佛。是三種定，皆名念佛三昧，其實不同。〔上〕者得神通見十方佛，餘者
最下。統名念佛三昧。復次，若人常觀世間厭離相者，於眾生中，行慈為
難。是以為未離欲諸菩薩故，種種稱讚般舟三昧。而是定力，雖未離，亦能
攝心一處能見諸佛。則是求佛道之根本也。……又諸菩薩得此三昧見佛，則
問解釋疑網。從三昧起，住麁心中，深樂斯定，生貪著意。是故佛教行者，
應作是念，我不到彼，彼佛不來，而得見佛聞法者，但心憶分別。了三界之
物，皆從憶想分別而有，或是先世憶想果報，或是今世憶想所成。聞是教
已，心厭三界，倍增信敬。佛善說如是微妙理也，行者即時得離三界欲，深

已提到了稱名、色身、功德法身、實相念佛等四種念佛法門。

從前述的探討中，已得知稱名念佛之特色，可歸納有二種：（一）易得三昧見佛、（二）疾得不退轉地。而此念佛法門，也深深地影響了中國佛教。在東晉時，慧遠（334－416）結社念佛往生淨土；❶在南北朝時，曇鸞（476－542）大力提倡稱名念佛之易行道，強調於五濁惡世修行至不退轉地之困難，此之論點深受《十住毘婆沙論》之影響。❶到了唐朝，道綽、善導等人更是大力推行稱名念佛法門；乃至宋、元、明、清，稱名念佛成為中國佛教的重要修行法門，與禪宗並駕齊驅，甚至超越之。

入於定，成般舟三昧。」（CBETA, T45, no. 1856, pp. 134b5-135a11）

❶ 至於慧遠之結社念佛往生淨土，其所修之法門，是稱名念佛或觀像念佛，此在學述界有爭議，但其念佛法門所依經典，主要是《般舟三昧經》。而在《般舟三昧經》中，念佛法門包括了稱名念佛和觀像念佛。

❶ 《無量壽經優婆提舍願生偈註》卷1：「謹案：龍樹菩薩十住毘婆沙。《十住毘婆沙》云：菩薩求阿毘跋致有二種道，一者難行道、二者易行道。難行道者，謂於五濁之世於無佛時，求阿毘跋致為難。此難乃有多途，粗言五三，以示義意。一者外道相，善亂菩薩法。二者聲聞自利，障大慈悲。三者無顧惡人，破他勝德。四者顛倒善果，能壞梵行。五者唯是自力，無他力持。如斯等事，觸目皆是。譬如陸路，步行則苦。易行道者，謂但以信佛因緣，願生淨土；乘佛願力，便得往生彼清淨土。佛力住持，即入大乘正定之聚。正定，即是阿毘跋致。」（CBETA, T40, no. 1819, p. 826a28-b10）

另如蓮池特別為持名念佛之殊勝，提出說明，如《阿彌陀經疏鈔》卷1：「二、特於無量法門出勝方便者。入道多門，本無揀擇。險夷曲直，難易攸分。則無量門中，念佛一門，最為方便。略陳有四：一、不值佛世，得常見佛方便。二、不斷惑業，得出輪迴方便。三、不修餘行，得波羅密方便。四、不經多劫，得疾解脫方便。」（CBETA, R33, p. 341a2-6）

三、稱名念佛所面對的挑戰

在諸多念佛法門中，稱名念佛在中國佛教脫穎而出，而成為中國佛教的重要修行法門，且歷久不衰。雖然如此，但稱名念佛歷年來也面對了諸多的挑戰，而此所挑戰之問題，實不外乎有關稱名念佛乃事法之問題。❼由於稱名念佛著眼於事法來修，而所有的質難幾乎針對此而來。同樣地，歷年諸多大師大德也不斷地回應此挑戰，而其因應解決之道，乃加強稱名念佛的理論基礎。認為稱名念佛往生雖著眼於事法，但並不違背理法，❽且與理法不二，尤其以「一即一切」的道理來闡述稱名念佛，於一句佛號中，稱法界性而念，顯示一句佛號即含攝一切。若就此而言，此稱法界性之念佛，可說即是稱性念佛（或稱理念佛）。

有關「稱性念佛」一詞，在於佛教的諸經論典籍中，並未有使用之。雖然佛教諸經論未使用「稱性念佛」一詞，但卻隱

---

❼ 此可從《淨土十疑論》所提問題得知，如其云：「問：諸法體空，本來無生，平等寂滅。今乃捨此求彼，生西方彌陀淨土，豈不乖理哉？又《經》云：『若求淨土，先淨其心，心淨故即佛土淨。』此云何通？答：釋有二義：一者、總答；二者、別答。……智者熾然求生淨土，達生體不可得，即是真無生，此謂心淨故佛土淨。愚者為生所縛，聞生即作生解，聞無生即作無生解，不知生者即是無生，無生即是生。不達此理，橫相是非，嗔他求生淨土，幾許誤哉！此則是謗法罪人，邪見外道也。」（CBETA, T47, no. 1961, p. 78a2-b2）

❽ 《十住毘婆沙論》卷 12：「新發意菩薩　以十號妙相　念佛無毀失　猶如鏡中像。十號妙相者，所謂如來、應供、正遍知、明行足、善逝、世間解、無上士、調御丈夫、天人師、佛、世尊。無毀失者，所觀事空如虛空，於法無所失。何以故？諸法本來無生寂滅故。如是一切諸法，皆亦如是。」（CBETA, T26, no. 1521, p. 86a24-b1）此說明了緣佛名號來修，其佛名本身亦空，因為諸法本來無生寂滅故，佛名亦復如此。

含著有這樣的思想。如《文殊師利所說摩訶般若波羅蜜經》云：

> 文殊師利言：「世尊！云何名一行三昧？」
> 佛言：「法界一相，繫緣法界，是名一行三昧。若善男子、善女人，欲入一行三昧，當先聞般若波羅蜜，如說修學，然後能入一行三昧。如法界緣，不退不壞，不思議，無礙無相。善男子、善女人，欲入一行三昧，應處空閑，捨諸亂意，不取相貌，繫心一佛，專稱名字。……如是入一行三昧者，盡知恒沙諸佛法界，無差別相。……如是次第漸漸修學，則能得入一行三昧，不可思議功德作證，除謗正法不信，惡業重罪障者，所不能入。」❿

此引文中，是以秉持般若智慧來稱念佛名，說明了一句佛號本身即是法界，而藉由一句佛號來修習一行三昧，所謂「法界一相，繫緣法界」，指的是以稱法界性來念佛，於一句佛號中，即能現一切諸法，此顯示了一法即一切法之道理。因此，可說是種稱法界之理而念佛。而這樣的念佛思想，廣為後代所引用。❷

　　甚至在龍樹《十住毘婆沙論》所說的四種念佛法門（稱

---

❿ 《文殊師利所說摩訶般若波羅蜜經》卷 2，CBETA, T08, no. 232, p. 731a25-b19。

❷ 天台《摩訶止觀》所述的四種三昧之常坐三昧（亦名一行三昧），即是依據此經而來。又如澄觀《華嚴經行願品疏鈔》卷 4：「且稱名念者，如《文殊般若經》云：復有一行三昧，若善男子善女人修是三昧者，速得佛菩提。欲入三昧，應處空閑，捨諸亂意，不取相貌，繫心一佛，專稱名字，隨佛方所，端坐正向，能於一佛，念念相續，即是念中能見去來現在諸佛。念一佛功德無量無邊，與一切佛功德無二。如是盡知恒沙諸佛法界無差別相，阿難總持多聞辯才百千等分不及其一等。」（CBETA, R7, p. 914a12-b1）

名、色身、功德法身、實相念佛），其中的實相念佛亦可說是種稱理念佛，但因爲較偏向遮除來運作，所以有關稱性念佛這部份較不明顯。

在中國佛教中，有關稱名念佛所面對之問題，早在曇鸞時，已面對了此挑戰，如《無量壽經優婆提舍願生偈註》云：

> 問曰：大乘經論中，處處説眾生畢竟無生如虛空，云何天親菩薩言願生耶？
>
> 答曰：説眾生無生如虛空，有二種：一者如凡夫所謂實眾生，如凡夫所見實生死，此所見事畢竟無所有，如龜毛如虛空。二者謂諸法因緣生，故即是不生，無所有如虛空。天親菩薩所願生者，是因緣義。因緣義故假名生，非如凡夫謂有實眾生實生死也。❷

此引文中的問難，是以「無生」來質疑淨土之生，認爲淨土既是無生，何以還要往生淨土？但從曇鸞的答辯中，可看出此質疑是無效的，因爲以凡夫之「實有」來質疑淨土之生，可說是不相應的，且是無效的。所謂淨土之生，乃是因緣之生；而因緣之生，當下即是無生，此並非於因緣所生之淨土外而另存有一無生，更非凡夫所說的實有之生。由此可知，一般對於稱名往生淨土之質疑，乃是從凡夫的「實有」之知見而來，以「實有」之生，來理解淨土之生。因此，可知此質疑是無效的，且不相應的。另方面也顯示了眾生對無生之誤解，不明白無生其實是指因緣生之意。

在曇鸞所提出的答辯中，說明了往生淨土乃是無生之生，

---

❷ 《無量壽經優婆提舍願生偈註》卷 1，CBETA, T40, no. 1819, p. 827b18-26。

所以雖生而無生。此淨土無生之生，並不違背佛教緣起性空的道理；同樣地，稱名念佛之往生，乃是生而無生，如《無量壽經優婆提舍願生偈註》云：

> 問曰：上言知生無生，當是上品生者。若下下品人，乘十
> 　　　念往生，豈非取實生耶？但取實生，即墮二執，一
> 　　　恐不得往生，二恐更生生惑。
> 答　：譬如淨摩尼珠，置之濁水，水即清淨。若人雖有無量
> 　　　生死之罪濁，聞彼阿彌陀如來至極無生，清淨寶珠名
> 　　　號投之濁心，念念之中，罪滅心淨，即得往生。又是
> 　　　摩尼珠以玄黃幣裹投之於水，水即玄黃一如物色。彼
> 　　　清淨佛土有阿彌陀如來無上寶珠，以無量莊嚴功德成
> 　　　就帛裹，投之於所往生者心水，豈不能轉生見為無生
> 　　　智乎！又如氷上燃火，火猛則氷解，氷解則火滅。彼
> 　　　下品人雖不知法性無生，但以稱佛名，力作往生意，
> 　　　願生彼土。彼土是無生界，見生之火自然而滅。❷❷

此引文中，是質疑下下品之往生是否會墮入實生？而曇鸞認為不論上上品或下下品之往生，皆是生而無生。雖下下品人不知法性無生之道理，但以稱念佛名，力作往生而願生淨土，自然能證得無生，因為淨土本是無生，且阿彌陀如來本身亦是無生，眾生稱念佛名，自然能證得無生。因此，眾生顛倒知見中所謂的生，到極樂淨土時，自然而息滅，而悟無生之道理。因為阿彌陀如來本無生，淨土亦是無生，以無生之佛號投入於心，自然能轉眾生顛倒知見，也自然能感得無生之淨土。另外，有關是心作佛、是

---

❷❷　《無量壽經優婆提舍願生偈註》卷 2，CBETA, T40, no. 1819, p. 839a21-b7。

心是佛，可說無不在顯示心、佛、眾生三無差別及理事不二之道理。❷而向來發揮這種理事不二的思想，可說是爲中國佛教所擅長。

在中國佛教大量使用「稱性」一詞的，是華嚴宗，❷以及宋、元、明、清的佛教。❷而在華嚴宗之前的天台宗，智顗並未使用「稱性」一詞，只有偶而使用「稱理」一詞，如《維摩經玄疏》卷4：

> 等覺智慧，稱理圓明，稱機而照，故言淨無垢稱也。是則

---

❷ 如《無量壽經優婆提舍願生偈註》卷1：「問曰：《觀無量壽經》言，諸佛如來是法界身，入一切眾生心想中。是故汝等心想佛時，是心即是三十二相、八十隨形好。是心作佛，是心是佛。諸佛正遍知海從心想生，是義云何？答曰：身名集成，界名事別。如眼界緣根色空明作意五因緣生，名爲眼界。是眼但自行己緣，不行他緣，以事別故。耳、鼻等界，亦如是。言諸佛如來是法界身者，法界是眾生心法也。以心能生世間出世間一切諸法故，名心爲法界。法界能生諸如來相好身，亦如色等能生眼識。是故佛身名法界身。是身不行他緣，是故入一切眾生心想中。心想佛時，是心即是三十二相、八十隨形好者。當眾生心想佛時，佛身相好顯現眾生心中也。譬如水清則色像現，水之與像，不一不異。故言佛相好身即是心想也。是心作佛者，言心能作佛。是心是佛者，心外無佛也。譬如火從木出，火不得離木也，以不離木故則能燒木，木爲火燒，木即爲火也。諸佛正遍知海從心想生者，正遍知者，眞正如法界而知也。法界無相故，諸佛無知也。以無知故，無不知也。無知而知者，是正遍知也。是知深廣不可測量，故譬海也。」（CBETA, T40, no. 1819, p. 832a8-b2）此明諸佛如來是法界身、證遍知，而眾生身亦是如此。因此，諸佛身能入眾生身，眾生身能感得諸佛身。佛身是法界身，是身不行他緣。是故入一切眾生心想中。心想佛時，是心即是三十二相、八十隨形好。當眾生心想佛時，佛身相好顯現眾生心中也。

❷ 華嚴宗之法藏、澄觀、李通玄等人，皆大量使用「稱性」一詞。
❷ 如蓮池、蕅益等人，將稱名念佛與稱性緊密地結合。

位隣妙覺。❷

《請觀音經疏》云：

> 圓教中道者，不同別教次第觀理斷無明，此乃稱理之觀。
> 理既三諦之境，觀亦三智之觀。從初至後，三諦圓觀。
> 初住已能五住圓除，乃至四十二地無明究竟，稱為妙覺觀
> 音。約此法門圓觀三諦，故稱圓教境智觀音也。❷

　　此是以圓教之理，來說明稱理之義涵，且以圓教之中道觀爲稱
理之觀。換言之，天台的稱理之觀，乃指圓教之觀，亦是即空即
假即中之一心三觀。由此也可知，在天台智者時雖並不使用稱性
一詞，而有關稱理之詞彙也使用不多，但其所表達的圓教之觀，
其實可說是稱理稱性的觀法。因此，若就此而言，此稱理的觀
念是極爲普遍的。換言之，圓教之觀，即是稱理稱性之觀。若
以圓教之觀來念佛，即是稱性念佛，且此稱性念佛不離當下佛
號。若就此來說，稱名念佛即是稱性念佛。

　　因此，稱理稱性是可以互用的。❷此理此性，對天台而言，

---

❷　《維摩經玄疏》卷 4，CBETA, T38, no. 1777, p. 542a16-18。

❷　《請觀音經疏》卷 1，CBETA, T39, no. 1800, p. 969c1-6。

❷　如知禮《觀無量壽佛經疏妙宗鈔》卷 2：「二、一心三觀，斯乃稱性而觀，
　　絕待而照。蓋一切法性是法身、般若、解脫，如伊字三點，三非孤立。一一
　　圓具，舉一即三。」（CBETA, T37, no. 1751, p. 206b2-5）又如《阿彌陀經疏
　　鈔演義》云：「即空即假即中，是一心三觀，觀三諦一境也。斯乃稱性而
　　觀，絕待而照。修此觀時，祇一觀而三觀，觀於一諦而三諦。即一而三，即
　　三而一。故空爲法界，一切法趣空，無假無中無不空。假爲法界，一切法趣
　　假，無空無中無不假。中爲法界，一切法趣中，無空無假無不中也。此觀成
　　時，證一心三智，亦名一切種智。《中論》云：因緣所生法，即空即假即

所指的即是中道實相，亦可說是實相之異名。❷ 在《摩訶止觀》
所論述的「一念三千」❸、《法華玄義》所說的「法法皆妙」❸，乃
至圓頓止觀所觀之十境（1. 陰界入、2. 煩惱、3. 病患、4. 業相、
5. 魔事、6. 禪定、7. 諸見、8. 增上慢、9. 二乘、10. 菩薩境）皆
是不可思議境，此等無不在顯示此稱性道理。換言之，吾人之
身心世界、煩惱、病患等皆是不可思議境，更何況是一句佛號。
若就此而論，天台所說的一念三千不可思議境，其實亦可說是
稱性的同義詞，其它如法界、般若、菩提等，莫不如此。如《摩
訶止觀》所述的四種三昧❸之常坐三昧（亦名一行三昧）：

　　口說默者，若坐疲極，或疾病所困，或睡蓋所覆，內外障

　　中。《釋論》云：三智實在一心中得。即此意也。」（CBETA, R33, p.
　　571a18-b7）換言之，稱理稱性是可以互用的。此理此性，所指的即是中道實
　　相，亦可說是實相之異名。

❷　參拙著《天台緣起中道實相論》第 1 章第 2 節，頁 16-22。

❸　《摩訶止觀》卷 5：「夫一心具十法界，一法界又具十法界百法界。一界具
　　三十種世間，百法界即具三千種世間。此三千在一念心，若無心而已，介爾
　　有心，即具三千。亦不言一心在前，一切法在後；亦不言一切法在前，一心
　　在後。例如八相遷物，物在相前，物不被遷；相在物前，亦不被遷。前亦不
　　可，後亦不可。祇物論相遷，祇相遷論物。今心亦如是，若從一心生一切法
　　者，此則是縱；若心一時含一切法者，此即是橫。縱亦不可，橫亦不可。祇
　　心是一切法，一切法是心。故非縱非橫，非一非異，玄妙深絕，非識所識，
　　非言所言。所以，稱為不可思議境。」（CBETA, T46, no. 1911, p. 54a5-18）

❸　《妙法蓮華經玄義》卷 1：「開權顯實者，一切諸法莫不皆妙，一色一香無
　　非中道，眾生情隔於妙耳。大悲順物，不與世諍。是故明諸權實不同故。」
　　（CBETA, T33, no. 1716, p. 690b10-13）

❸　《觀無量壽佛經疏妙宗鈔》卷 1：「四三昧，通名念佛，但其觀法為門不
　　同。如一行三昧，直觀三道顯本性佛。方等三昧觀祖持顯，法華兼誦經，觀
　　音兼數息，覺意歷三性。此等三昧歷事雖異，念佛是同，俱為顯於大覺體
　　故。」（CBETA, T37, no. 1751, p. 195b2-6）

侵奪正念，心不能遣却。當專稱一佛名字，慚愧懺悔，
以命自歸，與稱十方佛名功德正等。……意止觀者，端坐
正念，躅除惡覺，捨諸亂想，莫雜思惟，不取相貌。但專
繫緣法界，一念法界。繫緣是止，一念是觀。……此法
界亦名菩提，亦名不可思議境界，亦名般若，亦名不生不
滅。如是等一切法，與法界無二無別。聞無二無別，勿生
疑惑。能如是觀者，是觀如來十號。觀如來時，不謂如來
為如來，無有如來為如來，亦無如來智能知如來者。如來
及如來智，無二相。……觀眾生相如諸佛相，眾生界量如
諸佛界量。諸佛界量不可思議，眾生界量亦不可思議。眾
生界住，如虛空住。以不住法，以無相法，住般若中。不
見凡法，云何捨？不見聖法，云何取？生死涅槃垢淨亦如
是，不捨不取，但住實際。如此觀眾生真佛法界。❸

此中依《文殊師利所說摩訶般若波羅蜜經》所說的一行三昧，
由稱名念佛進而修習止觀，此可緣一句佛號而修，觀一句佛號
即是法界，所謂：「意止觀者，端坐正念，躅除惡覺，捨諸亂
想，莫雜思惟，不取相貌。但專繫緣法界，一念法界。繫緣是
止，一念是觀。」此所說的「繫緣法界，一念法界」，基本上不
離一句佛號。若就此而言，即是稱法界之理來念佛。因此，以
稱法界之理來念佛，也可說是稱性念佛，此亦可看成是稱名念
佛的開展。此說明佛即法界，一句佛號即是法界；同樣地，眾生
相如諸佛相，眾生界量如諸佛界量，皆是不可思議。因此，稱名
念佛即是稱性念佛，此看法在《摩訶止觀》已表露無遺。後代
的天台宗人，由於受到華嚴、禪宗對心性強調的影響，特就理

---

❸　《摩訶止觀》卷 2，CBETA, T46, no. 1911, p. 11b9-c22。

具、性具思想來發揮此道理。❸在荊溪湛然時，已有不少使用稱性、稱理，尤其對稱性觀念的使用，更加地明顯。❸愈到後代，稱性觀念的使用，更是頻繁。❸且將此稱性道理，直就一心來明示之。❸

---

❸ 參拙著《天台性具思想》第 1 章〈荊溪湛然理具思想之探討〉、第 2 章〈從湛然十不二門論天台思想之發展演變〉。

❸ 《十不二門》卷 1：「七、自他不二門者，隨機利他，事乃憑本。本謂一性，具足自他，方至果位，自即益他。如理性三德、三諦三千，自行唯在空中，利他三千赴物。物機無量，不出三千；能應雖多，不出十界。界界轉現，不出一念；土土互生，不出寂光。眾生由理具三千故能感，諸佛由三千理滿故能應，應遍機遍欣赴不差。不然，豈能如鏡現像？鏡有現像之理，形有生像之性，若一形對不能現像，則鏡理有窮、形事不通。若與鏡隔則容有是理，無有形對而不像者。若鏡未現像由塵所遮，去塵由人磨，現像非關磨者，以喻觀法大旨可知。應知理雖自他具足，必藉緣了為利他功。復由緣了與性一合，方能稱性施設萬端，則不起自性化無方所。此由依正不二門成。」（CBETA, T46, no. 1927, p. 704a11-25）

❸ 如知禮《觀無量壽佛經疏妙宗鈔》卷 1：「妙觀者，歎十六觀。雖託安養依正之境，而皆稱性絕待照之，即不思議圓妙觀也。此之觀行，能令修者達四淨土，縱具見思而能不退。誠為至極之道，要妙之術。」（CBETA, T37, no. 1751, p. 197b25-28）又如《觀無量壽佛經疏妙宗鈔》卷 2：「二、開眼下，明觀成稱性周遍。妙心作相，妙相發心。心心不休，成觀入品。塵緣莫動，佛常現前。閉目了然，開眼不失。在明見佛，處暗不忘。性無間然，佛豈暫闕。」（CBETA, T37, no. 1751, p. 202a20-23）《觀無量壽佛經疏妙宗鈔》卷 2：「三觀稱性無作無生，具於一心其義何爽？」（CBETA, T37, no. 1751, p. 206c3-4）

❸ 《觀無量壽佛經疏妙宗鈔》卷 1：「若此觀門及般舟三昧，託彼安養依正之境，用微妙觀，專就彌陀，顯真佛體。雖託彼境，須知依正同居一心，心性遍周，無法不造，無法不具。若一毫法從心外生，則不名為大乘觀也。行者應知，據乎心性觀彼依正，依正可彰；託彼依正，觀於心性，心性易發。所言心性具一切法造一切法者，實無能具所具能造所造。即心是法，即法是心。能造因緣及所造法，皆悉當處全是心性。是故今觀，若依若正，乃法界心觀法界境，生於法界依正色心。是則名為唯依唯正、唯色唯心、唯觀唯

　　另外，從後人所標榜天台智顗著作的《五方便念佛門》「第
一稱名往生念佛三昧門、第二觀相滅罪念佛三昧門、第三諸境
唯心念佛三昧門、第四心境俱離念佛三昧門、第五性起圓通念
佛三昧門」中，❸亦可看出稱名念佛與稱性念佛的開展。此中的
「第五、性起圓通念佛三昧門」，其實可說是稱性念佛。如《五
方便念佛門》云：

> 又諸佛以眾生樂稱諸佛名生彼國者，則示以稱名往生
> 門；眾生有樂觀諸佛身，懼障不見者，則示以觀相滅罪
> 門；眾生有迷心執境者，則示以諸境唯心門；眾生有計
> 實有者，則示以心境俱離門；眾生樂深寂定，趣無生滅
> 者，則示以性起圓通門。……是知稱一佛名，智深則
> 深，一言而具眾門，信有徵矣。❸

此說明稱念一佛名，實已具足眾法門。而性起圓通門，乃是稱性
任運而修，所成就功德亦無量無邊，如其云：

境。故釋觀字，用一心三觀。」（CBETA, T37, no. 1751, p. 195b7-18）

❸　參《五方便念佛門》卷 1，CBETA, T47, no. 1962, p. 82a9-12。有關《五方便
　　念佛門》之作者問題，是有爭議的。而本論文重點不在於處理作者問題，但
　　可以確定的，此文在盛唐時已形成。在澄觀的《大方廣佛華嚴經隨疏演義
　　鈔》已提及古人有五種念佛法門，如《大方廣佛華嚴經隨疏演義鈔》卷 85
　　〈入法界品〉：「然古人已有五門，云：一、稱名往生念佛門。二、觀像滅
　　罪念佛門。三、攝境唯心念佛門。四、心境無礙念佛門。五、緣起圓通念佛
　　門。」（CBETA, T36, no. 1736, p. 667b27-c1）而與《五方便念佛門》所不同
　　者，在於第五門所用詞略不同，「性起圓通念佛門」與「緣起圓通念佛門」
　　一字之差。

❸　《五方便念佛門》卷 1，CBETA, T47, no. 1962, p. 82b4-15。

既敘五門來意竟，更敘入方便次第。假如行人，口稱南無阿彌陀佛時，心必願生彼國土，即是稱名往生門；行者想像佛身，專注不已，遂得見佛，光明赫奕，照觸行者，爾時所有罪障，皆悉消滅，即是觀相滅罪門；又觀此佛，從自心起，無別境界，即是諸境唯心門；又觀此心，亦無自相可得，即是心境俱離門；行者爾時趣深寂定，放捨一切心、意、意識，將入涅槃，緣十方佛加被護念，興起智門，行者爾時於一念頃，淨佛國土，成就眾生。如何前四門所有功德，百千萬分不及其一。何以故？無功用位，能以一身為無量身，任運修習故，佛觀護故，諸佛法源盡窮底故，普賢願因悉圓滿故，本願力故，法如是故，即是性起圓通門。❹

從《五方便念佛門》中，約略說明了隋唐時之念佛法門，不外乎此五種。其中的稱名與觀相念佛，可說皆是緣境而修，而第三種的諸境唯心念三昧門，則是緣心而修。第四種的念佛，是屬心境雙泯的修法。若以四句模式來看，可歸納為境、心、心境俱非的型式。而第五性起圓通念佛三昧門，似較難歸入為「心境俱是」的模式中，是屬於一乘圓教之念佛法門。此也可從《五方便念佛門》以四教明念佛法門得知，如其云：

約四教者，夫心不獨生，必託緣起。行者念佛之時，意想為因，如來毫光為緣，亦名法塵，以對意根故。所起之念，即是所生法，觀此根塵能所，三相遷動，新新生滅，念念不住，分折方空，無佛無念，藏教小乘也。即觀念

---

❹　《五方便念佛門》卷 1，CBETA, T47, no. 1962, p. 82b15-29。

佛心，起能生所生，無不即空，妄謂心起，心實不起，起
無自性，體之即空，所觀佛相如鏡中像、虛空華，無佛無
念，通教大乘也。即觀念佛心，起即假名之法，淺深洞
鑒，無量名相，如觀掌中，了知此心，有如來藏，歷劫斷
惑，方證真常，離邊顯中，無佛無念，別教大乘也。即觀
念佛心起即空假即中，若根若塵，並是法界起，一念亦
爾，塵剎諸佛，一念照明，六道眾生，剎那普應，初即是
後，今始覺知，如大福人執石成寶，必無捨念，別求離
念，即邊而中，無佛無念，圓教大乘也，《瓔珞經》明頓
悟如來，此之謂也。❹

此中說明圓教之念佛法門，是以即空即假即中的方式念佛，若根
若塵，並是法界起，皆是法界。不離吾人當下一念之念佛心、一
句佛號而有法界，一念佛心、一句佛號是即空即假即中，皆是法
界，此即是圓教「一即一切」的稱性思想，也是天台智者所說的
稱理之觀。

　　針對上述《五方便念佛門》，澄觀提出了不同看法，尤其
「第五、性起圓通念佛三昧門」，澄觀認為易與理事無礙相混
淆，而改為「重重無盡念佛門」。首先，先明澄觀所說的五種念
佛，如《華嚴經行願品疏》云：

第三能念收束，略有五種。一、緣境正觀念佛門，若真若
應，若依若正，皆是境故。稱名屬口，非真念故，略而不
言。二、攝境唯心念佛門，是心是佛，是心作佛，諸佛正
遍知海從心想生，況心、佛、眾生三無差別。三、心境俱

---

❹　《五方便念佛門》卷 1，CBETA, T47, no. 1962, p. 83a10-26。

泯念佛門，心即是佛，心則非心；佛即是心，佛亦非佛，非心非佛遠離一切，故無所念，方為真念。四、心境無寄念佛門，雙照事理存亡無寄，等真門之寂寂，何佛何心；鑒事理之明明，常心常佛，雙亡正入，寂照雙流。五、重重無盡念佛門，理既無盡，以理融事，事亦無盡。故隨一門攝一切門，融斯五門，以為一致。即是此中能念之心與前所念十佛境合，非合非散，涉入重重，難思境也。❷

在此，澄觀以四句模式來括《五方便念佛門》的五種念佛，如下圖表所示：

《五方便念佛門》	澄觀《華嚴經行願品疏》
第一、稱名往生念佛三昧門	1. 緣境念佛門
第二、觀相滅罪念佛三昧門	
第三、諸境唯心念佛三昧門	2. 攝境唯心念佛門
第四、心境俱離念佛三昧門	3. 心境俱泯念佛門
	4. 心境無礙念佛門
第五、性起圓通念佛三昧門	5. 重重無盡念佛門

由圖表中，可看出將第一、第二種念佛合併為緣境念佛門，第三、第四則維持原狀（唯心念佛門、心境俱泯念佛門），

---

❷ 《華嚴經行願品疏》卷 4，CBETA, X05, no. 227, p. 99b17-c4 // Z 1:7, p. 287a8-b1 // R7, p. 573a8-b1。另，在《大方廣佛華嚴經疏》，將此五種念佛配合〈入法界品〉的二十一種念佛，如其云：「然約能念心，不出五種。一、緣境念佛門，念真念應若正若依，設但稱名亦是境故，故上諸門多是此門。二、攝境唯心念佛門即，十八、十九二門，十八即總相唯心，是心是佛是心作佛故，十九雖隨我心，心業多種見佛優劣故。三、心境俱泯門，即前遠離念佛門，及不可見門之一分，及如虛空門。四、心境無礙門，即如初門，雙照事理存泯無礙，故云普照。五、重重無盡門，即稱前第十門而觀察故，如微細等門，亦是此門中總意。」（CBETA, T35, no. 1735, p. 924b14-24）

而另加入「心境無礙念佛門」，則形成四句的模式，而將第五性
起圓通念佛三昧門改為重重無盡念佛門。而爲何做如此更動？
《大方廣佛華嚴經隨疏演義鈔‧入法界品》有做進一步之說明，
如其云：

> 然古人已有五門，云：一、稱名往生念佛門。二、觀像滅
> 罪念佛門。三、攝境唯心念佛門。四、心境無礙念佛門。
> 五、緣起圓通念佛門。此之五門，初二名局。又但稱名，
> 亦闕念義。第五一門，名則盡善，及其釋義，但事理無
> 礙，故今改之。故初一門兼攝前二。此中第五方是性起圓
> 通事事無礙義故。**❸**

依據澄觀之看法，主要在於《五方便念佛門》的「第五、性起
圓通念佛三昧門」，所表達的意思僅只是事理無礙而已，此未
足以說明性起圓通念佛三昧門之意，故而更改之，而以重重無
盡念佛門來顯示性起圓通之意。由此可知，澄觀所要強調的性
起圓通念佛三昧門在於事事無礙法界，而非理事無礙法界。換
言之，對澄觀而言，所謂的稱性念佛，是指事事無礙法界。此
稱性念佛，是舉一法即是一切的修行法門，如《華嚴經行願品
疏》云：

> 則十佛十身皆等虛空，並合法性，為莊嚴法界虛空界也。
> 是則隨門說異，舉一圓收，如是方為華嚴念佛。**❹**

---

❸ 《大方廣佛華嚴經隨疏演義鈔》卷 85，CBETA, T36, no. 1736, p. 667b27-c5。
❹ 《華嚴經行願品疏》卷 4，CBETA, R7, p. 573a4-6。

此強調華嚴之念佛，是舉一即攝一切，是重重無盡事事無礙法界。

自唐宋以來，有關華嚴稱法界性的念佛法門，似乎較少受到重視，此從宋代義和的《華嚴念佛三昧無盡燈‧序》可得知。❹雖然如此，此稱性觀念仍被廣泛運用。❻

稱性念佛思想，在明代有更進一步之開展，如雲棲袾宏在《阿彌陀經疏鈔》中，以「稱理」來全面性地詮釋《阿彌陀經》的內容，可說極充份地發揮了淨土與稱性的思想。❼且於其所論

---

❹ 此文收錄在《樂邦文類》卷2。如其云：「六道凡夫、三乘賢聖，其根本悉是靈明清淨。一法界心，性覺寶光，各各圓滿，本不名諸佛，亦不名眾生。但此心靈妙自在，不守自性故隨迷悟之緣，作業受苦，名曰眾生；修道證真，遂名諸佛。佛憫眾生顛倒妄想執著而不證得，於是稱法界性說《華嚴經》。……唯華嚴觀行得圓至功於頃刻。……〔義和〕晚年退席平江能仁，遍搜淨土傳錄與諸論讚，未嘗有華嚴圓融念佛法門。蓋巴歌和眾，雪曲應稀，無足道者。嗚呼！不思議法門散乎大經與疏記之中，無聞於世。離此別求，何異北轅而之楚耶。於是備錄法門，著為一編。使見聞者不動步而歸淨土，安侯階梯；非思量而證彌陀，豈存言念。諸佛則背塵合覺故明，眾生則背覺合塵故昏。欲使冥者皆明，明終無盡。因目其篇，曰無盡燈。云爾。乾道元年九月望，臨安府慧因院，華嚴教觀，義和序。」（CBETA, T47, no. 1969A, pp. 169c6-170a12）從此序文中，可看出義和之感慨，感慨於當時對華嚴念佛法門之疏忽，忽略了此殊勝之無礙圓融法門，故而撰寫《華嚴念佛三昧無盡燈》，可惜此著作已失傳，只剩序文而已。

❻ 如天台宗知禮等大師的諸論著中，已廣泛使用稱性一詞，其他宗亦不例外。

❼ 《阿彌陀經疏鈔》卷2：「【鈔】稱理者，以即事即理。所謂總該萬有，即是一心。則依報正報，何非自性。又即理者，事依理成。如《淨名》云：隨其心淨，則佛土淨。今《經》言一心不亂，即自性彌陀，惟心淨土。為一經大旨也。冥理而談，云稱理也。」（CBETA, R33, p. 370b2-6）又云：「稱理，則自性還歸本體，是願生彼國義。【鈔】若知本體不離當處，則非生彼國，乃生此國耳。雖云十萬億程，何曾咫尺動步。故謂不勞彈指到西方也。如其真如不守自性，五道隨緣。則是窮子旅泊他鄉，應歸故里。」（CBETA, R33, pp. 435b17-436a3）諸如此類，遍佈整部《阿彌陀經疏鈔》。

述的四種念佛中，將稱名與稱性加以運用結合，如《阿彌陀經
疏鈔》卷3云：

> 【疏】又教分四種念佛，從淺至深，此居最始。雖後後深
> 　　　於前前，實前前徹於後後。以理一心，即實相故。
>
> 【鈔】四種，如前序中說。一稱名、二觀像、三觀想、四
> 　　　實相。……此之四者，同名念佛，前淺後深。持名
> 　　　雖在初門，其實意含無盡。事一心則淺，理一心則
> 　　　深。即事即理，則即淺即深，故曰徹前徹後。所以
> 　　　者何？理一心者，一心即是實相，則最初即是最後
> 　　　故。問：豈得稱名便成實相？答：實相云者，非必
> 　　　滅除諸相，蓋即相而無相也。《經》云：治世語言皆
> 　　　與實相不相違背。云何萬德洪名，不及治世一語。
> 　　　一稱南無佛皆已成佛道，何況今名理一心也。又
> 　　　《觀經》第九「佛相好，《疏》直謂觀佛法身。相好
> 　　　既即法身，名號何非實相。❹

此說明佛之名號，即是實相，且直就稱名念佛來明事一心、理一
心，顯示稱名念佛其意深遠無盡。而所謂的理一心，即是實相念
佛。換言之，並非捨稱名念佛而另有實相念佛。乃在稱名念佛的
當下，了知念佛心本不生不滅，亦無能所，如此即是實相念佛。
因此，稱名念佛不僅至簡至易，且其本身亦蘊含著實相深意。又
如《阿彌陀經疏鈔》卷1：

> 佛雖至極，惟心即是。今聞佛名，一心執持。可謂至簡至

---

❹　《阿彌陀經疏鈔》卷3，CBETA, R33, p. 446a5-b6。

易,功不繁施。而萬法惟心,心清淨故,何事不辦。剎那運想,依正宛然,舉念欲生,便登彼國。是則難成之觀,不習而成。故以持名念佛,所守尤為要約也。天如謂大聖悲憐,直勸專持名號是也。❹

此明佛雖至極殊勝,卻不離吾人當下之一念心,因此若能一心執持佛名號,若至心淨,極樂淨土之正依報宛然現前。而更深一層之涵義,是念而無念,無念而念,如其云:

正繇念佛,至於一心。則念極而空,無念之念,謂之真念。又念體本空,念實無念,名真念也。生無生者,達生體不可得,則生而不生,不生而生,是名以念佛心入無生忍。如後教起中辯。故知終日念佛,終日念心;熾然往生,寂然無往矣。❺

又云:

今此經者,直指眾生以念佛心入佛知見故。❺

此等皆強調由稱名念佛入手,可通實相念佛,達無生法忍,以顯示稱名念佛之殊勝甚深之意。為何稱名念佛有如此殊勝?實乃因己力及彌陀願力所致,如《阿彌陀經疏鈔》云:

---

❹ 《阿彌陀經疏鈔》卷 1,CBETA, R33, pp. 333b15-334a2。

❺ 《阿彌陀經疏鈔》卷 1,CBETA, R33, p. 334b14-18。

❺ 《阿彌陀經疏鈔》卷 1,CBETA, R33, p. 339b11-12。

> 得出輪迴者，繇惑起業，繇業感報，往來六道，輪轉無
> 窮。依餘法修，直至惑盡，始得出離，而託質世間，升沈
> 未保。唯茲念佛，帶惑往生，以己念力及佛攝受大神力
> 故。一生彼國，即超三界，不受輪轉。《經》云：眾生生
> 者，皆是阿鞞跋致。是也。❷

此說明了眾生無始以來受惑業苦輪迴於六道中，依其它法門須
斷惑才能出離三界生死輪迴。若無力斷惑，則隨業力牽引於三界
六道輪迴不已。唯稱名念佛法門，可以帶業往生，超出三界，達
不退轉地，證得無生法忍。爲何能如此？實乃因自己的念佛力量
及阿彌陀佛大願力攝受的緣故。稱名念佛雖從有念入手，而其
本身實是無念，因爲心本無念，爲對治眾生無始以來的煩惱執
取，故不得不採用此方式，如《阿彌陀經疏鈔》云：

> 八、的指即有念心得入無念者，心本無念，念起即乖。而
> 眾生無始以來，妄想慣習，未易卒遣。今教念佛，是乃以
> 毒攻毒，用兵止兵，病愈寇平。則捨病體更無自身，即寇
> 盜原吾赤子。❸

此無不顯示稱名念佛之切要，❹實乃因應眾生無始以來之妄想習

---

❷　《阿彌陀經疏鈔》卷 1，CBETA, R33, p. 341b3-7。

❸　《阿彌陀經疏鈔》卷 1，CBETA, R33, p. 345a11-14。

❹　此亦可從雲棲袾宏對志磐的水陸儀軌，所作的補充得知，如《法界聖凡水陸
勝會修齋儀軌》卷 6：「上來所說觀想念佛三昧已竟，今當更說持名念佛三
昧。竊惟淨土之爲教也，肇始於釋迦世尊，闡揚於歷代賢聖。於是以念佛一
門而分四種：曰持名念佛、曰觀像念佛、曰觀想念佛、曰實相念佛。雖有四
種之殊，究竟歸於實相而已。又以前三，約之爲二：一爲觀想，一爲持名。

氣難以泯除，而特別使用的以毒攻毒之方法。以緣稱佛名號入手，了達無念無生。而所謂彌陀淨土，實不外吾人當下一念心，於此當下一念即是「自性彌陀，唯心淨土」。

此外，約和雲棲袾宏同時代的蕅益智旭，其對《阿彌陀經》之註疏，皆扣緊著於吾人現前一念心性來入手，此現前一念心性乃諸法之實相，為《阿彌陀經》之體。❺而西方淨土實不外乎當下一念心，且秉持信願行稱名念佛來修，如《阿彌陀經要解》云：

> 信，則信自、信他、信因、信果、信事、信理。願，則厭離娑婆欣求極樂。行，則執持名號一心不亂。信自者，信我現前一念之心本非肉團，亦非緣影。豎無初後，橫

觀想，則《十六觀經》言之詳矣。此論持名，則《阿彌陀經》云：聞說阿彌陀佛，執持名號。若一日、二日，乃至七日，一心不亂。其人臨命終時，阿彌陀佛與諸聖眾，現在其前。是人終時，心不顛倒，即得往生阿彌陀佛極樂國土。此萬世持名念佛從出之大原，乃金口所親宣之妙法也。古德云：觀法理微，眾生心雜，雜心觀觀，觀想難成。大聖悲憐，直勸專持名號。良緣稱名易故，相續即生。此闡揚持名念佛之功，最為往生淨土之要。若其持名深達實相，則與妙觀同功，上上品生，當不疑矣！」（CBETA, R129, pp. 598b6-599a2）此明念佛雖有四種之差別，而究竟皆歸於實相。且若能持名深達實相，則所證與妙觀同功。由此可知，為何蓮池於水陸儀軌所修之實相、觀想方法之外，另補充稱名念佛法門之所在，此無非憐憫六道眾生難得解脫之故。

❺ 《阿彌陀經要解》卷1：「第二、辨體者。諸大乘經皆以實相為正體。何謂實相？即現前一念心之自性是也。……當知寂照不二、性修不二、身土不二，無非實相。實相無二，亦無不二。是故舉體作依、作正、作法、作報、作自、作他。乃至能說所說、能度所度、能信所信、能願所願、能持所持、能生所生、能讚所讚，無非實相正印之所印也。」（CBETA, T37, no. 1762, p. 364a22-b14）

絕邊涯，終日隨緣，終日不變。十方虛空微塵國土，元我一念心中所現之物。我今雖復昏迷倒惑，苟能一念回心決定得生自己心中本具極樂，更無疑慮，是名信自。信他者，……信因者，……信果者，……信事者，深信只今現前一念不可盡故，所以依心所現一切十方世界亦不可盡。實有極樂國土，在十萬億土之外，最極清淨莊嚴不同，莊生寓言。是名信事。信理者，深信極樂國土雖在十萬億土之遠，而實不出我只今現前介爾一念心外，以吾現前一念心性實無外故。又復深信西方依若正若主伴，皆吾現前一念妙明真心中所現影。全事即理，全妄即真，全修即性，全他即自。我心遍故，佛心亦遍；佛心遍故，一切眾生心性亦遍。譬一室千燈光光互遍，重重交攝不相妨礙。是名信理。❺

此引文對信所作的說明中，其信自、信他、信因、信果、信事、信理等，實不外乎就事理來論述，如信自、信理皆就現前一念心本具極樂來明之；信他、信事，實亦不離現前一念心，因現前一念心無盡，所以極樂淨土亦無盡，信因、信果，亦是如此。乃至願、行亦復如，皆扣緊著理事不二明之，如其云：

如此信已，娑婆即自心所感之穢，而自心穢，理應厭離；極樂即自心所感之淨，而自心之淨，理應欣求。厭穢須捨至究竟，方無可捨；欣淨須取至究竟，方無可取。故《妙宗鈔》云：取捨若極，與不取捨亦非異轍。今設不從事於取捨，但尚不取不捨，即是執理廢事，既廢於事，理亦非

---

❺　《阿彌陀經要解》卷 1，CBETA, T37, no. 1762, p. 364b22-c19。

圓。若達全事即理,則取亦即理,捨亦即理。一取一捨,
無非法界。故次信之後,而明願也。**⑤**

又云:

> 言執持名號一心不亂者,名以召德。德既不可思議,故名
> 號亦功德,亦復不可思議。名號功德不可思議,故使散
> 亂稱名為佛種,況執持至一心不亂安有不徑登不退者乎!
> 然諸經所示淨土要行萬別千差,如觀像、觀想、禮拜、
> 供養、五悔、六念等,一一行成皆生淨土。而惟此持名
> 一法,收機最廣,下手最易。故釋迦慈尊於此經中無問自
> 說,特向大智舍利弗拈出。可謂方便中之第一方便,了義
> 中無上了義,圓頓中最極圓頓。**⑤**

此明現前一念心性周遍十方界,但不可執理廢事。若只重尚不
取不捨,此即是執理廢事;若是執理廢事,那麼其理亦非圓。
若能通達全事即理,那麼不論是捨穢土或取淨土,其實皆是法
界。另外,特別讚揚稱名念佛於眾多法門中,收機最廣,下手
最易,是方便中之第一方便,是了義中無上了義,圓頓中最極
圓頓。

　　對於稱名念佛與稱性念佛的結合運用,清代的彭際清亦是
頗值一提的,其於《華嚴念佛三昧論》中,將華嚴之念佛分為
五種:**⑤**

---

⑤　《阿彌陀經要解》卷 1,CBETA, T37, no. 1762, p. 364c19-27。

⑤　《阿彌陀經要解》卷 1,CBETA, T37, no. 1762, pp. 364c27-365a7。

⑤　《華嚴念佛三昧論》卷 1:「今此《華嚴》一多相入,主伴交融,即自即

一、念佛法身：直指眾生自性門。

二、念佛功德：出生諸佛報化門。

三、念佛名字：成就最勝方便門。

四、念毘盧遮那佛：頓入華嚴法界門。

五、念極樂世界阿彌陀佛：圓滿普賢大願門。

此五種念佛法門，亦可簡化爲三種，即將第四念毘盧遮那佛、第五念極樂世界阿彌陀佛歸入第三念佛名字內，如下圖表所示：

1. 念佛法身	
2. 念佛功德：報身、化身	
3. 念佛名字	4. 念毘盧遮那佛（普念）
	5. 念極樂世界阿彌陀佛（專念）

若就此三門而論，亦可說不離龍樹的四種念佛法門。[60]對彭際清來說，念毘盧遮那佛、念極樂世界阿彌陀佛皆屬於念佛名號，所不同者，一爲普念，一爲專念。而普念與專念的關係，是即普即專、即專即普，且於念佛名字即攝法身、功德身。換言之，名

他，亦專亦普。略標五義，以貫全經，一、念佛法身，直指眾生自性門。二、念佛功德，出生諸佛報化門。三、念佛名字，成就最勝方便門。四、念毘盧遮那佛，頓入華嚴法界門。五、念極樂世界阿彌陀佛，圓滿普賢大願門。」（CBETA, X58, no. 1030, p. 714a22-b2 // Z 2:9, pp. 84d17-85a3 // R104, pp. 168b17-169a3）

[60]

龍樹	彭際清	
念實相身	1. 念佛法身	
念功德身	2. 念佛功德	報身
念三十二相		化身
念佛名號	3. 念佛名字	4. 念毘盧遮那佛
		5. 念阿彌陀佛

字即法身、法身即名字；乃至名字與功德身，亦復如此。若就此三門而說，第一、念佛法身，是指念自性佛（或言念自性佛），故言直指眾生自性門。第二、念佛功德，是指念佛之色身、報身，故言出生諸佛報化門。第三、念佛名字，是指念佛名號，以佛名號為所緣而專念不息，則能見無量佛，且能徹見法身。若能於念佛名字中，了知念而無念，求念不可得，此即是念法身佛；若無念而念，此一佛名遍攝一切佛，此即是念功德身，[61]故言念佛名字成就最勝方便門。而此一念佛名字法門，實已攝第四念毘盧遮那佛及第五念極樂世界阿彌陀佛。且彭際清進而將此等念佛法門，與華嚴三觀、四法界結合，認為此念佛法門無法不攝。[62]（參附錄：念佛法門圖表）

由此可知，彭際清是將一句佛號與法身、功德身做一緊密結合。換言之，一句佛號當下即是法身；且法身不離名號，故名號當下遍攝一切。名字即法身，法身即名字；乃至名字與功德身，亦是如此。至於念毘盧遮那佛及念極樂世界阿彌陀佛，可視

---

[61] 《華嚴念佛三昧論》卷1：「如是念佛，名字即法身，名字性不可得故。法身即名字，法身遍一切故。乃至報化不異名字，名字不異報化，亦復如是。故〈如來名號品〉：謂一如來名號，與法界虛空界等，隨眾生心各別知見。則知世間凡所有名，即是佛名。隨舉一名，諸世間名無不攝矣。……如是念佛，持一佛名，全收法界。全法界名，全法界收。」（CBETA, R104, p. 172b2-10）

[62] 《華嚴念佛三昧論》卷1：「此念佛人亦復如是，以一念本無量故。且杜順《法界觀》，特設三門，一、真空門，簡妄情以顯理，即前念佛法身是。二、理事無礙門，融理事以顯用，即前念佛功德是。三、周遍含容門，攝事事以顯元，即前念佛名字是。又清涼《疏》分四法界：一心念佛，不雜餘業，即入事法界。心佛雙泯，一真獨脫，即入理法界。即心即佛，大用齊彰，即入理事無礙法界。非佛非心，神妙不測，即入事事無礙法界。是知一念佛門，無法不攝。」（CBETA, R104, p. 175b9-16）

爲念佛名字之開展，以念毘盧遮那佛爲前導，念極樂世界阿彌陀佛爲所歸。❸至此，可得知彭際清所說的五種念佛門，其實可統攝於一句佛號中。❹

綜合前述所做種種探討，有關稱名念佛所面對的挑戰中，諸經論及諸大師大德無不提出因應解決之道。其解決之道，實不外乎於稱名念佛中注入稱理、稱性之道理，亦即是就稱理、稱性來闡述稱名念佛。換言之，以稱理、稱性之觀念來念佛，當下一句佛即是中道實相，即是法界。因此，可說稱名念佛即是實相念佛。而此實相念佛（稱理、稱性念佛），若就華嚴說，不外法界三觀之內容，如下圖表所示：

	《法界觀門》三觀	澄觀《行願品疏》	諸師	宋、明、清
實相念佛	眞空觀	心境俱泯念佛門	龍樹	
	理事無礙觀	心境無礙念佛門	天台	一心
	周遍含容觀	重重無盡念佛門	華嚴	

從圖表所示，可得知龍樹之實相念佛，由於著重於遮撥心、境之執取，故可說屬於心境俱泯念佛門，其所對應爲眞空

---

❸ 《華嚴念佛三昧論》卷1：「故此經以毘盧爲導，以極樂爲歸；既觀彌陀，不離華藏。家珍具足，力用無邊；不入此門，終非究竟。」（CBETA, R104, p. 175b16-18）

❹ 是指一句佛號本身，即是法身，即是功德身。一句佛號可淺可深，此可搭配所感四土來說，如《華嚴念佛三昧論》卷1：「此土行人，以專念力，修諸功德，回向西方。惑業未斷，生同居土。欣厭既切，粗漏漸除，聞法增進，生有餘土。若修圓教爲因，深達實相，以普賢行願，回向往生，便感得實報土，親承佛記，分證寂光。是故，住權乘者，一切皆權；如法華化城，不外自心故。明實相者，一切皆實，如此經極樂，全具華藏故。」（CBETA, R104, p. 176a4-9）

觀。天台的稱理之中道觀（即空即假即中），❻較著眼於空假不二
圓融無礙上，故可說屬於心境無礙念佛門，其所對應理事無礙
觀。華嚴之無盡法界緣起，著眼於諸法相即相入重重無盡上，
重重無盡念佛門，其所對應周遍含容觀。此等之實相念佛，到
了後代宋、元、明、清時，則統攝歸於一心，以一心來含括四法
界，以一心來發揮稱名念佛，如蓮池、藕益等諸師，則直就稱名
念佛來闡發稱性念佛。換言之，稱名念佛是事持，也是理持（實
相念佛）；稱名念佛能得事一心，亦能達到理一心。由此可知，
已將一句佛號發揮到至極，顯示稱名念佛，亦即是實相念佛；而
實相念佛，亦不離稱名念佛。

四、結語

　　在佛教諸經論中，有關念佛法門眾多，廣讚念佛往生之法
門亦不少，尤其以「稱名念佛」一門備受矚目。為何稱名念佛受
到如此的關注？在佛教諸經典較少對此原由做一全面性之說明，
而在龍樹菩薩的《十住毘婆沙論》中，針對菩薩道之不退轉地
問題展開探討，若歸納言之，其原因主要有二：（一）稱名念佛
易得三昧見佛、（二）稱名往生得不退轉乃易行道。龍樹此等論
點的提出，對後代主張稱名往生的淨土宗影響至極。

　　雖然如此，但在稱名念佛法門的提倡及弘傳中，卻也屢遭
受到質疑。此乃由於稱名念佛偏重事法來修，著眼於指方立相，
因此可說所有的質疑是針對此而來。而回應此挑戰，以及解決
之道，不外乎以事理圓融不二之道理來回應之，且加強稱名念
佛的理論基礎。而發揮此事理圓融無礙不二之道理，乃天台、

---

❻　雖論及一念三千之不思議境，但仍須以即空即假即中來觀之。

華嚴所擅長的，藉由稱理、稱性來闡述稱名念佛。因此，本論文藉由這兩大宗的理論，將其運用在念佛上，即是所謂的稱性念佛。乃至宋代以來，對於稱名念佛的闡發，可說幾乎不離此稱理、稱性來發揮，尤其到了明末的蓮池、智旭等大師，更是直就當下的現前一念心來闡明稱名念佛，認為稱名念佛不僅是事持，亦可理持；且稱名念佛不僅能得事一心，亦可達到理一心。而所謂的理一心，其實是指相應於實相念佛。換言之，所謂的稱性念佛（實相念佛），其實不離當下一句佛號。

* 本文收錄於《佛教禪坐傳統研討會論文集》，頁 121-164。（臺北：法鼓文化，2012 年）

參考書目

本文佛典引用主要是採用「中華電子佛典協會」（Chinese Buddhist Electronic Text Association，簡稱 CBETA）的電子佛典集成光碟，2016 年。

佛教藏經或古籍

《十不二門》，T46, no. 1927。

《十住毘婆沙論》，T26, no. 1521。

《大方廣佛華嚴經疏》，T35, no. 1735。

《大方廣佛華嚴經隨疏演義鈔》，T36, no. 1736。

《大智度論》，T25, no. 1509。

《五方便念佛門》，T47, no. 1962。

《文殊師利所說摩訶般若波羅蜜經》，T08, no. 232。

《佛說阿彌陀經》，T12, no. 366。

《佛說無量壽經》，T12, no. 360。

《妙法蓮華經玄義》，T33, no. 1716。

《法界聖凡水陸勝會修齋儀軌》，X74, no. 1497 // Z 2B:2 // R129。

《阿彌陀經要解》，T37, no. 1762。

《阿彌陀經疏鈔》，X22, no. 424 // Z 1:33 // R33。

《阿彌陀經疏鈔演義》，X22, no. 427 // Z 1:33, // R33。

《般舟三昧經》，T13, no. 417。

《淨土十疑論》，T47, no. 1961。

《無量壽經優婆提舍願生偈註》，T40, no. 1819。

《華嚴念佛三昧論》，X58, no. 1030 // Z 2:9 // R104。

《華嚴經行願品疏》，X05, no. 227 // Z 1:7 // R7。

《華嚴經行願品疏鈔》，X05, no. 229 // Z 1:7 // R7。

《鳩摩羅什法師大義》，T45, no. 1856。

《維摩經玄疏》，T38, no. 1777。

《摩訶止觀》，T46, no. 1911。

《樂邦文類》，T47, no. 1969A。

《請觀音經疏》，T39, no. 1800。

《觀無量壽佛經疏妙宗鈔》，T37, no. 1751。

中日文專書、論文或網路資源等

陳英善　1995《天台緣起中道實相論》，臺北：法鼓文化（初版第
　　　四刷）。

陳英善　1997《天台性具思想》，臺北：東大圖書出版。

附錄：念佛法門圖表

龍樹	《五方便念佛》		澄觀	宗密、袾宏		彭際清			
						華嚴念佛		三觀	四法界
稱名	稱名往生		緣境念佛	稱名		念佛名字	遮那	周遍含容觀	事事無礙法界
							彌陀		
色身	觀相滅罪			觀像	觀想	念佛功德	化身	理事無礙觀	理事無礙法界
法身							報身		
實相	諸境唯心	攝境唯心		實相		念佛法身		眞空觀	理法界
	心境俱離	心境俱泯							
	性起圓通	心境無礙							
		重重無盡							

中華佛學研究所漢傳佛教論叢　6

華嚴與諸宗之對話

Dialogues between the Huayan School and Others in Buddhism

著者	陳英善
論叢主編	釋果鏡
編輯	漢傳論叢編輯委員會
出版	法鼓文化
封面設計	化外設計
內頁美編	胡琡珮
地址	臺北市北投區公館路186號5樓
電話	(02)2893-4646
傳真	(02)2896-0731
網址	http://www.ddc.com.tw
E-mail	market@ddc.com.tw
讀者服務專線	(02)2896-1600
初版一刷	2020年12月
初版三刷	2021年10月
建議售價	新臺幣480元
郵撥帳號	50013371
戶名	財團法人法鼓山文教基金會—法鼓文化
北美經銷處	紐約東初禪寺
	Chan Meditation Center (New York, USA)
	Tel: (718)592-6593
	E-mail: chancenter@gmail.com

法鼓文化

國家圖書館出版品預行編目資料

華嚴與諸宗之對話 / 陳英善著. -- 初版. -- 臺北
市：法鼓文化, 2020. 12
　　面；　公分
　　ISBN 978-957-598-872-2　（平裝）

1.華嚴宗 2.佛教教理 3.文集

226.31　　　　　　　　　　　109015872